U0164082

臺灣人文采風錄

臺山題耑

邱燮友◎主編

臺灣師大國研所‧文化大學中研所 研究生◎聯合撰稿

邱　序

邱燮友

一、前言

　　臺灣是個島嶼，隔著臺灣海峽，濱臨福建省邊，它的東邊是浩瀚的太平洋，從人造衛星看臺灣，它像一頭藍鯨，浮游於臺灣海峽與太平洋之間，誠如連橫《臺灣通史》序上所說的；「婆娑之洋，美麗之島。」

　　新加坡人常把他們居住的地方，跟臺灣比較，他們羨慕臺灣有高山、有山巒、有平原、有河流，不但有寒冷的高山、有和溫的溫帶，還有嘉南高屏熱帶平原，臺灣的確是個適宜居住的地方，四季如春，此地的人民生活習俗和文化加上美麗俊秀的山水，構成了臺灣人文山水的風貌，以及風土民情的特色，因此才有《臺灣人文采風錄》的寫作動機。

　　我在文化大學中國文學研究所講授《中國文學史專題研究》，同時在臺灣師範大學國文研究所講授《樂府詩專題研究》，這兩門課程，我已講授十多年，教導學生撰寫學術論文，為數不少。由於近年來民間文學和臺灣文學甚為國人所重視，因此我發起選讀這兩門課程的研究生，為跨越校際的

合作，聯合撰寫《臺灣人文采風錄》，每人挑選臺灣地區任何地點，撰寫一篇，作深入人文山水、民情習俗、古蹟風物的報導，並附圖片，顯示臺灣人文山水的特色。

二、臺灣每寸山水都動人心魄

臺灣的美，往往可以從民歌中流行傳動，例如李臨秋、鄧雨賢的四首民歌〈四月望雨〉，包括了〈四季紅〉、〈月夜愁〉、〈望春風〉、〈雨夜花〉，尤其是〈望春風〉：「想要郎君做尪婿，意愛在心內，等待何時君來採，青春花當開，聽見外面有人來，開門來看覓，月娘笑阮戇大獃，被風騙不知。」更是膾炙人口。鄧禹平的〈高山青〉；「高山青，澗水藍，阿里山的姑娘美如水，阿里山的少年壯如山，……」幾乎流行中外，代表了臺灣山水人物之美，可與韓國的〈阿里郎〉相抗衡。的確臺灣處處有典型人文景緻，值得采風，底下例舉三則如下：

㈠阿里山

記得民國三十四年（1945）臺灣光復，當時國民小學一年級的國語課本，第一課，便是：「山，阿里山，臺灣有個阿里山。」甚至沒來到過臺灣的人知道臺灣有個阿里山。在童謠中也念道：「一二三。到臺灣，臺灣有個阿里山。」

阿里山，在嘉義，要遊覽阿里山必須搭乘登山鐵路的小火車上山，因此高山鐵路的小火車，也成了遊阿里山景點特色之一。登阿里山，往往必須在山上住宿，以便黎明時，在

☙阿里山觀日出　　　　　　　☙阿里山三十三號巨木

☙阿里山登山小火車　　　　　☙阿里山車道旁櫻花盛開

　　阿里山上看日出，阿里山的雲海，以及日出壯觀的雲霞，滾
滾雲煙紅勝火，配上山上的千年古木，原始森林的步道上，
矗立著數千年的檜木，也是登阿里山難忘的景點。

(二)日月潭

　　日月潭，又名明潭，是一潭高山的湖泊，在南投深山中，相傳一對高山族的戀人，一起打獵，為了追逐一隻水鹿，卻無意中發現了日月潭。記得民國七十九年（1990）二月，教育部舉辦高中文藝營講習班，營區便設在日月潭，我和楊昌年、沈謙、馬森、張素貞教授被邀請主講文藝欣賞與創作，當年我還寫了一首〈明潭紀事〉，該詩最後幾句是：「談文學，說人生；年輕如花似玉，是一首情詩；年老像枯木枯枝，是一篇聱牙難訓的雜文。」這也是當時面對日月潭，談論毛家酋長和毛公主的往事帶來長的一則小詩。日月潭的美，四面環山，純樸明麗，是臺灣高山上的一潭明鏡。

⤺◎日月潭碼頭　　　　　　　　⤺◎日月潭遊潭畫舫
⤻◎日月潭全景　　　　　　　　⤻◎日月潭遊艇

(三)花蓮港

在抗戰勝利之後，臺灣歸還中國，羅家倫還寫了一首〈臺灣光復歌〉：「張燈結綵喜彩洋洋，勝利的歌兒大家唱，唱遍了城市和村莊，臺灣光復不能忘。……」那時還有人拍了一部電影〈花蓮港〉，因此臺灣的花蓮港，便成為人人嚮往一遊的好地方。

「花蓮港」除了代表一座港口，其實也代表整個花蓮，花蓮有長長的海岸，更有長長的檳榔樹，景色清麗，民情純樸好客。在花蓮飛機場附近，沿海處叫七星潭，是一線海灘，一彎的海灘，擁抱著太平洋，在海灘上可以揀貝殼，揀晶瑩的小石子，一般人沒到過「七星潭」，都以為是七個湖

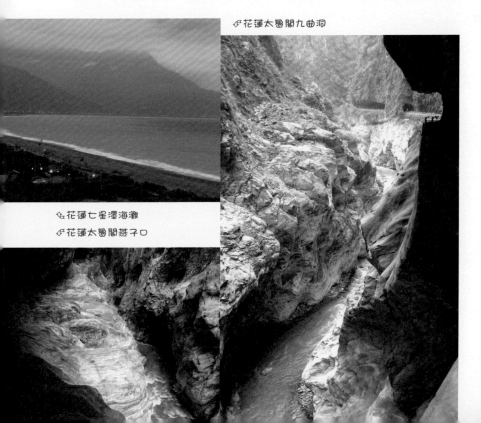

△花蓮太魯閣九曲洞

△花蓮七星潭海灘

△花蓮太魯閣燕子口

🔖花蓮六十石金針山

泊，其實它是臨海的一彎美麗的海灘。

　　花蓮的好山好水很多，例如六十石金針山，又如鬼斧神工的太魯閣，在奇巖峭壁間，開鑿的清水斷崖，東西橫貫公路，其中一路的奇山異水，有如《世說新語》中所說的，如「山陰道上，應接不暇」。

四、結語

　　臺灣是個島嶼，四面環海，中央有中央山脈貫串其間，秀麗山川，肥沃平野；臺灣共二十一縣市，三百十九個鄉鎮，處處有人文古蹟，有敦風民俗，正是開展民間文學、海洋文學的好地方。此次由文大、師大兩所中文、國文研究生，共同策劃用田野查方式，完成《臺灣人文采風錄》，共撰寫四十四篇，還有很多好山好水尚未提及。由於本書的出

版，沒有向任何單位申請補助，全賴兩所同學師生和有心人士熱忱贊助，同時也獲得兩校的所長劉兆祐教授和顏瑞芳教授的支持，使本書得以出版，尤其在出版界不景氣，物價高漲的時刻，我們衷心感謝熱心支援文化界的贊助人士，並感謝萬卷樓願意協助承印，用高畫質的彩色版印刷，使本書得以高優質的出版品與讀者見面。

最後我以〈減字木蘭花——客居臺灣日有情〉一詞作結，詞曰：

　　淡水漁舸，落日餘輝紅勝火。似寄人生，客居臺灣日有情。

　　陽明紗帽，面對青山禪靜好。未入佛門，彩筆吟詩愛晚村。

目錄

CONTENTS

宜蘭人文采風錄

文大中研所碩二　**楊雅惠**

　　戊子季春，桐月春暖，憶昔言與冠者五、六人，童子六、七人，同遊魯城東南沂，傍水行，和風素心而歸詠；貌平凡，實清平雅境，令人心羨不已。原生命之采源於自然，人文之風諧於善美真樸，舉點與孔子之志以明己，效先賢之行於今世。故筆者於暮春之際，走訪了武暖石板橋、昭應宮、碧霞宮，以及宜蘭設置紀念館等處，采人文山水於臺灣後山第一城，尋噶瑪蘭蛻變之足，訪宜蘭懷古之跡。

一、武暖石板橋

　　武暖庄位於今宜蘭縣礁溪鄉光武村一帶，為古早噶瑪蘭族的聚落之一。當地尚保留了一座長約四公尺、寬約二點六公尺的石板古橋，然其初為木造橋，1891年（光緒17年）村民始集資改建為石橋，

武暖石板橋

並於2002年再重建成現貌。據宜蘭縣志記載，武暖石板橋為清代礁溪通往宜蘭的官道，又稱「通蘭古道」或「四圍橋」。

迎著風，在橋邊倚了一處坐下，身下石板與石板緊密靠攏為一肩扛起先人開墾蘭陽的長擔。今所存舊址雖已斑剝，石橋下寬深水道不再得見，然前人橋上行走與橋下舟往，蘭陽內外的交通、經濟與社會文化得以溝通，確可追源於武暖石板橋與鄰近港口開通帶來的便利。

青嫩的稻苗傍著石橋邊延伸的水灣，飲水自長，一季一季養育出代代薪傳的噶瑪蘭子孫。他們坐擁一座古橋，達古通今，臥懷一條古渠，舟行進出；一步一腳，踏返的是一堆一砌的造橋艱辛。今武暖橋邊，屹然長立的舊碑、遺址便是最好的歷史見證。

武暖橋的東北邊則有一座福德廟，廟內供奉著福德正神，一般又稱福德正神為土地公。民間有「田土田尾土地公」一說，道出了土地公與漢人開拓土地的密切關係，因此全臺各地土地公廟的數量眾多，小至鄉鎮大至都市，都能看到大大小小的土地公廟。每年臺灣各地的土地公廟，還會舉行兩次「福德正神祭」，分別以農曆二月初二及八月十五日來舉行「春祭」及「秋祭」，答謝土地公對鄉里的庇佑。

而武暖橋旁的這座土地公廟，相傳是吳沙來宜蘭開墾所興建的，自建廟以來便護佑著武暖庄的居民。站在廟口，自有一種和諧之感，不能不說是福德正神之德與福所攝受方圓的關係。另與福德廟並肩佇立的是一棵參天老榕，枝華蔭蓋，是庄民農忙之餘乘涼、休憩的天然涼亭。在武暖，老

榕、古廟、武暖橋是最具代表的標誌。

二、昭應宮

　　自礁溪武暖石板橋往宜蘭市區考察，經縱貫宜蘭市區的
中山路，可達座落於清
代噶瑪蘭廳中心的昭應
宮。鄰近昭應宮之舊城
東、西、南、北路，環
繞著舊城區，區內大大
小小的廟宇相當多，廟
宇社區就是宜蘭舊城的
最佳寫照，可見自宜蘭
開城以來，民間信仰的
風氣相當盛行。

昭應宮

　　昭應宮的格局狹長，面寬
只有三開間，進深則由廟埕、
三川殿、前庭、正殿、後庭到
後殿，深達60多公尺，今天的
廟宇格局，大體保持道光時期
的型式。日治時期，昭應宮歷
經數次重修，但其木雕石刻仍
保持道光年間的原貌，是昭應
宮的藝術之寶，尤其三川殿簷
下的龍柱、青獅、石枕、壁堵

昭應宮中龍柱

的繁紋華飾，及門堵的細木雕刻，著實令人嘆賞。到了道光年間，整座廟宇搬到對面，並擴大格局爲三殿式，但其方位卻改爲坐東朝西，成爲臺灣唯一面山的媽祖廟。

　　昭應宮供奉的主神，正殿爲天上聖母（媽祖），後殿則有觀音大士（佛菩薩）、註生娘娘、福德正神、水仙尊王（大禹帝）以及開發蘭陽之三大名臣（楊廷理、翟淦、陳蒸）。自1808年（清嘉慶13年）建廟以來，形成了一個地方性的祭祀圈。

　　媽祖之「澤覃海宇」、觀音之「苦海慈航」，同於有形、無形滄海中的一座燈塔，在載浮與載沉之中救渡著天下的蒼生。媽祖之德昭與天同功，世人讚曰「天上聖母」，而觀音之聞聲救苦，大慈大悲之覺行菩薩也。數百年來，香火不絕、馨香永傳，是歷代崇奉鼎盛的兩位女神。

　　另相傳水仙尊王大禹爲主神，而伍子胥、屈原、李白、王勃等亦列於水仙之位。此與民間傳說「大禹治水」、「子胥弄潮」、「屈原投江」、「李白水中撈月」、「王勃溺水而卒」之說有關，也因此這幾位歷史名人歷來被視爲水神看待。水仙殿內尚有讚大禹之「禹德齊天萬姓馨香陳俎豆」、「禹戒世人疏夷狄終身絕酒」等數方古匾，其居主神之位明也。

　　而後殿二樓則供有名臣楊廷理、翟淦、陳蒸的木雕人像，展現出宜蘭人飲水思源的淳厚民風。根據歷史記載，楊廷理爲清仁宗嘉慶十五年（1810年）的「臺灣噶瑪蘭廳通判」，翟淦則繼楊廷理之位而任「噶瑪蘭民番分府通判」；另有陳蒸任「蘭房分府鳳山縣正堂」，此三人即所謂的「開

臺灣人文采風錄

蘭三大老。」觀木雕之相雖老舊，仍肅穆有神。

三、碧霞宮

碧霞宮，現擴為
「岳武穆王文史館」，
是臺灣少數以岳飛為主
神的廟宇之一。全廟充
實著一股浩然正氣，自
廟門而進，正殿前之左
右兩方設有左屯、右屯
旗將吏神兵，神位上有
詩題曰：

岳武穆王廟

屯兵捍國土壯志軒昂
右武捲風雲威聲赫耀
屯侈熊虎浩氣震金人
左捕狸貙精忠撐宋室

岳軍之正氣破敵，蓋緣於岳飛之「精忠報國」。雖秦檜之誣
以「莫須有」的罪名，置飛屈死。然岳飛誠赤之心卻無法抹
滅，所留給後人的印象，則「忠孝」二字可以銘人心頭。故
作詩云：

碧雪丹心望曉霞，岳武穆王鵬舉孝。

岳母教忠志兒身，齊家報國誠其道。

民間宗教中有岳飛親臨鸞壇所降詩曰：

岳以陵遲故能高，德以純厚故能豪。
飛將衝天精誠至，忠貞不二行中道。

然岳飛之忠肝義膽，緣自岳母懿德，尤以「忠孝傳家」、「詩書處世」爲教子之方，所謂「善爲傳家寶」、「忍是積德門」，岳母之德彰也。

傳說岳飛降生當天，有大鵬鳥自東南飛來，停在屋頂上高鳴不已，其父驚異，因而以「飛」命名，字「鵬舉」。未彌月時，黃河決堤，其母姚氏擁抱幼兒坐在大甕中，隨波飄至對岸而倖免於難。生來有神力，能舉三百斤的弓和八石的弩。此爲民間傳說之言，歷來聖者賢人，亦有類似之出生奇遇，以彰賢者之聖也。

臺灣人文采風錄

岳王廟內忠烈千秋匾額

廟方表示，由於碧霞宮由楊仕芳等仕紳創建，又實施特殊的門生制度，所吸收的信徒多半爲公教人員，水準高而素質齊。每年農曆二月十五日均舉行隆重的三獻釋典古禮及跳演武佾舞來紀念岳飛誕辰。

然主神岳飛有帝、王、帥三種造型，代表岳飛的三種身分。
亦即生前爲大軍統帥，死後封爲鄂王，道教則尊他爲忠孝帝
君。所謂「自古忠臣多孝子，宜家宜國格致正。」岳武穆王
之寫照也。

四、南門林園歷史空間

　　舊城南門爲蘭陽平原的政治文教中心，日治時期的行政
機關及官社群均設於此區，然隨著宜蘭縣政府南遷，住商混
合成爲此區的重要特色。原先的行政機構或官舍，今多改置
爲林園歷史之人文空間，保留了老樹及部分歷史建築。今可
見縣府一巷舊官舍之圍牆，高207公分，卻已成爲一道斷垣
殘壁。紅磚牆身後櫛比鱗高的建築大廈，站在舊的土地上，
開展出新的枝葉。

　　此區計有「舊宜蘭廳庶務課長官舍」、「舊宜蘭廳長官
舍」以及「舊農校校長宿舍」，今則分別更名爲「舊主祕公
館」、「宜蘭設治紀念館」以及「音樂館」等三處人文歷史
空間。如下：

(一)舊主秘公館
　　舊主祕公館，約建於1906年，原供庶務課長居住，戰後
改爲縣府主任秘書宿舍。今則於2003年起將原先規模完整的
日式官舍，整建爲展演、餐飲、交流之消費空間。行經此
處，自然而然地想走進館內拾一寧靜角歇下，哪怕是一整個
下午的慵懶，也要和自己約會，享受生活的閒適。

(二)宜蘭設治紀念館

沿著舊主秘公館往巷內行走數十步，即見宜蘭設治紀念館，該館初建於1906年，舊時專供宜蘭廳長居住、會客之用。深庭密院，巨木參天，曾是近百年政治運作的核心。1997年重修，作為宜蘭設治紀念館。館內所陳列的文獻資料主要涵蓋了三個時期的文物史料，第一是清朝的噶瑪蘭廳時代、第二是日治的宜蘭廳時代、第三則是光復後迄今的宜蘭縣時代。其中亦不乏有宜蘭開發史之記錄片及今舊址古蹟分布圖，以及工商社會化以後的現況。因此要了解宜蘭的古今之變，先走訪一趟宜蘭設治紀念館準沒錯，亦可視宜蘭設治紀念館為蘭陽覽勝的先導之站。

筆者在日式庭園中發現了一口古井，原是湧泉古井，後期因自來水普遍而埋平，隨著紀念館開放，重新挖掘。但是在民國88年之921大地震之後，泉脈移動，導致井水夾雜著大量的泥沙，變為一口混濁的井。直到了民國91年再一次的六級地震，就徹底地使得泉脈完全阻斷。今所見之井，僅存舊跡，不復以往之實用，為一乾涸之井。

臺灣人文采風錄

宜蘭設治紀念館

館前湧泉古井

㈢音樂館

　　與設治紀念館一牆之隔的是一間音樂館，爲早期蘭陽地區「宜蘭農校」的校長宿舍，也是南門林園內繼「宜蘭設治紀念館」、「舊主祕公館」後完成修護的歷史建築。修護當時，與設治紀念館同許爲依原貌重修。據園方述及重修緣由，因此館爲全木作的宿舍，必須將木梁一根根拆下，逐一拍照登錄，再一根一根重修復舊，爲此花費了相當大的工夫。　原本修護材料都得採取新木，幸運的是，當宜蘭市泰山路舊日式宿舍群要拆除之時，及時前往取得舊天花板、地板、窗木等材料，做爲「舊農校校長宿舍」修護的建材。這些仍然保留完好的舊木，讓修護後的宿舍，在拆除新作後，仍呈現日式老建築的原味，也是國內首件歷史建築活用、古蹟修復的歷史建築。也因爲舊農校校長宿舍在修護後的古色古香，今設爲音樂館，館內國樂、西樂的交流渾成，音樂館成爲琴音繞樑之最佳古典音樂廳。來到此處，即便站在戶外賞櫻，亦可以隱隱聽得音樂之悠悠，樂哉善哉也。

　宜蘭設治館旁音樂館

頭城搶孤人文采風錄

台師大國研所碩二 **賴志遠**

一、前言

　　頭城是蘭陽平原開發史上極為重要之首站，故有「開蘭第一城」的稱號。清代漳州先賢吳沙率眾開墾，篳路藍縷以啓山林，奠定漢人拓荒宜蘭的里程碑。在開發的歷史過程中，因戰爭、疫病、天災而逝世者眾多，其中多為客死他鄉的異鄉人，魂魄無所歸者甚多。頭城人發揚民胞物與的慈悲精神，遂發展出富涵人道精神的普渡祭祀活動「搶孤」。代代傳承，搶孤成為頭城的代名詞，一談及搶孤，自然地就會想起頭城，憶及艱辛創業的蘭陽開發史。

　　搶孤的意思是藉由競賽方式搶奪祭品（及象徵勝利的順風旗）以施捨貧苦眾生，在農曆七月的最後一天鬼門關以前舉行。以人象徵餓鬼，摘取孤棧上的祭品，然後再丟下讓群眾搶拾，意謂佈施十方遊魂。今日的搶孤，除了宗教性的目的，還蘊含體育活動和民俗活動等多重意義，極能表現頭城獨一無二的在地特色和人道關懷的普世價值，充分展示了「敬神如神在」的誠懇和「魂鬼同是一家親」的感恩。

本文擬先就頭城搶孤的歷史沿革進行探討，並以上實地訪察的考證，以報導搶孤活動前的準備工作及搶孤活動的進行實況，讓世人更加了解，鑼鼓喧天聞名海外的搶孤活動，其中深邃的人文內涵。

二、頭城搶孤的歷史沿革

目前留下最早關於頭城搶孤的文獻記載，是一首清代噶瑪蘭通判烏竹芳（《頭城鎮志》，1985：348）所寫的律詩，其詩題為「蘭慶中元」：

> 餚果層層列此筵，紙錢焚處起雲煙；
> 滿城香燭人依戶，一路歌聲月在天；
> 明滅燈光隨水轉，輝煌火炬繞街旋；
> 鬼餘爭食齋環問，跳躍高臺欲奪先。

詩中列筵普渡、擎炬遊街、燃放水燈和跳躍挑高的臺子，即是一場生動的搶孤描繪。由此可知頭城早在道光初年已有搶孤活動，而且規模已十分盛大，此種形式的搶孤稱為「門口搶孤」。在烏竹芳的詩題下有則附註說：

> 蘭每年七月十五夜，火燭天，笙歌喧市，沿溪放
> 燄，家家門首各搭房臺，排列供果，無賴之徒相奪食，
> 名為搶孤（莊英章、吳文星，1985：370）

烏竹芳所描寫的搶孤，供果排列在家家門首的房臺，由無賴之徒相奪食，與現在豎立孤柱孤棚孤棧的形式大不相同。文獻記載不足，故後人未可得知何時頭城搶孤由七月十五夜改至七月三十夜，也無法得知何時搶孤已改變成孤柱孤棚孤棧的模式。

到了日據後期時，頭城搶孤已大致是現今的進行模式。鬼門關前的晚上，在佛祖廟（今開成寺）前廣場上搭建孤棚及飯棚仔各一座，以準備搶孤。所謂孤棚，是由十幾根合抱粗大，七八丈高的杉木為支柱所搭成的一座巍峨莊嚴、雄偉矗立在空中的巨棚。遠遠地便可望見有座臺現在佛祖廟前，空中雄偉、奇異、氣氛神秘的壯觀奇景；豎立在孤棚上的十三座龐大古怪、巨人似的孤棧，棧梢的旗子正飄搖於光耀的半空中，一齊迎風招展，蔚為壯觀。

就在二次大戰期間，因物資缺乏而停辦了幾年，日本戰敗後，首任鄉長盧贊祥提倡恢復舉辦，在鎮民的配合下，頭城於民國三十五年（1946）又恢復了搶孤活動，連辦三年。民國三十八年，因發生意外慘劇，搶孤遂遭到停辦的命運，一停就是四十三年，直到民國八十年恢復舉辦，八十五年再發生搶孤隊員摔成植物人後，曾停辦七年，於九十二年才再恢復舉辦，後人因此有幸，才得以觀賞舉世無雙精彩的民俗活動。

三、搶孤活動前的準備工作

搶孤是頭城的大事，每到搶孤來臨之際，各庄頭無不熱

臺灣人文采風錄

孤棧

倒塌棚棧

孤棧

孤棚平臺上的祭品

鬧滾滾，忙著為搶孤活動做完備的行前工作，俾使鬼門關以前的搶孤盛事得以完滿舉行。搶孤的主體結構主要分三個部分，一是由十二根合抱粗大的桅柱或壓艙杉木為孤棚柱，簡稱「孤柱」；二是孤棚柱上方的平臺，稱為「倒塌棚」；最上方的就是由頭城八大庄、屠宰商、米粉商等提孤的「孤棧」，共十三支，高度四丈餘。每一個主體結構的取材、綁綑、抬送、擂升，都集合了鎮上前賢的高度團結和智慧方能完成。

　　搶孤活動前的準備工作繁不及載，筆者姑就特具特色的地方，茲就「綁孤棧」、「抬孤棧」、「擂孤棧」、「抹孤柱」四部分以介紹。

(一)綁孤棧

中崙庄的魚蝦棧

　　狀似尖形金字塔的孤棧，是由大刺竹劈成竹篾以編成塑型骨架，以籐索紮成上尖下圓的筒狀，高度四丈有餘，加上棧尾則約莫七八丈。綁在大孤棧上密密麻麻的祭物，是由

頭城地區八大庄及屠仔商、米粉商提供。分別有白石腳保（舊屬頭城鎮管轄，今屬礁溪鄉）的豬肉棧、二圍保的雞棧、下埔保的鴨棧、中崙保的魚蝦棧、金面保的豬肉棧、打馬煙保的魚小卷棧、三抱竹保的魚小卷棧、福成保及拔雅保的雞鴨棧、港口保的粽棧，另有頭圍街首事、爐主等湊成雞、鴨、豬、米粉等四棧，共計十三棧❶。大體以當地特產為主。中崙保的魚蝦棧，因當地多魚塭養殖，故中崙庄的孤棧滿滿盡是鮮魚和大蝦。港口庄則以粽棧聞名，整支孤棧的

✿豎立抬至會場的「風神棧」

肉粽，多達五百斤的米，要動員港口外澳兩庄頭的婦人一起包粽方能完工。梗枋、大溪、大里、石城等地則因道遠未能參加。這許多物品，自正午開始吊上棚頂供列，棚上並放置豬頭五牲、麵龜、糕餅等物。地面亦供列數百袋白米、鮮花水果等。安置完成後，使整個孤臺高達十餘丈以上，困難度倍增。

❶以上參照資料為《頭城鎮志》（1985年），筆者實地考察，取得第一手資料，十三棧分別為「福成庄」、「魚商」、「頂埔庄」、「肉商」、「二城庄」（即二圍保）、「下埔庄」、「竹安庄」（即三抱竹保）、「拔雅庄」、「港口」、「中崙庄」、「金面、金盈庄」、「打馬煙、大坑罟」（合稱武陵庄）、「白雲、玉石庄」（即白石腳保）。以上順序亦為擂棧順序。

㈡抬孤棧

孤棧綁完祭物後，將其平放，並繫上一條大紅條，沿途由弟子班吹打開道，一路浩浩蕩蕩，鑼鼓喧天，打橫抬至會場。下埔棧又叫「王爺棧」，按照傳統抬進會場時，都要以跑步的形式。而抬孤棧最引人注目的，該屬拔雅里。拔雅里獨出心裁，將孤棧「豎立」後抬至會場，也以直立方式吊上孤棚，因此被稱為「風神棧」（Hong-sin Chian）。

㈢擂孤棧

待孤棧都抬至會場後，接著就是將孤棧吊升至孤柱上平臺的大工程，俗稱「擂棧」。抬至平臺的工作十分不易，以前乃以人力及槓桿原理完成，現代則以大型拖吊車拖吊而上。十三支孤棧上孤棚平臺的順序，因牽涉到平衡的原理，故有其一定順序，分別是「福成棧」、「魚商棧」、「頂埔棧」、「肉商棧」、「二城棧」（即二圍保）、「下埔棧」、「竹安棧」（即三抱竹保）、「拔雅棧」、「港口棧」、「中崙棧」、「金面、金盈棧」、「打馬煙、大坑罟棧」（合稱武陵庄）「白雲、玉石棧」（即白石腳保）。每擂一棧上孤棚，就會從地面向空中以及孤棚上灑上冥紙，紙錢翩翩乘風而飛，像極了一隻隻生機勃勃的黃蝶。

↖擂棧上孤棚，紙錢如黃蝶翩翩

（四）抹孤柱

　　為了增加攀爬的難度，孤柱上會塗滿厚厚牛油，這樣的情況，早在日據時期頭城作家李榮春的作品〈看搶孤〉中已出現「七八丈高的柱子，都塗滿一層厚厚的牛油，單靠一個人想爬上去，那是一步也爬不動的，就別想爬上棚了；那是比登天還困難的。」近年來的搶孤活動，每根孤柱上，都塗上一百五十加崙的牛油，著實讓比賽的困難度更深一層，因而搶孤活動的精彩度更與「油」俱進。

　　待一切就緒後，入夜後搶孤的高潮，即將到來。

四、搶孤活動的進行實況

　　搶孤是民間習俗關於普渡無主野鬼和拓墾先人的儀式，因此在鬼門關前的搶孤進行兩天前，還會有超渡法會。搶孤前一天，則有放水燈儀式，搶孤當天，先進行飯棧的祭祝活動，而後才是子時之後的活動高潮「搶孤」。待順風旗讓選手割下，比賽才算完成。最後，則以送孤儀式，象徵活動完滿結束。

放水燈

（一）放水燈

　　鬼門關前一天，遊街隊伍繞行頭城鎮。入夜後，隊伍旋移師到竹安河口，法師焚香誦經，以超渡河海一帶孤

魂野鬼。放水燈的儀式，就是象徵告知海上遊魂來參加搶孤祭祀的「請帖」，讓終年無以飽食的好兄弟得以在搶孤的陰陽同慶中，好好享受一番。放水燈的地點在竹安河口，每庄頭有一座紙燈，橫排六燈或八燈不等，由各庄頭的好漢將紙糊的華屋和塞在華屋的紙錢堆向出海口，並點燃其火，遙寄給海上的孤魂野鬼，以示歡迎之意。

㈡進包子香

搶孤當夜，亦是鬼門關前一天，直到子時來臨，道士將一束束香插在包子上，朝地面擲下（稱為「進包仔香」或「射包仔香」），而後步下法壇，圍繞著七星燈，唸誦真言後撒一撮鹽米，而後吹動法角，祭典告畢，撤開棚梯後，搶孤開始。

㈢搶飯棧

飯棚俗稱「乞丐棚」，規模較小，高約18尺，棚上放置一籮米飯，經由法師施展「化食法」後，可一化十、十化百，以免餓鬼吃不飽而危害人間。並為孤魂誦經「放焰口」，讓那些罪孽深重、口吐火焰而不能進食的鬼魂，也能享受一頓人間所準備的盛宴。搶飯棧的祭祀意義大於比賽意義，又因其難度不大，是故選手總能在數分鐘之內，就爬上飯棧，摘下綁在飯棧上的肉條（現多為包裝的臘肉）並丟向觀眾，讓民眾搶奪，此時「像『孤』魂野鬼一樣『搶』食」的盛況，頗能說明搶孤的原始意涵。

㈣搶孤

　　參加隊伍五人一組，共十二隊。在子時一刻的鑼聲中，比賽開始。首先以疊羅漢的方式，配合繩索的運用奮力攀爬，棚柱上塗滿了牛油，攀爬不易，當搶孤手費力地爬到最頂端時，還必須以倒掛金鉤的方式翻上孤棚，此時是極為容易發生意外的時刻，俗稱「倒翻棚」。孤棚平臺邊沿距離柱頂約有六尺遠，搶孤者須先以雙腳夾住孤柱，以手抓住棚板棚板之間勉強可以插手進去隙縫，抓住板子，移至棚沿後，再以上單槓之姿勢翻上孤棚。這個動作極為危險，非膽大心細、眼明手快、體力良好者不能竟功。許多人在此墜下受傷。隨著時代進步，目前的比賽選手都有吊繩以防跌落的安全措施。

　　搶孤的困難，李榮春〈看搶孤〉一文中，提及這樣一段「他們都先用一條麻索絞住油滑的柱子，雙手緊抓住麻索的兩端；好不容易才爬上一步……已經過好一會兒，這麼多柱子之中，還沒見到有幾根給爬上一步；爬上這一步，都死死的儘自釘牢在那兒，一動也不敢動，要不是有人馬上把肩頭靠上去頂住他們的腳，一下子就會滑下來的。」搶孤比賽的

臺灣人文采風錄

攀登搶孤的情景

驚險的「倒翻棚」

難度與精彩，可見一斑。

接著，搶孤手繼續向上攀爬孤棧，直到能把豎於孤棧頂端的順風旗割斷取下，才算完成搶孤儀式。此時，搶孤者距離地面約有十三層樓的高度；這是一項結合體力、技巧、勇氣和團隊精神的民俗運動，考驗著比賽者的各項能力。

↖攀登孤棧頂端

許多摩頂接踵觀看的人們，欣賞著陰陽兩界的刺激比賽，無不驚呼連連，瞪大雙眼。筆者在搶孤之後，寫下幾行詩句，以記錄這感動精彩的一刻：

> 魍魎乘紙錢而來
> 男人溯油柱而上
> 風起處來場陰陽兩界最刺激
> 交感的遊戲
> 倒翻棚的霎那
> 上，或下
> 搴掣順風旗
> 墜入太極圖的輪轉裡

㈤送孤

在搶孤普渡之後，為了防止孤魂野鬼留在人間，因此要

舉行「跳鍾馗送孤」，以迅雷不及掩耳的速度，來個逐客令，嚇走這些好兄弟。所謂「送孤」就是送走孤魂野鬼之意。搶孤活動至此，才算是完整圓滿的落幕，而鬼門亦關閉，普渡儀式完成。

五、結語

　　搶孤的結束為蘭陽中元普渡活動劃下璀璨和歡樂的句點，其超渡施食鬼界亡靈，布施陽間人眾的博愛襟懷，充滿溫暖的人道關懷與感恩心理。又搶孤極具挑戰性及危險性，非具有強健的體魄及技巧不能竟其功，過程的驚心動魄是所有宗教民俗活動之最，使得搶孤成著頭城，乃至蘭陽、臺灣名聞遐邇的人文民俗活動，並提醒後代子民，艱辛創業的蘭陽開發史。

　　文末，以一首七絕作結，祝願頭城搶孤能夠永續經營，讓前賢的勇識和智慧能有所傳承，讓四海朋友都有福共襄盛舉，讓美好的傳統之燈火，一直傳遞在蘭陽平原的土地上。

↳竹棧放置祭品

謳歌鼓舞慰靈煙
竹棧高搖漫紙錢
亂塚縱橫殊域地
皆成舜日與堯天

高雄人文采風錄

文大中研所碩一　**洪琬琪**

一、玫瑰教堂

「玫瑰教堂」最早是由郭德剛神父、洪保祿神父率領著四名中國傳教員於1859年3月13日，一同到臺灣來傳福音。在多位神父經歷過不斷困難的衝擊，仍堅守傳教信念下所建蓋而成的。

「玫瑰教堂」的前身「聖母堂」建於1859年12月下旬，位於高雄前金靠海岸邊，而後由於教友不斷的增加，1982年，李安斯神父擔任本堂時，開始重建聖堂，由原本的臨時小教堂「聖母堂」不斷擴建到現在的「玫瑰教堂」，這也是臺灣第一座奉獻給玫瑰聖母的教堂，並恭奉玫瑰聖母為主保，因

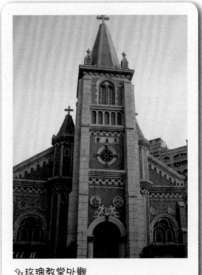

玫瑰教堂外觀

李安斯神父墓

此將聖堂命名爲「玫瑰教堂」。

在莊嚴的教堂旁，有一個小池塘，池塘邊美麗的花草簇擁著一個小小的墓碑，墓碑上記錄著李安斯神父一生的貢獻。這小池塘也就是李安斯神父安息之地。

一進到教堂內，便感受到莊嚴神聖的氣氛，修女在聖母、聖子的陪伴下默默的禱告，我的心靈也在這樣的氣氛感染下，慢慢地趨於寧靜、祥和。

佇立於高雄市繁榮百貨商圈附近的「玫瑰教堂」，與百貨大樓相較之下便突兀醒目許多。一座古老瑰麗莊嚴的教堂，也爲充滿著商業氣息的都市，增添了幾分的文化氣息。喧囂的都市裡，人滿爲患的街上，車輛川流不息的馬路，「玫瑰教堂」便成了迷茫於忙碌都市的

教堂內的耶穌像

人民們心靈喘息沉澱的聖地。進入到聖堂裡，看著慈祥莊嚴的神像，不知不覺地，洗滌了自己充滿塵埃的外殼，留下純淨的靈魂，在這溫暖安詳的教堂裡，我彷彿如同嬰兒般漸漸地沉睡在的聖母懷抱裡。

二、左營舊城

(一)舊城城門

左營是高雄文化遺址的重鎮，是歷史的迴廊，也是南臺灣以前重要的軍事基地。「舊城」這個名字也道盡了它長年以來，如何一直都默默地守護著高雄。左營因為優越的地理環境，旁有「龜山」、「蛇山」這兩座天然的屏障的加持，變成了容易防守的軍事要地，所以明鄭時期將左營設為「左衝」，與「右衝鎮」（右昌）相對應。「南門」、「東門」、「北門」、「西門」相

南門城門

北門

互連接的護城牆，便守
護著「舊城」，抵擋外
敵的入侵。一進入左
營，映入眼簾的便是舊
城門「南門」，「南
門」是舊城的正門，
位於城池的最南端，
正門面的額題為「啟文
門」，內門面則為「南

🔍北門馬道口

門」。渾厚的拱門造型，也成了它堅守把持著城門重任的最
佳形像。

(二)舊城國小

　　「舊城國小」是左營區最早的國小。隨著時間的流逝，
「舊城國小」舊式建築的風貌已不復在了，雖然換上了新的
面孔，但在「舊城國小」內卻依然保持著它歷史悠久的面
容。校園川堂上便寫了這樣的一首詩，述說著蓮潭花香圍繞
著舊城國小，聖哲的風範薰陶、陪伴著這裡的學子。

　　　詠舊城
　　讀蓮潭勝景，耕一畝書田。
　　池畔飄香，懷聖哲風範。
　　古木參天，映校舍更建。
　　黌宮薪傳，自純樸心園。
　　納宏偉胸襟，樹成功標竿。

展健康歡顏，願幸福盈滿。

舊城璀璨歷史，再制一篇新章。（蔡清波撰）

🔖校園內孔廟

　　位於舊城國小內的「孔廟」（崇聖祠），建於清康熙
四十三年（1907年），所使用
的屋架是簡樸大方的三瓜五通
式，柱礎有較古老的珠形，保

🔖石碑林

🔖奉旨文武官員軍民人等至此下
馬」碑

留了康熙年間的建築風格。在旁並放置了十方石碑，為「石碑林」，石碑中也包括了孔廟所不可或缺的「奉旨文武官員軍民人等至此下馬」碑，為了敬重孔子的偉大貢獻，無論各階層的人民，到孔廟，必定要下馬一拜。

㈢蓮池潭

蓮池潭原叫「蓮花潭」，是左營區最大的湖泊，建於1686年鳳山知縣楊芳聲建文廟時，因為池中栽種滿蓮花，一到夏天花香四溢，「蓮池潭」因此得名。湖畔旁相伴著龍虎塔與觀音、童子乘龍而降的巨型雕像，形成了色彩繽紛的景象。蔡明亮的電影《天邊一朵雲》也曾在此取景過。鳳山縣志載：「蓮池潭，在縣城興隆里北門外，潭修日廣，荷花滿沼，香聞數里，今為文廟泮池。」鳳山縣採訪冊則記載：「蓮花潭，舊志作蓮池潭，俗稱蓮陂潭，在興隆里，縣西北十五里，周十里許，中有活泉，蓮花潭西岸廟宇林立，500

↳蓮池潭全景　旁兩側為龍虎塔

臺灣人文采風錄

△啟明堂

公尺內擁有20餘座寺廟，由北而南的景點分別有孔廟、北極
玄天上帝、啓明堂、春秋閣、五里亭、龍虎塔等。

　　高雄是明鄭時期的軍事要地，南臺灣早期開發的區域，
因此處處都可看見歷史的痕跡。這些曾經風光的歷史文物、
建築也伴隨著高雄經濟起飛、都市擴建而悄悄地退居了幕
後，但即便如此，我們依然可以在高雄各個角落重新將這些
歷史片段拾回，拼湊出當初風發的面貌。

橋仔頭人文采風錄

台師大國研所碩二　**包世盟**

不知道為什麼，

我以為我一點都不在乎這種事情，

雖然早就知道了，

但，

屬於我們的那個時間已經躡手躡腳地走囉，

或許他也看我戀戀

不捨，所以並沒有跟我道別。

一、前言

　　緊鄰於高雄市北端的橋頭鄉，沒有依山傍水的優美景觀、也非一濱海可藉以遊覽海湖風光的小鄉、沒有特殊的節日讓當地居民在一年裡為它而忙碌，如果有那麼一個共同的日子，也是在八月某個酷熱的午后，廠理事決定了收穫甘蔗的日子，橋仔頭糖廠的員工恍如舉辦祭典那般地聚集、辛勤地工作著。

　　在這一個連接高雄市楠梓區與高雄縣岡山鎮中間，沒沒過渡的小鄉。曾經，生活在這的人幾乎全是以前在糖廠工作

的員工及其眷屬，從日治時期經過國民政府統治，終至解嚴後，糖廠的工作逐漸減少、以迄休業。

本文將以介紹本地的民情風俗，而所著重當不在糖廠之歷史沿革，而在生活其中的人們。幸運的是，外祖母與家母正是生活在那個時代的人，生於斯、長於斯，若真要說「聚國族於斯」也真不為過。筆者幼時未居於橋仔頭，國中時期方隨父母再搬回這屬於他們的故鄉，在臺北寄居多年，不知不覺裡橋仔頭竟也成為自己的故鄉。藉此機會或以耆老、或以斷簡，來介紹此地。

二、橋仔頭糖廠簡史

本文雖然以介紹人文風采為主，然文中主角 —— 糖廠 —— 的歷史介紹亦不當有所忽略，豈非所謂「知人論世」？

橋仔頭糖廠於1901年（明治34年）由日本三井財團在今高雄縣橋頭鄉建造出臺灣第一座新式製糖廠 ——「橋仔頭工廠」，做為其對本地殖民統治的開始。1946年（民國35年）國民政府接收臺灣後成立「臺灣糖業公司」改名為「橋仔頭製糖廠」，陸續改制「橋仔頭糖廠」、「臺糖高雄總廠」、「高雄糖廠」等名稱。1999年（民國88年）2月8日結束製糖業務，改名為「臺糖公司高雄廠」。2002年受縣政府指定為保存古蹟。

1901　橋仔頭工廠
1946　橋仔頭製糖廠

橋仔頭糖廠

臺灣高雄總廠

高雄糖廠

1999　臺糖公司高雄廠

2002　受指定為保存古蹟

臺糖公司高雄廠

鐵道後高聳的大門，門後主要道路兩旁的椰子樹景觀，是標準日本在臺建築的設計。還記得幼時糖業未歇時，外祖母家便在鐵道另一側的民房之中，不過那也是從臺糖宿舍搬出來以後很久的事了。

　　近日高雄捷運紅線的開通，糖廠大門前架起了捷運道路。現代捷運的巨大水泥把以往高聳的糖廠大門壓了下去，相形之下，糖廠門徑顯得矮小許多，彷彿暗示著過去輝煌的沒落。

三、製糖廠、五分車、觀音像

　　大王椰子的道路直走下去，你可以在左手邊看到過去的製糖工廠和運送甘蔗的鐵軌、五分車。母親說，以前下課也會買些零嘴和同學跨過鐵道，坐在製糖廠外的鐵道旁，常常可以聞到那股膩到讓人發熱的糖風，配著黏膩的海島潮濕氣

息，夏天是那樣熱而不燥。工廠裡外的村民們，也不是和我們在小說、電視劇裡看到的一樣，他們不是整天唱著〈望春風〉、〈四季紅〉、〈雨夜謠〉那樣的歌曲，那時的電臺、流行歌曲反而多的是飛過太平洋而來的美國歌曲，像是Downtwon、Country Road等等——在高中的某天，我

聽著歐美懷舊歌曲時，母親這樣跟我說——她也說，這些民俗歌曲是在他們很久以後到了高雄市工作後，才變得愈來愈沉重、入味。

When you're alone and life is making you lonely
You can always go downtown－Downtwon Petula Clark,
1964-

工廠旁的鐵道被安置著當時運送甘蔗的「五分車」，軌寬六厘五分，命名得自於此。而車廂無頂蓋的設計也是為了上卸甘蔗的方便性考量製作的。現在已經把軌道和工廠分

運送甘蔗的五分車

└ 糖廠內觀音像

隔，列車置於外面供人參觀，工廠內部則是完全未經整理的混亂。

在製糖廠正另一邊的是幹部宿舍和辦公室、聚樂部、會場等屋舍，在所有屋舍的中心地方矗立著一座從日本本島鑄造遷來的聖·觀音像，以為鎮宅之用。據官方說法，此為安慰從日本來臺的技術人員所鑄造，而觀音像正對著製糖廠正面，亦似有幾分對工廠守護、求平安之意吧！

遙記兒時，每逢上元、中秋等節日，糖廠偶有與鄰近居民互動的娛樂。小時常於此時節和表兄妹進入內部參觀，對此聖·觀音像尤有所憶。童稚懵誤，竟於此燃放火燭，以今日思之，此舉方驚其危險之至，所幸未釀大災，然於此筆者亦曾有文記之，茲錄於下：

> 仙女棒在手中亮了熄了，一點感覺都沒有了
> 只能似機械般地說出 好漂亮喔 之類的話語
> 好遠好遠　一定還記得那樣的心情
> 只是好遠好遠　遠到已經無力渲染出一波的漣漪
> 不是不幸福囉　因為找到了另外一種幸福
> 所以　我也不留你了 你一定要讓其他的孩子們也

臺灣人文采風錄

和我一樣的快樂

在相同的夜晚裡　我會看著星星 你仍然有著火花閃爍

2003.9.15

本來為幹部宿舍前通路，今已規劃成自行車道。家母與我再次步行於此時竟喃喃著「除了這些樹都不是真的」一語，甚引人深思，蓋此地此景已與其往日記憶有所不同，時間對景物的損耗、古蹟保存的修繕都造成改變。或許古蹟保存了大社會教條式的歷史記憶；對於個人而言，古蹟的修繕反而激不起他們的幽思之情。

而當時的俱樂部，今天似乎變成清掃人員的儲藏區。

👆左圖為副廠長宿舍，右圖為講習所

👆糖廠園內的景觀院景

四、結語

除了正門之外，側門已經被規劃成自行車道的起點，讓來此的遊客可以藉自行車遊覽整個糖廠，高雄捷運亦於此有一站亭，來到這已經愈來愈方便了，以前把關重重必須要偷偷溜進去探險的糖廠已經隨著時間磨逝也脫去了它的神祕，此地的居民亦不再是糖廠員工，更多的是從擁擠高雄市區外溢的人口。在歷史的洪流中，這是一個歷經日治、二戰到國民政府統治，見證臺灣經濟起步、發展奇蹟的一份子，如今退出歷史舞臺成了供人賞玩的古蹟；另一方面，它也是仍然潛居在此「原住民」的個人歷史，他們不重於經濟、歷史社會，更多的是一分生於斯、長於斯的回憶鄉愁。

臺南人文采風錄

文大中研所碩二　**鄭雅文**

　　臺南行，在一個陰雨綿綿的臺北早晨啓程。兩個弟妹在臺南唸書，因此決心走一趟臺南，當作是一個風土人文之旅。我對臺南的印象是模糊的，其在明鄭清朝地理的重要性，我從書本中閱讀得知。小時候，父親曾帶全家人遊臺南，只可惜，當時的我，沒有用力的把這些美好景緻與古蹟刻印在腦中。腦袋中的臺南，有一種古城的美感。走一趟臺南，更印證了它。

一、　「安平古堡」

　　與其說是「安平古堡」，未若說其爲「熱蘭遮城」才更能顯示其原始風貌。作研究常須探源，看古蹟，我也習慣用這種方式來欣賞。「熱蘭遮城」又名「臺灣城」，他是當時荷蘭人統治臺灣的對外貿易中心。明鄭時期，更以此處做爲反清復明大業的基地。此城頹圮於清代將重心移離此處。我在當時看到的砲臺，係清代的海防砲臺，砲臺旁有一說明，它說：

臺灣初歸清代版圖，康熙二十三年（一六八四）。設協鎮臺灣水師轄中左右三營，俱駐防於安平鎮，雍正十一年（一七三三），總督郝玉麟奏准就安平鎮內建倉貯(粟三萬石，交營收管，遞年糶米給兵），爲「軍裝局」之始。乾隆五十八年（一七八八）協鎮左營移駐鹿仔港，所用海防砲有二千四百斤、二千斤、一千五百斤、一千斤、八百斤、六百斤、五百斤、四百斤等多種，此砲係嘉慶十九年（一八一四）協鎮臺灣水師所駐。〔安平海防砲〕

🔍 安平古堡砲台

由此可知，「安平古堡」的砲臺，顯然是於清代始興建。清鑄的砲臺、堡中保有的「熱蘭遮城」城壁的遺跡以及明鄭時期的文物與建築。我想，古蹟在臺南，很多地方都如同安

🔍 〔安平海防砲〕說明

臺灣人文采風錄

平古堡一般，歷經很多時代歷史的交疊，是歷史與地理變遷的實證。

二、「孔廟」

　　臺南孔廟，是全臺第一座孔子廟。明朝永曆十九年，鄭經在位，陳永華奏請興建。清代康熙年間，因原來廟宇大多已傾頹，因而又加以重修。到清代為止，臺南孔廟一直都是當時的最高學術機構。清代官員人民至門前，皆需下馬以示尊崇。由東邊現已經改變地理位置的泮宮（原孔廟真正入口）進入東大成坊。「禮門」與「義路」分別設於大成殿前的左右兩側。依禮門旁的說明：

🔖 重修孔廟碑文

🔖 文武官員在此下馬碑

◇孔廟石碑

依孔子廟「左學右廟」之制，學與廟之間有牆分隔，東向作禮門，循此而入，以謁聖殿，具教化與啟示的作用。原設有門，今未恢復；兩側圍牆於民國初期傾圮，今亦未重建。

進入主殿大成殿，正殿主祀孔子及孔門主要弟子，旁邊「東廡」「西廡」，內供奉歷代先賢與先儒，例如文天祥、蘇軾等人。正殿旁邊「明倫堂」，是清代府學中的教室，旁邊臥碑則清楚的陳列當時的各種規範。

臺南孔廟走一回，我看見了歷代對傳統禮教的重視，傳承儒家精神。儒家思想在當時深植於政府及民間各地，進而成為心中的一種信仰。

◇孔廟文物告示碑

臺灣人文采風錄

三、「赤崁樓」

　　「赤崁樓」與「安平古堡」有相同的淵源，大致歷經了荷蘭、明清、日本以至於臺灣光復之後。「赤崁樓」之所以名爲「赤崁樓」，是由其地理位置得名。明朝末年荷蘭人統治臺灣，於「赤崁樓」址建造堡壘城牆以供各種用途，此爲「赤崁樓」最初型。荷蘭人稱之爲「普羅民遮城」，而漢人則稱之爲「紅毛城」、「番仔樓」、「赤崁樓」（當時漢人稱荷蘭人爲紅毛）。「普羅民遮城」與「熱蘭遮城」在荷蘭統治時期，相互成爲最主要的商業及政治中心。後鄭成功打敗荷蘭人，「赤崁樓」被作爲放置軍火的主要地點。今「赤崁樓」剛入園內，有鄭成功接受荷蘭人投降的雕像。「赤崁樓」在清朝時期有一些顯著的變更。光緒年間在「赤崁樓」北側設蓬壺書院，把樓基填平建造「文昌閣」、「五子祠」及「海神廟」。在經過日治時期的病院所，民初日人整修到今之面貌。大致上來說，今「赤崁樓」主要是由鄭成功受降圖的銅像、「御龜碑」、「碑林區」、「海神廟」、「文昌閣」、「蓬壺書院」遺跡等等組合而成。其中最引人注目的，即是當時清廷爲了

荷人投降雕像

表揚陝甘總督平定林爽文事件而立的碑文。取材花崗石，以滿文以及漢文分別雕刻。再將碑文立於贔屭上。贔屭，形似龜，好負重，傳說是龍的九子之一。所以，一般就將碑文與贔屭結合而成的樣貌稱之為「龜碑」。

平定林爽文事件贔屭碑

　　兩天三夜，還不夠我細細品嚐臺南。行程圍繞在古蹟的我，既看不見「古人」，更別說「來者」。我沒有陳子昂的淒愴，只有一種歷史古樸之美與現代衝突之美。

臺灣人文采風錄

鹿港人文采風錄(一)

台師大國研所碩二　**葉佳琪**

一、前言

　　在臺灣現今319個鄉鎮中，鹿港鎮算是一個相當具有歷史文化的小鎮。街道上的老房子、歷史悠久的廟宇、充滿古早味的糕點香……，都承載著這個小鎮所孕育出來的獨特氣息，向世人宣告著它亙久的、樸實的美好。鹿港最具特色的，就是鎮中保存的古蹟，有許多已被列入國家級古蹟，被政府當局重視，諸如龍山寺、天后宮等全臺聞名的寺廟等，都是許多外地遊客到鹿港時必定前去參觀的重點；其次則是鹿港的飲食文化與民藝薪傳，鹿港最有名的飲食，要算是東華麵茶的古早味麵茶以及老字號糕餅舖玉珍齋的美味糕點了，在民藝薪傳方面，吳敦厚的燈籠可是鹿港鎮上赫赫有名的。本文將蒐集鹿港在人文方面的相關特點，分為古蹟、飲食、文化產業三方面擇要介紹，希望能藉此拋磚引玉，讓更多人重新認識鹿港的美。

二、地理位置與地名由來

鹿港鎮隸屬彰化縣，位於彰化平原西北邊。其東、西、南、北分別為秀水鄉、臺灣海峽、福興鄉為界、線西鄉與和美鎮。而鹿港這個地名的由來，有以下四種說法❶：

1. 臺灣中部昔時多鹿，常有鹿群聚集海口草埔，故名「鹿仔港」，後來簡稱「鹿港」。

2. 鹿港一帶早年為平埔番巴布薩族（Babuza）盤據之地，「鹿港」乃平埔族Rokau-an一語的轉譯。

3. 地形似鹿，故名「鹿仔港」。

4. 據說昔日鹿港為米穀集散地，因為用來儲存稻穀的方形倉庫稱為「鹿」而得名。

三、鹿港古蹟

在全臺灣319個鄉鎮中，鹿港古蹟保存的完善度可以說是數一數二的。有許多廟宇被列為國家級三級古蹟，甚至在鹿港鎮的中山路上亦保存相當多日據時期的老房子。可以這麼說，走在鹿港的老巷弄裡，隨處可見老東西，而這些老東西，正是臺灣逐漸消失的記憶。

鹿港的古蹟，以廟宇為主，由鹿港鎮公所編印的鹿港旅遊地圖來看，上頭所列的古蹟景點共31處，其中廟宇便佔了14處，約為鹿港古蹟景點的二分之一。其他古蹟則多為清代

❶此處說法乃參考鹿港鎮公所網站資料，網址為http://www.lukang.gov.tw/b/b_a01.htm

商行、民居、老街道等等。現在則依鹿港鎮中山路與民權路為經緯線，將鎮上的古蹟分布區域分為東北、西北、東南、西南四區，擇取重要景點加以介紹。

　　(一)東北區：有三山國王廟、天后宮等。

　　三山國王廟：為客家人信仰神祇。由此廟設立即可知早年鹿港即有客家人來此開墾。

　　■歷史：清乾隆二年（1737）建立，原廟址在今鹿港鎮民權路與後車巷口。供奉三山國王，乃宋代英雄連傑、趙軒、喬俊三個結義兄弟，相傳曾在宋末援兵追張世傑與宋帝時，發兵救援，遂受封為三山國王，並在三人故居廣東省潮州府街揚縣霖田建廟供奉。

　　■廟中古物：

　　香爐：嘉慶四年（1799）由信徒王合成敬獻。正面浮雕圖案為麒麟，其上並書「三山國王」四字。

　　「海東霖田」匾：為乾隆二年所立。該廟所建立年代乃由此匾為證。

　　雕花門板：雕法豐富厚實，以紅底青邊搭配，表現出不

香爐

「海東霖田」匾

↪雕花門板

↪奉憲示禁牌

同於閩南系統的色彩。

　　奉憲示禁牌：乾隆五十五年（1790）所立。當時在鹿港的客家人每當要返鄉時，常受海關無理刁難，索取紅包賄賂。因不堪長期索賄，乃由數名客家監生聯名向官府申請立碑禁止此種歪風。

　　現今的三山國王廟，位在鹿港鎮的中山路上。筆者猶記幾年前與朋友搭公車至鹿港尋幽訪勝，這裡即是第一站。廟中擺設與記憶中相差不多，唯有一雙刻有對聯的石柱，橫擺在廟的中庭角落。想到前次來此，廟中的老廟祝親切地爲我們講述這座廟的歷史。還記得他佝僂的身影，費力地指著廟中的古物，一件一件如數家珍地說明年份、來歷、特色。如今廟堂依舊，但欲向當年的老廟祝探問這雙石柱何以擱置於此，卻難如願，徒留唏噓。現鈔錄石柱對聯如下：

　　　　潮郡著神靈三山宛峙
　　　　鹿溪崇廟杞百代如新

天后宮：

■歷史：建於明萬曆十九年（1591）。原廟位於現址北側，現今廟址為雍正三年（1725）施世榜獻地建造。清康熙二十二年（1683）施琅攻臺時，由幕僚藍理恭請湄洲媽祖神像護軍渡海。平臺以後，即將此

& 天后宮正殿

湄洲媽祖神像留在鹿港天后宮祭祀，為六尊開臺媽祖之一，現為全臺僅存。

■廟宇格局與廟中古物：格局採三進二院。廟中有多個清代所立匾額，分別有靖海侯施琅立「撫我則后」、雍正御立「神

& 施琅題「撫我則后」匾

昭海表」、乾隆御立「佑濟昭靈」、光緒御立「與天同功」。另有嘉慶丙子所立重修鹿溪聖母宮碑記，樹立於右側廟門入口處。

　　鹿港天后宮為鹿港鎮上最具代表性的廟宇之一，香火鼎盛、香客絡繹不絕，從

& 殿前迴廊所展示的媽祖出巡路牌及法器

每年新年以及假日前來進香的人潮即可看出。廟方甚至爲了遠來的香客，在廟的不遠處建立起嶄新的香客大樓。後殿一樓的展示廳，陳列許多與媽祖信仰以及天后宮歷史有關的古物，諸如媽祖出巡所用路牌、香爐、鑾轎、器皿、刻印靈符的雕版等等，現皆存於後殿一樓的展示廳。因禁止攝影，故無法出示圖片以饗同好。

㈡西北區：有鹿港古蹟保存區、隘門、半邊井、南靖宮、新祖宮、日茂行等。以下以鹿港古蹟保存區、半邊井、隘門、日茂行爲介紹重點。

鹿港古蹟保存區：

這塊區域位於鹿港鎮上的瑤林、埔頭二街，昔日是船行與碼頭的集中區。房屋鄰街的一側多用來作爲店舖，而後面接連河道的地方可用來卸貨。現今因爲鹿港海岸線改變，這片從前臨河的地區現在已變成內陸，也失去了過去貿易的優勢。幾年前政府將這片區域的老舊房子重新修葺，並且在地上鋪設紅磚道，使得這片逐漸沒落的「舊貿易中心」改頭換面，成爲鹿港鎮上較爲完整的古蹟保存區。

鹿港古蹟保存區

走在古蹟區中狹小的街道上，兩旁都是屋齡數十甚至是百年的老房子，木造的門面與結構，配上窗櫺精緻的雕花、各家各戶門上必定懸掛的匾額（或是招牌）、大紅的門

臺灣人文采風錄

聯上龍飛鳳舞的書法，在在都將我帶回百年前的老鹿港，似乎眼前浮現了街道中擁擠的人潮，在店門前擺出的小攤子瀏覽商品，間或有人力車腳伕吆喝著借光的聲響，鄰街的二樓，窗子半開，在細竹簾子遮掩下，有著養在深閨的女兒家隔簾窺探窗外街上的景象……。若是在細雨綿綿的日子，撐上一把油紙傘，慢著步伐，走在這老街上，別有一番風趣。

半邊井：

位於鹿港古蹟保存區瑤林街上，靠近民權路的那端。半邊井，顧名思義就是只有一半的井，實際上這口井為一戶王姓人家所有，被牆分作一半，一半在自家院子裡、一半在街上，供過客鄰里使用，是主人家敦親睦鄰的美意。現在則成為古蹟保存區中的一個著名景點。

半邊井

隘門：

隘門在早期的鹿港，具有標示地方勢力範圍的作用。因為早在清朝時，鹿港便是對大陸的一個重要貿易港口，在此居住的人，漳、泉、客都有，不同族群之間時常發生械鬥事件。為了防治械鬥蔓延，在同族群聚居處的外圍，往往會設立隘門，用

隘門

以標識勢力範圍。之後因爲日據時期的市區改正計畫，將大部分的隘門都拆除了，目前僅剩下後車巷那座隘門可供後人憑弔。

日茂行：

■歷史：日茂行屬於清代鹿港八郊中的泉郊❷，自清乾隆年間至道光二十年（1840）在鹿港的商業貿易中獨占鰲頭，爲鹿港首富。後來則因鹿港河道淤塞影響船運，日茂行的經營亦受影響，日漸沒落。

■現況：相較於從前的繁華景象，如今的日茂行只剩下展覽作用，門面以藍白色漆重新粉刷，煥然一新，但若是站到門口向裡一望：空盪的正廳，角落隨意堆放著桌椅雜物，頗有環堵蕭然之感，與光鮮的門面，實不相襯。

← 日茂行

㈢東南區：有丁家大宅、甕牆、民俗文物館、文武廟等。

甕牆：

甕牆可以說是早期建築的裝置藝術。將空甕堆疊成牆，一方面物盡其用，一方面又增加美觀，可說是一舉兩得。又

---

❷「郊」乃是清代商行組織，相當於現在的商業公會。「泉郊」則爲泉州商人所組成的商行組織。日茂行在清代的鹿港，屬於泉郊中商行的龍頭老大。

甕牆多半為早期鹿港有錢人家所用，但隨著時代更迭，甕牆這種古早的建築藝術已逐漸汰換。目前鹿港所保存最大的甕牆為謝家甕牆。照片中所拍攝的甕牆位於鹿港鎮中山路上興和派出所旁小巷中。

甕牆

民俗文物館：

■**位置與歷史**：民俗文物館的位置與其他景點較為分散，由前述甕牆所在巷道繼續前進，出了巷道即可看見一座相當華麗的巴洛克式建築，那即是鹿港民俗文物館。該棟建築原為辜顯榮於日據時代（1919）所建造的宅第，民國62年辜家將此宅捐出，成為民俗文物館。

民俗文物館最外圍乃是圍牆，中間嵌著一扇雕花大鐵門。進入大門之後，右手邊有接連兩座木造中式涼亭，涼亭外有人工鑿出的水池與小河，臨池種植柳樹，春夏之際楊柳迎風搖曳，十分可愛。沿著涼亭直走，可到達一座小樓「耀星樓」，耀星為辜顯榮字。小樓建築採中式四合院，十分整潔雅緻，但現在作為辦公處，不開放參觀，故無法窺見內部擺置。

民俗文物館

左手邊則有紅磚步道

通往後面的古風樓。在靠近門口的部分植有枝葉茂密的大榕樹，稍粗的枝幹上垂設兩座秋千，夏天午後坐在秋千上徐徐擺盪，享受著榕樹濃密的樹蔭遮蔽以及陣陣涼風，聽著「唧唧唧……」的蟬鳴聲，十分寫意悠閒。

　　紅磚步道的盡頭有兩座小樓，兩座皆為兩層建築，風格為中式紅磚樓房。一座與民俗文物館主體建築「大和」有通道相連，目前裡面陳列著彰化厚生醫院前身厚生診所在日據時代的藥櫥與玻璃製化學用容器，整體佈置成早期診所的診療間，連當時的執業證書、診所招牌以及藥單、藥包等都擺了上去，充盈著相當懷舊的氛圍。另一座則是獨立建築，也就是上面提到的「古風樓」。一樓正廳陳列著古時嫁娶的聘禮，包括首飾、禮金以及禮餅等等。桌上也擺設了祭拜祖先所用的三牲（雞、豬、魚）。正廳後的小房間則是新房，紅眠床、梳妝檯、洗臉盆架、衣櫥等應有盡有，讓人彷彿置身於時光隧道中，參加了一場傳統婚禮。（由於民俗文物館室內陳列品全部禁止攝影，故僅能以文字敘述勾勒出大概畫面，無法以圖片說明。）

　　最後則是主體建築「大和」。「大和」是一棟巴洛克式磚造兩層洋房，相當華麗而醒目。「大和」正面二樓陽臺，站在上面可以鳥瞰整個庭園景觀。「大和」的正面造型為中間主體樓房三層、左右各有一柱形建築物，三者間各有

兩層樓的通道相連。中間建築物頂端以繁複的雕花紋飾，一、二樓兩側以紅磚、灰磚砌成，形成紅白相間的線條，十分顯眼；左右兩端的柱形建築物圓頂，配以上中下三扇方正

↖大和館

的窗櫺，頗有俄羅斯教堂的感覺。內部目前開放一、二樓展示，一樓有四間展覽廳，分別陳列文獻圖片、服裝配飾、戲曲樂器以及宗教禮俗方面的文物；二樓陳列辜家昔日家居生活的家具用品及擺設用的古董文物。尤其是會議廳的長桌會議，顯現出辜家在當時重要的政經地位；辜氏臥房所陳列的紅眠床、紅木書桌等，透露出主人雅緻的品味生活。

　　㈣西南區：有泉郊會館、玉珍齋、意樓、十宜樓、九曲巷、興安宮、鳳山寺、龍山寺、金門館等。以

↖大和館中庭一角

↖大和館二樓走廊

下主要介紹意樓、十宜樓、龍山寺。

意樓^❸：

意樓其實是昔日廈郊中慶
昌行的一座閣樓，原名「天遺
室」。意樓的特色在於那雕鏤
的圓形花窗。花窗的圖樣由葫
蘆與古錢交錯而成，各有其涵
意：葫蘆諧音「福」；古錢則
有生財之意。至於窗形為圓，
則象徵圓滿。一個花窗中即蘊
含三種吉祥意義，真令人不得
不佩服古人巧思。

↳意樓

由牆裡向外探出頭的那棵
翠綠大樹，出人意料之外的是
會結出酸甜果實的楊桃樹。炎熱的夏季，意樓花窗前的楊桃
樹總是生機蓬勃地享受艷陽的日光浴，接近秋天的時候，還
能看到樹上結出一個個青綠晶瑩如玉的小楊桃果實，十分可
愛。

除了美麗的花窗與楊桃樹，意樓還有一個淒美的愛情故
事可供人欣賞。傳說，從前住在那花窗小樓裡的，是一個美
麗的女子，名叫尹娘。她與夫婿在樓中新婚燕爾，但不久夫
婿因赴試而離家，臨行前為尹娘在院裡手植一株楊桃，留下

臺灣人文采風錄

---

❸因筆者前往採訪時，意樓正在整修，無法拍攝照片。此處所置圖片，
　乃摘自鹿港鎮公所網站。參考網址：http://www.lukang.gov.tw/title-3/
　title-1/ancient/08.htm。

尹娘一個鎮日在花窗裡等待。窗外的楊桃樹一年綠過一年，窗裡的人兒一年盼過一年，可是她所等待的人卻不曾回來。也許，夫婿在赴試途中便葬身黑水溝裡；也許，夫婿在另一處地方又遇見一紅顏。但尹娘始終在窗裡等著、盼著，陪著她的，只有那一窗雕鏤的花，與窗外夫婿手植的那株楊桃。

十宜樓：

十宜樓位於鹿港金盛巷內，爲早期鹿港文人雅士聚集賞月賦詩之所。所謂「十宜」，即宜琴、宜棋、宜詩、宜畫、宜花、宜月、宜煙、宜酒、宜茶、宜博，命名巧思，與歐陽修「六一居士」有異曲同工之妙。

📷 十宜樓

十宜樓最大的特色即是左圖上方那一座紅磚綠瓦，用以溝通東西二樓的「跑馬廊」。想像月明星稀、清風徐來之夜，三五好友相邀坐於樓上，或品茗、或吟詩、或邀月對飲、或與友對奕，如此情景，可謂雅緻。這樣的良夜，對現代人來說，或許只有在中秋月圓親友相聚方才重現，不過娛樂的內容，可能與從前文人墨客有所不同，或烤肉、或啖柚、或食餅、或煙火。十宜樓所宜之事，恐怕只存在於百年前的鹿港了。

龍山寺：

■**住址**：鹿港鎮金門街81號。

ᐧ龍山寺

■**歷史**：鹿港龍山寺創於明永曆七年（1653），為開臺最早佛寺。因建築雄偉、腹地廣大，佔地一千六百餘坪，故有「臺灣紫禁城」之美稱。

■**建築特色**：整體建築繁複，所佔腹地廣大，由前至後，共可分為山門、廟埕、三川殿、戲亭、中埕、正殿、後埕、後殿這幾個部分，總共三進（以三川殿、正殿、後殿為主）。

　　寺中建築雕刻十分細緻，無論是石雕或是木雕，雕工精美，帶有古樸美感，或繪以圖樣，筆觸細膩，來一趟龍山寺，即可飽覽清代建築藝術之美。如三川殿前的兩根龍柱，為雍正二年所立，龍身盤繞石柱，一鱗一爪，清晰可見，線條相當優美平滑，配合石柱顏色，帶著樸實無華的質感；太極八卦窗繁複的雕飾，採「透雕」雕法，使光線得以透進，帶有朦朧之美。整面窗皆細細地繪以紋飾，可惜日久侵蝕，窗上顏色斑駁零落，看不見當年美盛的色彩。

　　此外，在戲亭上方的藻井，筆者個人認為是整個龍山寺中最繁複華麗的建築部分。從內到外，共有六個八角形，層層包覆，藻井的正

臺灣人文采風錄

ᐧ龍山寺藻井

中央繪有金龍，為「盤龍抱珠」。整個結構沒有用到一根釘子，足見造者功力之精湛。同樣是藻井，鹿港天后宮裡的藻井中央並不如龍山寺裡的有「龍紋」，這也成為龍山寺藻井的特色。

■寺中文物：

龍山寺中年代久遠的文物著實不少，大如置於迴廊的古鐘、小如柱石，都是相當有價值的歷史文物。礙於篇幅限制，無法一一介紹，只得摘出較具代表性的一二項，略作象徵。首先是懸掛在正殿裡的匾額「法雨如來」。此匾乃是道光十年（1830），由嘉義知縣張縉雲所立，為寺中現存最早的匾額。

其次是置放在正殿外的這一口古鐘，為咸豐九年（1859）由鹿港的廈郊捐獻。整口鐘是在寧波鑄造完成，所以又稱做「寧波古鐘」。古鐘高約兩公尺，重量近千斤，上面鑄有「阿彌陀佛」、「法輪常轉」、「皇圖鞏固」、「帝道遐昌」等文字，以及

&龍山寺古鐘

&龍山寺匾額

捐獻金錢的商行、船行名，並有鑄造年份。古鐘的歷史、來源，可由鐘上所鑄的文字理解。據說昔時古鐘仍使用時，鐘聲一響，可傳數里之遠，故「龍山曉鐘」亦為昔日鹿港八景之一。

四、結語

自清代開始，鹿港一直是彰化地區相當繁榮的商港，到現在仍然可以見到中山路上許多老房子上頭，都刻嵌著某某商行的招牌字樣。隨著港口淤積，繁盛的商業活動漸漸退出鹿港，鹿港也逐漸由商業重鎮而沒落、蕭條。現在的鹿港，是以歷史悠久的古蹟、文物與濃濃的老街氣氛聞名全臺。來到鹿港的遊客，除了宗教信仰之外，多半是要在鹿港的老巷弄中尋找過去的記憶、那種專屬臺灣人的「古早味」。鹿港現在主要是以觀光產業維繫著經濟命脈。假日時的鹿港人潮洶湧，熱鬧喧騰，但是平日的鹿港卻是蕭條清冷的。午後、黃昏，在自家門口乘涼的，多半是上了年紀的老人家。和許多沒落的鄉鎮一樣，鹿港的青年子弟多半向外發展，人口老化的問題也是鹿港的一項隱憂。百年前的風華，只存在於古蹟文物中；今日的繁華，只存在於週休二日，這是筆者這次採訪鹿港，除了醉心於古蹟文物外，最大的感慨。最後就以歌手羅大佑的「鹿港小鎮」，作為結尾，希望鹿港能夠在百年後的今天，再現當年風采，重新找回屬於它的新生命、新動力，讓古典與現代，在這個歷史悠久的小鎮上，和諧共存。

鹿港人文采風錄(二)

文大中研所碩一　**許志彰**

一、前言

　　「鹿港」是昔日最繁華港口，但最終仍逃不過時代環境的變遷，進而褪下了繁華光景，成爲現今的濱海小鎮。然而百年的風華雖已成爲歷史的遺跡，但其人文、歷史伴隨著前人所走過的足跡，卻不曾就此湮沒在這歷史的洪流之中。

　　「鹿港」又稱「鹿仔港」，關於其地名的由來，約有下列四種的說法：

　　㈠臺灣中部一帶昔時多鹿，常有鹿群聚集海口草埔，故名「鹿仔港」，後來簡稱「鹿港」。

　　㈡鹿港一帶早年爲平埔番巴布薩族（Babuza）盤據之地，平埔族Rokau－an一語的轉譯。

　　㈢地形似鹿，故名「鹿仔港」。

　　㈣據說昔日這個地方是米穀集散地，因爲用來儲存稻穀的方形倉庠稱爲「鹿」而得名。

　　在初步了解鹿港之稱謂後，下文筆者將以隨筆方式，介紹鹿港最深具人文、歷史意義的四處景點，讓讀者可以藉由

文字感受一下，此深具人文、古樸的歷史小鎮。

二、龍山寺——龍山聽唄

鹿港龍山寺評定為國家級的一級古蹟，素有「臺灣紫禁城」的美譽。相傳為明永曆年間溫陵（泉州古稱）苦行僧肇善所建。乾隆五十一年因感隘窄不敷眾用，遂另覓它地重建。寺廟建築，規模宏敞，構造雄健，古色古香。

日據中期，後殿失火，故重修後的後殿建築風格不同於正殿，正殿雕工精巧；後殿則呈現一種古樸的風貌。另外，因寺內另有一口重達千斤的銅鐘，撞鳴時其音宏亮，十里可聞，每當旦暮，鐘鼓齊鳴時，梵唄互答，面對著古佛青燈，禪味細參，塵念俱消。因此成為了鹿港的八景之一「龍山曉唄」之稱呼。

清末日據時期的鹿港詩人莊太岳（1881～1938）曾寫下鹿港八景的組詩：

其一　龍山曉鐘

　　寺門月落曉風輕，春夢驚回天未明。隱約數殘百八下，悠揚猶雜誦經聲。

另有七律一詩：

龍山聽唄

　　龍山古剎聳峻崢，梵語時聆特地清。貝葉繙經喧夜深；天花散彩絢朝情。

　　悠揚暮鼓晨鐘意；宛轉珠林法苑情。到此六塵都淨

盡，波羅般若聽分明。

鹿港詩人許志呈（1919～1998）之詩作：

鹿港龍山寺即景

　　繞垣古樹噪昏鴉，一角舳艫影半斜。宮闕篆煙浮紫氣；海天落日映丹霞。

　　蓮籩拂霧蟠靈蚌；貝葉翻風捲玉花。幾杵鐘聲傳入春，儘堪悟徹夢繁華。

㈠山門

　　山門的含意不僅代表了一間寺廟的門戶，更象徵了寺廟的內界與外界；佛境與俗世的分界。因此參拜者，一旦步入山門，則意味著進入了佛境之意味。

　　龍山寺的山門採用了重簷歇山式（「重

ᐸ龍山寺山門

簷」則是指有兩重屋簷，「歇山」是指四面垂簷的屋頂。）的建築方式，四邊的翼角，曲線柔順，散發出一股秀麗挺拔之氣勢，更顯現出了一種尊貴的氣度。

㈡八卦藻井

　　鹿港龍山寺戲亭上方的藻井結構，可謂全臺首屈一指

的藝術之作，也是臺灣
保存年代最早的作品。
八卦藻井設立於戲亭之
上，具有共鳴的效果，
至今每逢節慶之日，都
會有傳統南管樂團在此
演奏，深具古典風雅之
韻味。

📷 龍山寺八卦藻井

㈢惜字亭

惜字亭它代表著中國傳統文人，對於文字的敬畏和尊重
而建造的。因為中國古代的傳統文人書寫後的紙張，不可隨
意棄置，必得拿到惜字亭焚燒，焚燒後選取吉日放於大海，
以示對於古聖人造字之敬重，因而又稱之為「聖蹟亭」或
「敬字亭」。昔日在各鄉鎮處原都設有惜字亭，但因今日社
會的變遷，所造之亭大多已遭毀棄，此惜字亭亦是鹿港碩果
僅存者，所以自有其特
別的文化存在意義。

「惜字亭」因位於
前殿虎門出口處，不識
者往往誤以為是「金
爐」。早期遊客不知其
原由，常因誤以為是燒
金紙用的「金爐」，而
將金紙投置其中焚燒，

📷 龍山寺惜字亭

臺灣人文采風錄

故以前寺方便以磚塊堵住其焚燒入口，今日則立設告示以明之。

惜字亭其建築造型，屋頂為燕尾式建築，小巧典雅，再加上紅磚砌成的方形雙層爐身，下方另以石塊砌成的臺基，兩者造型搭配而成頗富古意。

二、天后宮──寶殿篆煙

鹿港天后宮創建於明末清初，為臺灣湄州媽祖開基祖廟。由於香火鼎盛，廟中香煙縹緲，鐘鼓悠揚，氣氛莊嚴，故成為今日的鹿港八景之一「寶殿篆煙」。

清末日據時期的鹿港詩人許存德（1868～1929）之〈竹枝詞〉：

> 天后宮前是海濱，蒸波百頃白如銀。相攜新舊鹽田去，近水人家不患貧。

㈠三川殿

鹿港天后宮的建築規模宏偉，廟宇為三進二院的格局，分別由前殿（三川殿）、正殿以及後殿所組成。三川殿為五開間的建築格局，兩旁以八卦作為進出門型，再由正門的空間往內延伸，營造出三川殿一種空間上的層次美感。

由於三川殿的屋頂，採用重簷歇山式的造型方式，此在臺灣的寺廟之中，是甚少廟宇前殿會使用此種類型的屋頂，天后宮的建造作法可謂相當的特別。

㈡八卦藻井

鹿港天后宮的八卦
藻井分為兩層，底層八
角形的每一邊皆出二
栱，每栱又升四斗，以
二十四組斗栱組砌而
成，呈八卦造形往內齊
集。此藻井的建築、設
計、風格，完全不同於
龍山寺的藻井風貌，兩

◁天后宮八卦藻井

者之間各自呈現出一種相異的藝術美感。

四、文武廟、文開書院──書院懷古

文武廟中的重修文武兩祠碑記云：「殿堂居鹿水之東，
坐坤向艮，彰山擁其左，瀛海環其右，土城峙其旁，道嶺拱
其前，廟外群眾簇立於指顧間，徇乃海外之大觀也。」而
文開書院因與文武廟毗
鄰，位居鹿港咽喉，又
與天后宮、龍山寺鼎足
而立，成為鹿港的三大
古蹟之一，亦贏得鹿港
八景「書院懷古」之美
稱。

◁武廟、文祠、文開書院

(一)文武廟

文武廟創建於嘉慶16年（1811），與文開書院相鄰。文祠為二進一院的建築，前方有一座水池，稱之為「泮池」。因古代郡縣之學又稱之為「泮宮」，其東西門以南置有水池，故稱之為「泮池」。《詩經・魯頌・泮水》：「思樂泮水，薄采其芹……」，昔日，當古人應試及第時，都需至文昌祠祭祀，循古禮於泮池旁摘取芹葉，插於帽緣，故考取秀才功名者，又稱之為「入泮」。故文昌祠在建築規制中，亦採古人之禮，前方亦置有水池，稱之為泮池。

清末日據時期的鹿港詩人莊太岳之詩作：

泮水荷香

　　淨植亭亭蘸一池，文昌祠外日斜時。風搖翠葉香生沼；月照高花水滿陂。

　　采藻采芹猶在念；紉蘭紉蕙總相思。此間無限尋芳意，祇有凌波仙子知。

(二)文開書院

建於道光四年至道光七年（1824～1827），書院名曰：「文開」，則是為了紀念明末儒者沈光文（字「文開」）。其於荷據時期至臺灣從事教育工作，故又被當地人士譽

文祠前泮池

稱爲「臺灣文化的開基始祖」。二百年來，人材輩出，在清代，書院曾孕育了多位的舉人與進士，開啓了鹿港文風的輝煌時期。故有「鹿港文化搖籃」之美稱。

五、九曲巷、十宜樓 —— 曲巷冬晴

　　鹿港因爲是海口城鎮，故爲了防止風沙侵襲之故而建造了彎曲的街道。正因其特殊建築，所以成了臺灣特殊的歷史建築。九曲巷中，另有一處歷史建築「十宜樓」，是當時文人墨客夜宴吟集之處所，兩者深具歷史、人文意義。

㈠九曲巷

　　九曲之名是因當地特殊的建築構造而稱之，鹿港因爲是狹長的沿海小鎮之故，爲了因應農曆九月直襲而來的「九降風」，所以建築風格呈現出彎曲多折的建造方式。鹿港〈竹枝詞〉曾提及：「十月風沙飛不入，九天霜雪動難侵。」正因如此，所以每到冬日時節，當巷外寒風凌人時，巷內卻是靜暖如春，也因此成了鹿港八景之一「曲巷冬晴」的稱呼。筆者於遊覽時有感寫下一首小札：

九曲巷

蜿蜒的九曲羊腸

裁不斷的，是時空

理不清的，卻是遊人情思

遊走於九曲與時空交錯的奇異點上

前進，曲折

後退，曲折

彎曲的道路，令人不安

彎曲的人生，令人茫然

平直的時空曲線

呢喃觀看

卻不曾透露

關於未來的一切

㈡十宜樓

十宜樓位於九曲巷內，因兩旁屋舍中又建造相通之道，以供當時文人吟風賞月，故又之稱「跑馬樓」。十宜樓意指：「琴、棋、詩、酒、畫、花、月、博、煙、茶等十宜之事。」鹿港〈竹枝詞〉曾提

十宜樓

及：「九曲巷中風不到，十宜樓上士閒吟。」正說明了十宜樓為昔日詩人墨客聚會之場所，深具人文氣息。

清末日據時期的鹿港詩人莊太岳之詩作：

十宜樓夜宴席中談及時事

　　風濤瀛海起龍爭，世事奚堪付品評。蘇武未歸終牧
豎；謝安不出奈蒼生。

　　儒巾已濕新亭淚；詞筆空修復社盟。得失何關吾輩
事，一聞鶴唳也心驚。

六、結語

　　百年古城的風貌、人文、歷史，實非筆者可以藉此篇
什，一言以道盡的，「鹿港」古城，就好比王國維所言「凡
一代有一代之文學」（王國維《宋元戲曲考》），雖然幾經
時空的轉移，人事之變遷，筆者亦無幸目睹當日之情景，但
既成的經典卻不會因此而抹滅的，亦將永恒地留存於後世遊
人之心。

　　此次的鹿港人文采風隨筆，筆者只是約略地描述，鹿港
八景中最深具人文、歷史意義的其中四景而已，另有四景：
「楊橋踏月」、「古渡尋碑」、「海澨春嬉」、「蠔圃洄
潮」，則留待讀者親身造訪時尋訪探勝了。

　　參考文獻：

彰化縣文化局網站：http://www.bocach.gov.tw

彰化縣鹿港鎮公所網站：http://www.lukang.gov.tw

彰化人文采風錄

台師大國研所碩一　**鄭季弦**

一、前言

　　彰化市，是我的故鄉，也是我父執輩從小生長之處。小時候，每年過年我才會隨著家人回到這裡，所以對這裡並不熟稔，只覺著和臺北相差好多；後來長大之後，我才知道，這裡其實是個充滿歷史與文化的城市，城內不但古蹟處處，人文薈萃，更是臺灣新文學之父賴和先生的故鄉。自從爺爺過世後，我就幾乎不曾再返回祖厝，因此這次人文采風錄的主題，我便選定彰化市這個古城，回到這個既熟悉又陌生的地方，重溫小時候返鄉過年的記憶。

　　彰化縣位居臺灣西部樞紐，古稱「半線」，為平埔族半線社之地，也是臺灣開發極早之地區，向來是山川秀麗、物產豐富；而彰化市位於山海兩線鐵路交會處、鐵路縱貫線上的中樞位置，西鄰鹿港古鎮，東有八卦山脈風景線，更是縣治中心，為縣政府及重要文教機關、醫院的所在地。市內各級古蹟眾多，如孔廟、聖王廟、開化寺等，文化資產豐富，也有許多富有鄉土風味的特色小吃，如最具代表性的彰化肉

圓、肉包、貓鼠麵等。以下選定幾處較具特色的地方作為介紹，希望能讓大家更了解彰化市。

二、鷹揚八卦，佛光普照

八卦山位於彰化市東區，原名定軍山、望寮山，離市區約一公里，為彰化八景之一，登上山頂視野遼闊，其「定寮望洋」和「卦山春曉」為其特色。山頂高達二十二公尺的黑身釋迦牟尼大佛，於1961年間建成，是彰化市特有的地標及精神象徵，早年被喻為亞洲第一大佛，遠近馳名。

八卦山釋迦牟尼大佛

臺灣人文采風錄

從大佛風景區門口牌坊進入，即是由緩升階梯所成的參佛道，兩旁立有32尊由佛教徒所貢獻的觀音石雕法像，名為眾生像。走完參佛道即到達瞭望臺廣場，中有九龍池，周圍圍繞的文化藝廊有當地文人所寫的書法石刻，遊客可以在此休息乘涼，並一覽彰化市全景。由瞭望臺往上看即是卦山大佛，佛像內部共分為六層，底層為佛堂，2～5層分別闡述佛陀一生事蹟。同時附近還規劃有文學步道、餐飲中心、多媒體視聽室等。此外每年春分前後，正是俗稱國慶鳥的灰面鵟鷹（灰面鷲）過境八卦

山脈的時節，超過兩萬隻的「南路鷹」，北返路線途經八卦山區，也為八卦山脈的春天帶來精彩的空中生態景觀。故此地有鷹揚八卦之美名。由此可知八卦山除了是彰化市精神指標，也是市民登山、散步、賞鳥的好去處。

三、彰化孔廟

彰化孔廟肇建於西元1726年（清雍正4年），為知縣張鎬籌建，是政府公告的一級古蹟。自落成以來，經歷林爽文之亂與人為破壞，曾大規模整修數次，西元1976年彰化縣政府敦聘漢寶德教授依原樣重修，至西元1978年竣工，但規模只有原先的三分之二。這次我前往孔廟參訪時，很不巧的它又搭起了鷹架進行維護整修的工作，因此無法照到孔廟美麗的一面，十分可惜。彰化孔廟與一般臺灣廟宇的形式不同，為類似傳統宮殿式建築式樣。平面配置在中為大成殿及東西廡，前為戟門、欞星門，其外面為泮池及萬仞宮牆，禮門、義門位在泮池兩旁，殿前後石砌甬道各三，殿後崇聖祠，左

大成殿

西廡廊

↳至聖先師牌位

↳聖賢牌位及讀經班課桌椅

為明倫堂，後為訓導署，後左為教諭署，殿右宮牆之外為白沙書院，在空間配置上較接近大陸各地的文廟，其中屬於臺灣傳統風格的是在大成殿後的崇聖祠，在兩翼加出了鄉賢祠及明宦祠，明倫堂設在大殿的左邊。❶如今東西廡除設有孔門72聖賢的牌位外，亦設有桌椅，提供兒童讀經班使用。我坐在小小的桌椅前，想像一群小朋友在孔廟裡搖著頭念四書五經，彷彿古代小孩子上學堂一樣，十分有趣。

四、開化寺

開化寺俗稱觀音亭，主祀觀世音菩薩，是彰化歷史最悠久的寺廟，也是三級古蹟。清雍正元年（1723）彰化設縣，本寺建於隔年（清雍正二年，1724），取名開化，以表示

❶關於孔廟平面配置的說解依據國家圖書館走讀臺灣的網站說明：http://readtw.ncl.edu.tw/readtw/town_html/1000701/HTML/page07_02.htm

「初開彰化第一佛寺」，因此有「開彰第一寺院」之美稱。開化寺建立以來經歷過林爽文之亂及回祿、地震之災，曾經化爲烏有，後又經過重建，爲一座三開間兩進兩廊的街屋式廟宇建築，周圍設有白牆圍繞。只是後來因爲

🔎開化寺

都市設計街道拓寬，使得原有規模變小，成爲一座隱身在一排樓房中的一間小廟宇，別有一番特色。

五、南北管音樂戲曲館

「彰化縣文化局南北管音樂戲曲館」是彰化市內最具特色的博物館，於民國78年開始籌設，民國88年開館啓用，成爲全臺南北管音樂戲曲的教育交流中心，其中國庭園式的建築十分美麗。戲曲館中設有研習教室、視聽圖書資料室、排練教室、演奏廳等，除了收集相關戲曲影音圖書資料外，也

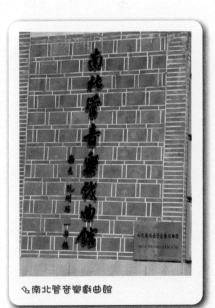

🔎南北管音樂戲曲館

成立南管實驗團,大量培訓文化薪傳種子人才,發揮展示、研習、推廣、交流、傳承等文化工作,在臺灣音樂發展史上扮演著繼往開來的重要角色。只可惜我參觀的這一天適逢週一休館日,所以沒辦法進去收集一些地方戲曲音樂的相關資料,令我感到十分懊惱,只能拍拍美麗的建築聊解心頭之悶。

六、結語

這次的彰化采風行對我而言是很有意義的,除了完成一份作業的成就感之外,也算是找回小時候記憶,與認識故鄉的一個尋根之旅。小時候的我總拿彰化和臺北比較,覺得彰化是個「落後、生活不方便」的地方,長大以後念了國文系,才發現彰化不但是充滿古蹟與歷史的古城,也是培育許多文學家的地方,如賴和(彰化市)、洪醒夫(二林鎮)、李昂(鹿港鎮)、宋澤萊、施叔青、吳晟等等,真的是塊人文薈萃之地,其每年舉辦的「磺溪文學獎」更是中部一個重要的文學創作比賽。

只是這次回到彰化探訪的時機並不是很好,首先因為是星期一,縣立圖書館以及南北管音樂戲曲館都休館,許多文獻資料無法收集查詢,加上前往賴和紀念館時在巷弄間迷失許久,好不容易到達紀念館,卻無法進入(可能也是休館,因為紀念館位於四樓,必須按門鈴進入),十分可惜。此外,彰化市雖然不大,但市內古蹟不少且又分散各處,對於徒步探訪的我是一大難題,因此我只能選擇其中幾個相近的

臺灣人文采風錄

地點作為介紹，捨棄了其他也很值得一探究竟的地方，例如彰化火車站的扇形車庫，大甲鎮瀾宮媽祖遶境過境彰化必住的南瑤宮，全臺唯一祀奉貞潔烈婦的節孝祠，培育出許多政商名人的彰化高中，以及新成立的彰化藝術高中等等，希望下次有機會可以再前往這些地方遊覽，讓自己對故鄉不再只是走馬看花的印象，而是能有更深入一層的了解。

南投人文采風錄

台師大國研所碩二 **陳慧蓉**

一、前言

　　南投縣是四面環海的臺灣寶島中，唯一不臨海的山城。這樣特殊的地理位置，雖然讓南投縣沒能擁有火車來往的便利交通，卻也因此而保存了淳樸的風土民情，以及自然的好山好水。

　　本文便對南投縣的幾個特色景點，略作人文與文化之考察、介紹，以此做爲叩門之磚，期盼這塊淳美的土地能獲得更多的關懷與注意。

二、望登青雲路──登瀛書院

　　登瀛書院創建於清道光二十八年（1848），又名文昌祠，是草屯鎭歷史最爲久遠的教育場所，也是全臺六十二所書院當中保存最爲完整的，民國三十四年由內政部指定爲國家三級古蹟。

　　相傳在仙境掌管人間各部門的有十八學士，稱爲瀛洲

 登瀛書院

十八學士，「登瀛」之名便蘊含了對莘莘學子們深遠的期
許。但登瀛書院其實並非專為考試而設立，它沒有官試，其
費用來自民間的捐贈，經營管理皆與官府無關。登瀛書院的
興辦，足見當時鄉鎮士紳重視教育的苦心。教育的本質無非
如此，育之化之，使之得以為「人」，而不單單只是為了功
名考試作努力。在這個升學主義掛帥的時代，古人的用心或
許更值得我們借鏡、思考。

　　目前登瀛書院還保有二次祭典的儀式，即春祭和秋祭。
春祭是文昌帝君的生日，而秋祭則是文昌帝君成仙的日子，
一切都遵循古禮舉行。登瀛書院曾被媒體報導為全臺最為靈
驗的文昌廟，每當考季來臨，廟裡的各個角落就掛滿了考生
的准考證，用最慎重的心情，向文昌君祈求著一點好運氣。
難能可貴的是，登瀛書院雖然香火鼎盛，卻不曾以怪力亂神
的手法來斂財，保持了書院的清靜肅穆。在考季過後，登

瀛書院就又回復到它一貫的沉靜清幽，默默守護著已然遠去的廣大學子。

登瀛書院遠離了塵囂，靜靜座落在一片稻田之中。古樸的建築，題寫著宏願的牌匾，教人彷若走入了那個久遠

↖登瀛書院門口對聯

的單純年代。從前的書聲朗朗，今日已是香煙裊裊，不變的是那份望登青雲路的士子心。

門口對聯：登雲有路志為梯聯步高攀鳳閣，瀛海無涯勤是岸翻身跳進龍門。

三、浮萍落地居 —— 中興新村

中興新村位於南投市和草屯鎮之間，臺灣在二次戰爭後決議疏遷，中興新村便這樣因應而生了。其建造參照英國新市鎮的概念，為辦公與住宅合一的田園式行政社區。中興新村不但各項公共設施完善，景色也十分優美，因為綠意盎然而有「綠園」之稱，居住環境與辦公品質良好，堪稱臺灣市鎮規劃之典範。

這個清幽靜謐的小村落，曾經背負了重大的使命與期待。「中興」之名取自於「少康中興」之意，可見得當時政府對於光復大陸所抱有的無限期盼。民國四十六年，省政府

疏遷至此辦公，中興新村成了交通樞紐、行政重鎮。但這樣的光環，卻也隨著精省的決定消失殆盡。淳樸優美的中興新村，背後其實受到政治權力運作的操弄，由繁盛的權力核心瞬間走向凋零的命運。但縱是有這般無奈，中興新村依舊沉靜的綻放它的美麗，無論人事如何變遷，自然環境總還是堅定不變的。

被漸漸淡忘的，其實不僅僅是這個虛級化了的省政府辦公中心，還有居住在這裡的人們。中興新村的居民，大多數是當時臺灣省政府的員工，和家眷住在規劃好的宿舍裡。而這些公務人員，大多是外省族群，也包括了軍人在內。這些從大陸遠渡而來的人們，如我們現在所知的，並沒有家鄉可回。他們是失了根的浮萍，只能遠眺著神州癡想。這些異鄉浮萍，就在這裡落地生根，中興新村從此成為他們的新

中興新村

中興新村升旗臺

故鄉。而他們的昔日光采，和中興新村擁有相同的歷程，如今已褪去了鉛華，只留下沉澱的清淨與溫柔。

☙中興新村林蔭處

今日的中興新村，不再是權力中心的所在地。但由於其位居中部地區，交通網絡可謂四通八達，再加上它在花園城市的成功規劃，這個平日幽靜的小村鎮，每到假日，人潮便絡繹不絕，成為了著名的休閒觀光景點。而除了漫步、徜徉在它優美的自然風景中以外，更值得我們思考、關注的，恐怕是中興新村所特有的歷史意義及人文風景吧。

四、刑期無刑保眾生——龍德廟

龍德廟位於古名月眉厝的草屯鎮碧峰里，在這彎彎的月眉裡，安住著一位醫神——保生大帝。龍德廟創建於清乾隆五十年（1785），民國七十四年經內政部認定為第三級古蹟。

牌樓對聯：保境護黎永鎮月眉施德澤，生人妙術恩覃四海赫聲靈。

保生大帝是中國閩南地區所信奉的醫神，隨著泉州同安縣的移民遷徙來臺，而南投縣之居民乃以漳籍人士為主，因

臺灣人文采風錄

此龍德廟也是目前南投縣境內唯一主祀保生大帝的廟宇。據傳這是明末時，有林姓的先民自大陸遠渡重洋到臺灣謀生，原先在嘉義縣的梅仔坑地區墾荒。爾後輾轉北上，於康熙初年遷居至草屯鎮，發展出月

ⓛ保生大帝龍德廟

眉厝的林姓血緣聚落。其隨身攜帶之唐山龍騰宮的保生大帝香火，本建一小祠於貓羅溪旁的八卦山麓供奉，後因水災被毀，於是遷建於現今廟址，守護著這塊土地的百姓。

　　根據廟方的記載，同治初年發生在四張犁庄的戴萬生之亂，有長達三年的時間無法平定。後來，臺灣兵備道丁日健在保生大帝的指點、佑護下順利平亂，丁日健因此獻立了「刑期無刑」的匾額以答謝神明襄助。匾額之全文如下：

　　　「同治三年秋九月，日健奉天子命統軍剿北勢湳巨逆，親冒矢石，備極危險。屢荷神靈顯佑，搗穴擒渠，施生戮死，悅此莠艸除而嘉禾斯植。尚望神威永著，使有儆畏而免於刑，則日健與茲土人士並受無疆之福矣。

　　刑期無刑

　　欽加二品頂戴臺澎督學使者　皖江丁日健敬立」

　　除了保生大帝的庇祐之外，龍德廟旁的老榕樹也默默的

守護著這裡的居民。這棵位於龍德廟東側的老榕，樹齡高達兩百五十年以上，它的威武並不單只是由於其樹身的高大粗壯，更來自於它對庄民的救助之恩。民國四十九年，貓羅溪水氾濫，造成了「八七」和「八一」大水災。月眉厝因鄰近貓羅溪，所受影響極大，許多田地、房屋都被沖走，連龍德廟也難抵大水的威力而被淹沒，唯獨這棵老榕屹立不搖。於是許多居民都爬到榕樹上，因此而保住了生命。這棵拯救了數百條生靈的大榕樹，也就成為庄民心中的神榕。為了感念老榕樹的恩澤，居民們便建了一座「榕樹公」的神祠，祭拜老榕以表謝意。在老榕樹旁還有一石敢當，本是設於原廟址的貓羅溪旁以鎮住水災，隨著龍德廟之遷建，石敢當亦移至廟旁，面向馬路好鎮住路沖之煞氣。

　　龍德廟現在仍是本地居民信仰及活動的中心，不僅在每年的元宵舉辦有盛大的「鑽花燈」及「丁雞」比賽，各個節慶也都有眾多信徒前來祭拜。香火鼎盛的龍德廟緊緊繫住了

刑期無刑匾額

庄民的心，給予這塊土地祥和安定的力量。

五、結語

　　南投縣境內還保留了許多自然的景觀，以及濃厚的風土民情，以上所述及之處，不過爲其中之一二。相信在山林之中，在鄉野之處，尚有更多珍貴可愛的人文景觀等待著你我的探索。了解自己所居住的土地，我們將會更加愛護它，那份「人親土親」的情感相信也會更加濃重，或許也能爲冷漠的現代社會一些添入本眞的人性溫暖。

臺中人文采風錄——細說孔廟

台師大國研所碩二　**陳鈺玟**

一、前言

　　周敬王四十二年，孔子（551～479B.C.）逝世，隔年，魯哀公將曲阜孔子故居改建爲廟堂，保存孔子生前使用的器物書冊，是孔廟的由來。其後，漢高祖經過魯國，以太牢重禮祭祀孔廟，立下後世天子祭孔的典範；而漢武帝罷黜百家，獨尊儒術，使儒家思想成爲中國學術主流，孔子的地位也日益尊隆。東晉太元九年（384），謝石上書建議重建國學，在國子學西側增建孔廟，奠定左學右廟的制度。唐代之後，從中央的國子監到地方的州縣學普遍設立孔廟，從此源遠流長，幾乎各省各縣都有孔廟的蹤影。明朝永曆二十年（1666），鄭經在臺南設立臺灣首座孔廟，是臺灣創建孔廟的起源。過去，孔廟兼具祭祀和教育的功能，而民國以來孔廟已不再擔任官學角色，但臺灣各縣市的孔廟都是當地深具人文氣息的指標，除了精神上的象徵意義，更是廟宇建築的典範。

　　時至今日，全臺已有大大小小四十多間孔廟，其中，臺

中孔廟雖然沒有臺南孔廟「全臺首學」的赫赫威名，也不若高雄孔廟般佔地寬廣，但是其採用別致的宋代宮殿式建築，作工繁複而細膩，外貌樸實而壯觀，在全臺孔廟中可謂獨樹一幟，也成爲臺中市的重要旅遊景點之一。

二、創建源起

臺中孔廟原建於清朝光緒十五年（1889），根據文獻記載，清廷耗資三萬兩白銀興建臺中孔廟，可以想見規模的盛大以及朝廷對孔廟的重視。但這座重要的建築卻在日治時代充作軍營，後來因故拆毀，確實是一大遺憾。

如今的臺中孔廟創建於民國六十五年六月，座落在臺中市北區雙十路和力行路交叉叉口，鄰近就是臺中市著名的一中商圈，然而，一切車水馬龍的熱鬧氣息一旦進入孔廟前兩座「道貫古今」、「德侔天地」的牌坊之內，寂靜、恬適、肅穆的氛圍立刻取代了塵世熙來攘往的喧囂。

關於臺中孔廟的創建源起，在大成門內立有「創建臺中孔子廟碑」，由當年的臺灣省政府祕書長瞿韶華先生撰寫，參議陳其銓先生書寫：

> 臺中爲人文薈萃之區，更爲臺灣省政樞紐，四方翹望，動繫觀瞻，年來凡百建設，齊頭並進，惟獨孔子廟尚闕如，寧非憾事。蓋孔子明人倫、立紀綱，修道興教，爲萬世師表，是以各縣市均有孔廟之建立。援經議會之倡議，市政府之籌劃，地方耆老之贊助，及國大代表顏欽賢先生捐獻大智路土地一千五百坪變售爲基金，

復承省政府之指導與協助，建廟構想，始具規模。迺於
民國六十一年九月組設興建委員會，由省府徐前秘書長
鼐爲主任委員，嗣於六十二年八月由韶華賡董其事，先
後繪圖、估價，至六十三年六月始奠基鳩工。歷數年之
經營，終於六十五年竣工。從此廟宇巍峨，明倫有地。
瞻門牆之崇高，同登聖城，躋明堂之深奧，共沐薰陶。
消滅奸匪邪說，恢復固有道德，謀人類幸福，進世界大
同，懿歟盛哉，謹爲之記。

　　臺中孔廟在各界的殷殷期盼中重生，代表臺中地區對儒
家文化的傾慕與中華傳統的重視，其背後象徵的意涵相當深
厚。

三、建築概說

　　臺中孔廟爲了和鄰近的忠烈祠產生區隔（忠烈祠是清代
宮殿式建築），採用臺灣少見的宋代宮殿式建築，使臺中孔
廟和其他孔廟的閩式風格迥異，成爲臺中孔廟的一大特色。
同時，臺中孔廟的配置參照曲阜孔廟，延用其建築名詞語
彙，雖然規模略小，但五臟俱全，空間結構複雜而多樣，包
含牌坊、照壁、欞星門、泮池、燎亭、座所、毓粹門、觀德
門、大成門、大成殿、東廡、西廡和崇聖祠等，是全臺灣建
築元素最完備的一座孔廟。以下依序介紹臺中孔廟的建築特
點：

㈠牌坊

　　臺中孔廟在力行路上建有兩座牌坊，建築形式由宋代的「烏頭門」演化為立柱出頭的獨特風格，上方覆有青色琉璃瓦，並分別嵌有「德侔天地」、「道貫古今」的字樣，褒揚孔子崇高的人格和傑出的思想。這兩座牌坊除了兼具表彰孔子和增加美觀的作用，也是臺中市獨特的文化指標，更是全臺灣孔廟中「唯二」的兩座，成為臺中孔廟有別於其他孔廟的一大特點。

㈡照壁

　　照壁或稱「萬仞宮牆」，命名源自《論語‧子張》對孔子學問的崇敬：「子貢曰：『譬之宮牆，……夫子之牆數仞，不得其門而入，不見宗廟之美，百官之富。』」意謂孔子學識淵博，必須潛心修養，才能一窺堂奧。臺灣各地孔廟照壁上裝飾不一，有的繪有麒麟圖像，有的直接書寫「萬仞宮牆」四字，臺中孔廟的照壁與欞星門相對，獨立在孔廟之外，頂端覆有黃色琉璃瓦，四面嵌上琉璃浮雕，內容是孔子遊學圖。

㈢欞星門和金聲門、玉振門

　　欞星門是孔廟的第一道大門，建築形式同樣源於宋代的「烏頭門」，再仿照曲阜孔廟的造型略作變更。欞星門上沒有對聯，這是孔廟有別於一般廟宇的另一個特點，全廟當中沒有任何文字裝飾，象徵沒有人能在至聖先師孔子面前班門弄斧，更顯孔子學術地位的崇高。欞星門的兩旁建有

金聲門和玉振門，命名源自《孟子‧萬章下》稱美孔子集先聖之長：「孔子之謂集大成。集大成也者，金聲而玉振也。」按古代禮制，只有皇帝和狀元才有資格從欞星門進出，所以欞

☙欞星門和金聲門、玉振門

星門平時關閉，只有在國家元首蒞臨和每年舉行祭孔大典的時候開啟，平日就由金聲門和玉振門進出。

㈣泮池

泮池是孔廟特有的建築，呈半月形，臺中孔廟在泮池上方建有拱型的碧水橋，仿照宋代勾欄抱鼓的形式，泮池內並放養錦鯉，生機盎然。泮池的命名源自周代學制，古時稱天子的學校為「辟雍」，諸侯

☙泮池

的學校為「泮宮」。為區隔階級的尊卑，辟雍在主體建築外鑿有一座圓形水池，泮宮的水池僅得半月形，稱為泮池。孔廟在後世與地方官學結合，對應於周朝，相當於諸侯的學宮，因此在孔廟中建有泮池，除了傳承古代禮制，也留下過

去廟學合一的痕跡。

㈤燎亭和瘞所

跨越碧水橋，通過林木扶疏並綴有精巧石燈的甬道，在來到大成門前，東西兩側還設有燎亭和瘞所。燎亭和瘞所分別是祭孔大典時燃燒祝文布帛和埋葬毛血的所在，臺中孔廟是全臺少數建有燎亭和瘞所的孔廟之一。燎亭成長方形，位於甬道東側，在祭孔大典的主要儀式結束之後，會由司祝者捧祝文，司帛者持帛（帛可作爲帛書記載文字，所以成爲祭祀孔子的祭品）到燎亭，將祝文及帛燒掉，正獻官則有「望燎」的儀式代表虔敬。瘞所成八角形，位於甬道西側（西方在五行中屬金，主肅殺），祭孔大典在迎神之前，由執事者將太牢毛血埋到瘞所，象徵萬物生生不息。

⌘燎亭

⌘瘞所

㈥毓粹門和觀德門

毓粹門和觀德門的上方都覆有青色琉璃瓦，名稱源自曲阜孔廟的建築語彙，臺灣其他孔廟採用閩式建築，則稱「禮

門」和「義路」。按照古代禮制，只有皇帝和狀元才能由櫺星門進出，所以毓粹門和觀德門就成了進入孔廟必經的建築，暗示士人進德修業並無捷徑。臺中孔廟一般多關閉毓粹門，由位在雙十路上的觀德門進出。

(七)大成門

大成門是進入大成殿的主門，中門比照櫺星門，只有在國家元首蒞臨或祭孔大典的時候開啓，平常由兩側的邊門進出。大成門的裝飾有抱鼓石和門釘二種。抱鼓石的功能在穩固門面，避免強風吹襲，上面有簡單的浮雕增添美感；門釘因爲位在建築物最顯眼的位置，具有象徵權貴的作用，而孔廟既是官祀的大廟，所以門上沒有門神圖像，代以門釘作裝飾，以彰顯孔子的地位。

(八)大成殿

大成殿是孔廟正殿，殿內供奉孔子、四配和十二哲。孔子神龕上方懸有「明德至善」的匾額，表彰孔子崇高的道德人格。大成殿上方覆蓋黃色琉璃瓦，有別於臺灣其他孔廟的閩式風格，臺中孔廟採宋代宮殿式建築，所以大成殿的屋脊上沒有通天筒或鴟梟作爲裝飾。屋簷、斗拱和天花板等都繪有宋式彩畫，以顏色的深淺來表現圖案形態，細膩而繁複，華麗又

大成殿

不失莊重，是全臺灣孔廟中絕無僅有的佳作。大成殿前有一座露臺（又稱丹墀），是祭孔大典上表演佾舞的場所，兩邊角落則是禮樂臺。佾舞臺前設有「御路」，上面雕有雲龍圖騰，舊時只有皇帝和狀元可以通行，故兩旁另有階梯可供上下。

🔎西廡

(九)東廡和西廡

東廡和西廡建於大成殿的兩側，和大成門、崇聖祠以迴廊相連，形成完

🔎迴廊

整的合院。臺中孔廟中，東、西廡各供奉七十四位先賢先儒的牌位，合計有一百四十八位。先儒是指孔子的門人弟子，先賢是指宣揚儒學有功的士人。在孔廟中祭祀先儒先賢，一方面象徵其功業永垂，流芳後世，一方面也激發讀書人見賢思齊之心，產生「有為者亦若是」的氣概。東、西廡的高度較大成殿和崇聖祠為低，屋頂是捲棚式，上方覆蓋黃色琉璃瓦，暤廊也繪有宋式彩畫，整體氣氛莊嚴肅穆。

(十)崇聖祠

崇聖祠位在大成殿後方，祭祀孔子的五世祖先和兄長，

臺中

089

並有四配和數位先賢的父親的牌位，具有慎終追遠的深刻意涵。

四、祭祀對象

　　魯哀公改建孔子故居爲孔廟，以家祭的規模按照歲時祭祀，是孔廟祭孔的起源。其後，漢明帝永平十五年（72），明帝在祭孔典禮上祭祀孔子和七十二弟子，開啓孔廟配享的先例。唐代貞觀年間，孔子的門徒弟子和宣揚儒學有功的士人加入從祀行列，此後歷朝不斷增補，因此，目前臺灣各地孔廟的東廡和西廡所祀先賢先儒的數目略有出入。明世宗嘉靖九年（1530），基於「子不先於父食」的倫理傳統，追封孔子和四配的父親（清朝雍正元年追封孔子五世祖先，同享祭祀），並在嘉靖十年於大成殿後方增建聖公祠（雍正元年改稱「崇聖祠」）祭祀。孔廟原先立有孔子塑像，然而因爲匠工技術不同，神態外貌往往不一，所以嘉靖九年明令撤去塑像，改以牌位代替，這是孔廟有別於一般廟宇的特殊之處（桃園孔廟立有神像是極少數的例外）。

　　自魯哀公奠定祭孔的傳統，祭孔典禮都在曲阜孔廟舉行，直到漢明帝永平二年（59），開始在太學和郡縣學祭祀孔子，自此，朝廷和地方紛紛在學校祭孔，表示尊崇之意。漢代按照四季舉行祭孔典禮，唐代之後則分春祭（二月）和秋祭（八月），民國四十一年，政府敦請專家學者研究，由國立臺灣師範大學國文學系魯實先教授根據曆法，推算孔子誕辰陰曆八月二十七日爲國曆九月二十八日，乃訂爲孔子誕

辰紀念日及教師節，並在該日舉行祭孔大典。

　　祭孔大典中爭議最多的就是佾舞（又稱文舞）。八佾舞是天子的樂舞，孔子對於季氏僭用禮樂曾經嚴厲批評，因此，孔子歷來既受封爲王、公或侯等爵位，有人就主張應按照諸侯的禮節舉行六佾舞。然而，唐宋以來屢有祭孔樂舞使用八佾的例子，到了清光緒三十二年（1906），祭孔典禮升爲大祀（大祀是最隆重的祭祀，用來祭祀天地、太廟和社稷），因此目前多以八佾舞爲主（視丹墀大小決定，如臺北孔廟受限於空間，僅用六佾），而臺中孔廟從民國六十五年啓用以來，始終使用八佾舞。

　　臺中孔廟的祭祀空間一共有四個地方，包含大成殿、崇聖祠、東廡和西廡。茲介紹如下：

(一)大成殿

　　大成殿是孔廟的正殿，命名源自《孟子・萬章下》對孔子的推崇：「孔子之謂集大成。」大成殿祭祀孔子、四配和十二哲人。四配是東配復聖顏回、述聖子思子，西配宗聖曾子、亞聖孟子；十二哲人是東哲閔子損、冉子雍、端木子賜、仲子由、卜子商、有子若，西哲冉子耕、宰子予、冉子求、言子偃、顓孫子師、朱子熹。

　　孔子的爵位始於漢平帝元始元年（西元一年），賜封「襃成宣尼公」，其後，唐高宗推爲「先師」、唐玄宗尊爲「文宣王」，即使是在外族統治的元朝，也在元成宗大德十一年（1307），封孔子爲「大成至聖文宣王」，足見歷朝對孔子的敬重。

⚲ 大成殿奉祀孔子神龕

　　除了個人地位的尊崇，由於孔子對中國政治、學術、文化、思想的崇高貢獻，所以嫡系子孫代代相承，廟食百世。孔子後代子孫的封爵始於漢元帝永光元年（43），孔子第十三代孫孔霸受封關內侯，食邑八百戶。此後的歷代子孫都深受朝廷重視，宋徽宗崇寧元年（1102）並追封孔鯉和孔伋爲泗水侯和沂水侯。

㈡東廡和西廡

　　東廡和西廡祭祀先儒先賢，各地孔廟所列名位排序互有參差，例如臺南孔廟是八十位，臺北孔廟有一百五十四位。臺中孔廟從祀的名位以范咸《重修臺灣府志》爲底本，再補入道光、咸豐、同治、光緒年間增列的名次，共計一百四十八位。較爲人熟知的例如東廡有公西赤、周敦頤、程顥、范仲淹、文天祥、王守仁、許愼、董仲舒等，西廡有公冶長、申棖、張載、程頤、鄭康成、諸葛亮、司馬光、陸九淵等。

㈢崇聖祠

　　崇聖祠亦稱聖祖殿，祭祀對象是孔子、四配和數位先儒的祖先，有正位、東配、西配、東從、西從之分。正位祭祀

的是孔子的五世祖先，包含肇聖王木金父公、裕聖王祈父公、詒聖王防叔公、昌聖王伯夏公、啓聖王叔梁紇公；東配祭祀的是孔子的兄長孔孟皮、顏子的父親顏無繇、子思子的父親孔鯉；西配祭祀的是曾子的父親曾點、孟子的父親孟孫激；東從祭祀的是周敦頤的父親周輔成、二程的父親程　、蔡沈的父親蔡元定；西從祭祀的是張載的父親張迪、朱熹的父親朱松。

五、結語

孔廟是中國傳承儒家文化的代表，象徵讀書人尊師重道的精神，其有別於一般廟宇的建築元素和風貌，也超越祭祀本身，含蘊更深刻的文化意涵。因此在漢文化圈所及，日本、韓國和越南等地都建有孔廟，足見孔子人格的光輝歷千年而不衰，學問的淵深越百代而不朽，地位的崇高經萬世而不墜。

全臺灣共有大大小小四十多座孔廟，其中，臺中孔廟以特別的宋代建築和承襲自曲阜孔廟的設計獨樹一幟。加以近年來在孔廟忠烈祠管理所的妥善規劃下，除了傳統的祭孔大典，還有舉辦成年禮和祈福許願等活動，更開放空間作閱覽室，提供「大墩書院」爲莘莘學子的讀書處所，並陸續開辦各種文化課程，發揮社會教育的功能，使臺中孔廟不但傳承過往對先聖前賢的尊崇，更延續前朝廟學的美意，展現全新的風貌，允爲全臺孔廟的典範！

苗栗南庄人文采風錄

文大中研所碩一　**陳鈺瀅**

前言

　　筆者於今年春節假期，與家人前往苗栗南庄遊玩。由於正逢冬末春初，乍暖還寒之下，所以櫻花並沒有競相開得滿樹，而是嬌羞的探出頭來看看街上人影。雖然花沒有開得滿樹，但是也妝點了樹容，在遠山之下，仍然讓人看了心曠神怡。因此，在邱燮友教授所提倡的「人文采風錄」前提下，筆者希望能介紹南庄這一個令人心曠神怡的臺灣好所在。

一、南庄故事

　　南庄鄉位於苗栗縣東北部，為中港溪的源流區。最早的居民是原住民賽夏族，在康熙十一年（1681）時由於參與平埔族叛變而怕遭到追殺，逃往現在的南庄地區。但是真正開發則是要等到一位從中國廣東來的黃祈英，他帶領族人在現在的田美、獅山地區開發，但是到了道光六年（1826）發生了中港械鬥，使得漢人被遷出南庄，還田野給賽夏族人。一

直到道光十二年（1832）
漢人和賽夏人議和後才又
開始開發南庄。

南庄油桐花

南庄還有一個特色，
就是林象很美，樹種很
多。這要歸結到日治時
期，臺灣總督府於民政局
殖產部下設林務課，在南庄大量種殖樟樹、松木、櫸木和桂
竹等，主要是爲了將林木運回日本而種得具經濟價值的樹
種，到了現代也才使得在南庄能看到豐富的自然景觀。

另一項特色是位於含煤層帶的關係，在民國三十九年南
庄的煤業十分興盛，人口數更達到三萬人，因此酒家、茶室
也很興盛。但是近年由於採煤的成本過高，所以臺灣都以進
口爲主的情況下也漸漸沒落了。

目前南庄由於劃入了國家風景區，所以連帶的使觀光產
業開始興盛。

二、數則南庄人文采風錄

㈠南庄老街——桂花巷

由於苗栗是客家族群聚集的主要縣市，所以南庄也不例
外。來到這裡的遊客都不會忘了要到老街上逛逛，在這裡可
以吃到道地的客家小吃。

老街一進去就可以看到水汴頭洗衫坑，這是早期客家婦
女裡以灌溉用的水圳上面蓋上石板就成爲了洗衣板，每到黃

昏時刻，就有婦女開始聚集洗衣話家常，有首客家歌謠這樣唱道：

> 「坑水清又清，從頭擺流到頭過，
> 洗淨幾多臭汗臊，刷淨幾多濫膏泥。
> 坑水流啊流，從天光流到暗晡，
> 細妹人的手、婦娘人的手、老阿婆的手、
> 洗過幾多舊衫褲刷過幾多爛被單，……。」

從詩中可以看出客家婦女的勤儉習性。

再往裡面走，可以看到用石版鋪成的道路，旁邊有許多特色店家，如手工麵、冰鎮桂花湯圓，以及老街盡頭的日治時代的老郵局。

冰鎮桂花湯圓裡頭有桂花做得桂花密和因為冰鎮而帶Q勁的圓，吃起來有獨特的香味，口齒留香。而在盡頭的老郵局更是南庄必去的景點之一，創建於民國前12年，但目前所見的

♪ 南庄洗衣板

♪ 南庄民宿

臺灣人文采風錄

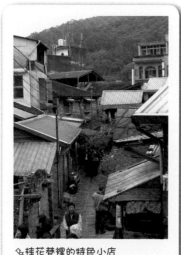
🐾桂花巷裡的特色小店

🐾紫陽門一景

和風式的風格建築為民國24年遭遇震後所建，最大特色為把建築側面當成正門。民國85年新郵局另興建後，老郵局一度做為托兒所，目前為文化會館所在。另外遊客可以在老局內購買所售的特色明信片寄到家中，當作旅遊的紀念，上頭還有桐花的圖案十分具有巧思。

㈡獅頭山風景區

獅頭山風景區為早期的十二大勝景區之一，由於屬於岩壁的地形，所以外型看來頗像一隻獅子蹲踞的樣子，因此稱作獅頭山。在獅頭山最有名的人文風景寺廟文化，每到假日都會有民眾前往朝聖，整座山橫跨苗栗以及新竹，其中有許多寺廟，有勸化堂、開善寺、輔天宮、舍利洞、饒益院、靈塔等勝景，在新竹縣境的有望月亭、元光寺、海會庵、靈霞洞、金剛寺、萬佛庵、梵音寺等。

最令筆者印象深刻的是紫陽門的建築，充滿古樸典雅的

風格。以及在旁擺放的奉茶攤位，讓人想起幼時與家人在假日爬山時，總會有一壺水放置在旁提供山友解渴，那種友善又熱心的臺灣精神十分可貴。

並且如果喜愛健走的話，這裡還有獅頭山古道可以供民眾享受自然的芬多精。從獅頭走到獅尾約需要兩個鐘頭的時間，十分適合大眾休閒。

㈢向天湖與矮靈祭

向天湖位於南庄的東河村，是賽夏族人的聚集地。矮靈祭則是賽夏族的重要祭典，每兩年一小祭，十年一大祭。舉行的地點就在於向天湖。

有關矮靈祭的由來：

相傳在古時候，賽夏族和身高不足三尺（90公分）的矮人族，隔大東河而居。矮人族身材雖短小，但臂力驚人，而且擅長於巫術與農耕技術。可是矮人族性好女色，常到賽夏部落調戲婦女，或用武術迷誘。賽夏族人受其凌辱痛苦不

⤷向天湖一景

堪，但無力也不敢正面報復，遂開始計畫消滅矮人。

在一次豐年祭時，賽夏族人暗中將兩族交界懸崖上矮人休息的大樹底部切去大半，塗上泥巴僞裝。矮人於歌舞後，一一攀上大樹休息。隱藏在草叢中的賽夏族勇士，一擁而出推倒大樹，矮人便掉入萬丈深淵而亡。其中倖免於難的矮人只有祖母「老柯可」、勇士「瑪陸瑪路」、「達吉歐」三人，他們雖然知道中了賽夏族人的詭計，卻認爲是矮人族咎由自取，於是逃往不可知的東方。矮人族滅亡後，賽夏人終於解除了痛苦，可是稻粟不再年年豐收，賽夏族人爲慰藉矮靈，乃舉行矮靈祭。初時每年一次，後改爲兩年一次，時間在稻熟之後的農曆十月中旬，與豐年祭合併進行，地點在南庄的向天湖廣場，因由朱姓頭目主謀害死矮人族，每次祭典均由朱姓族人主祭。因配合南庄觀光休閒旅遊的熱潮，現在每兩年的矮靈祭都吸引不少觀光人潮來參加祭典，也爲南庄鄉帶來不少的商機。

三、結語

南庄的人文風情在於它的族群豐富，有客家族群、賽夏族群等，使得具有儉樸、勤勞的特色，又能夠兼容有神祕的矮靈祭典、原住民歌舞等活動；人文風情也在於歷史的變遷，使得它擁有日治時期的老郵局、大量人工種植的山林、以及民國初期的煤業遺跡，這都使得南庄更加有人文特色，值得來一場人文之旅。

新竹人文采風錄

台師大國研所碩二　**陳雪君**

一、前言

　　新竹古名「竹塹」，塹和「欠」同音，翻譯自最早居住在竹塹原住民居民「竹塹」舍名，「竹塹社」是平埔族的道卡斯族。渡海悲歌作者黃榮洛考證說明，「竹塹」是海邊的意思。可能是當時「竹塹社」族人活動的範圍，接近海邊而得名。

　　竹塹社最早是香山一帶的鹽水港附近，後逐漸往東北移動。活動範圍是客雅溪、鳳山溪之間。雍正十一年（1733）同知徐治民環植刺竹為城，竹塹社原住民被官方命令遷移到舊社，所以今天湳雅一帶就有個「舊社里」。竹塹社在康熙三十六年（1697）歸順清朝，成為熟番。1721年竹塹社頭目率領族人支援清兵平定朱一貴有功。於是清朝賜了七個姓氏，即「錢、廖、金、潘、衛、黎、三」給竹塹社族人。之後閩南、客家人在1711年與1725年大批移入新竹，竹塹族人與漢人同化為新臺灣人。

　　自從民國六十九年科學園區的設立，吸引眾多高科技人

移居新竹，新竹市儼然成為臺灣高科技城市。一般人往往只注意新竹市的科技成就，卻忽略了新竹幾百年來歷史軌跡、人文氣息，以下就按內政部評定的市定或國定古蹟，回顧新竹市的人文與歷史。

二、新竹市古蹟巡禮

㈠東門城（竹塹城迎曦門）
第二級古蹟
地址：新竹市北區中山路75號

　　新竹古名竹塹，於西元1733年淡水同知徐治民以莉竹圍植為城，1826年，竹塹士紳鄭用錫等人奏請改建竹塹城獲准，重新堪定地基，於1827年興工，築造周圍為八百六十丈，高度一丈五尺、深度一丈六尺的磚石造城牆，並建立四座城樓，東門為迎曦門、西門為挹爽門、南門為歌薰門、北門為拱辰門。竹塹的城垣周長為八百六十丈（約二千七百公

↳迎曦門

↳城門上「迎曦」二字

尺）。牆高一丈五尺（四點八公尺），加雉堞則高一丈八尺（五點七六公尺），四座城樓高約六點七公尺，東西南北各各設砲臺。

可惜建城七十二年後，北門大街金德商號大火，延燒北門城拱辰門首先焚毀，翌年日據之後因爲實施都市街道改正，於1902年拆掉城牆與城樓，只存東門迎曦門。

迎曦門城樓下段稱爲城座，以條形花崗石石塊疊砌而成，城門洞爲圓拱形，是城市的出入口；上層城樓原爲木構造建築，現已改爲混凝土造，城樓結構共二十四根立柱，屋頂部分爲歇山重簷式構造，屋脊的起翹短而有力，以顯示威武的氣氛，城門前豎有石碑一座，爲竹塹築成歷史的記錄，城門前的廣場又稱「新竹之心」，爲一個結合傳統與現代科技的市民廣場，是新竹文化的象徵地標。

城牆的四面現刻有清朝咸豐、清朝康熙、日據昭和、民國時期四首詩，抄錄於下：

西城樓憑眺即事
　　林占梅　清咸豐二年（1851）
　　竹城西北地勢平
　　田園參錯續海坪
　　涼秋九月風怒吼
　　黃沙滾滾海霧騰

歸新竹感賦
　　葉文樞　日據昭和七年（1932）

臺灣人文采風錄

久客歸來日

依依戀故鄉

虎頭籠薄靄

鳳鼻帶斜陽

城屹東門壯

園留北郭香

遙憐峰五指

飽閱幾滄桑

北行紀

周鐘瑄　康熙五十三年（1714）

坡陀巨麓一再上

劃然軒語開心胸

竹塹分明在眼底

千頃萬頃堆千茸

迎曦門懷古

黃祉齋民國六十一年（1972）

迎曦歲月幾經過

此日登臨發浩歌

勝蹟於今三易主

城樓依舊聳嵯峨

(二)進士第（鄭用錫宅第）

第二級古蹟

地址：新竹市北門街179號

　　鄭用錫字再中，號祉亭，生於1793年，自幼聰慧不凡，1810年一試而中秀才，取進彰化縣學附生，1818年為恩科舉人，1823年中進士，又因他是第一個用臺灣本籍赴京考中的進士，所以稱他為開臺進士，又稱開臺黃甲。鄭用錫中進士之後，曾在京城擔任禮部鑄印局員外郎，花翎四品銜。

「進士第」匾

但念及雙親尚在而告假搭乘帆船，從今天的舊港登陸返回新竹城。地方人士前往迎接，人潮洶湧導致有一位牧羊女子手上拖的羊被拖死，因而留下「人做官，汝死羊母」這句諺語。從這個俗諺可以說明鄭進士取得功名，是驚動鄉里的大事。臺灣的文人士子也感受到讀書人終於有出頭天。

　　鄭用錫於1837年為自己建造了一棟三開五

鄭用錫像

臺灣人文采風錄

進的大院落，門額上掛「進士第」匾額，也就是所謂的進士
第，只可惜後面的三進於二次大戰時焚毀，只剩目前的前二
進。進士第木雕十分講究，門前雕成鰲魚的垂花與兩側的獅
子座雕工精美，至今仍活靈活現、栩栩如生。而正廳格扇門
的雕花具有古樸蒼茫的特色，底層為萬字不斷，上層為詩句
或富貴平安雕刻，其刻工超穎脫俗，令人嘆為觀止。

㈢城隍廟
第三級古蹟
地址：新竹市北區中山里中山路75號

　　城是城廓，隍是護城河，把城池當作神來祭拜的信仰，
逐漸由不塑造神像或營建廟宇方式，變成擬人化、文人形態
的城隍廟出現。在民間傳說裡，每當夜闌人靜時，緊閉的城
隍廟裡有喧嚷聲時，意味著城隍爺要調動交接了。
　　明鄭長史陳永華死後成為城隍郡是臺灣地區公忠體國之
士，死後成為城隍的第一個說法。在新竹也有如此傳說，
淡水同知曹士桂積勞而
死於任所，變成淡水廳
城隍的故事，在道光、
咸豐年間在竹塹也廣被
傳述。當時林豪等名士
在「淡水迎神曲」裡，
「喧言公作一方神」，
反映出道、咸時期竹塹

☀城隍廟

人士藉神話表達對循吏的感戴之情，也抒發「陽法不能逃，陰誅不能免」的心理，從而彌補人間教化的不足之憾。

　　新竹城隍廟創建於1748年由淡水同知曾昌瑛倡議興建，1875年淡新分治，設臺北府，但府治仍在新竹，故城隍爺晉升爲府城隍——綏靖侯，香水鼎盛，有新竹城隍爺北港媽祖婆的稱譽。1888年林汝梅在新竹舉辦全臺的護國佑民法會，而成爲全臺代表性的城隍廟，故於次年改封爲「晉封威靈公，新竹都城隍」，爲全臺唯一的都城隍廟。光緒皇帝頒賜的「金門保障」匾額，爲該廟重要文物之一。

　　城隍廟的建築規模宏大，本體是採三殿式，格局方正，各部分的木作雕飾均講究，門前的石獅及其他雕飾均有藝術價值，龍柱是臺北名師辛阿救的作品，雕工細膩生動，進入大門上方的八卦藻井，爲泉州惠安大木匠師王益順的作品，特別值得一看。

㈣關帝廟

第三級古蹟

地址：新竹市東區關帝里南門街101號

　　新竹關帝廟創建於清乾隆1776年，由當時的淡水廳同知王又弼所倡建。清同治十年1871年淡水廳同知周武濂目睹關帝廟年久失修，而當時國庫空虛，公費無法支應，進而勸地方人士自行募捐整修，左旁建馬軍廟，右創觀音廟。日治後期廟產曾被徵收充當住宅，光復後由張式穀、張克繩等人捐獻廟地，於1949年由地方人士發起募捐，重新整修，1967

年又再度重修增祀宗岳武
穆，改稱武聖廟並於後殿
祀文昌帝君，成爲今日所
見的廟貌。

ⓒ關帝廟

　　本廟三川殿的步口廊
柱，營建材料以木、磚、
石爲主，保存濃厚的閩南
式廟宇建築風格。正殿內
四點金柱上層梁架，採偷
心斗拱出挑，整體比例合
宜有度，雕刻手法亦極精
美。另外本廟並未使用一
般廟宇所見的龍柱，而兩
側的龍虎堵也無過多裝飾，而使得廟宇顯得較爲莊嚴肅穆；
廟門不同於其他廟宇，不但門上沒有畫門神，而且還有突起
的門釘，本廟的木雕具有相當的水準。

㈤長和宮

第三級古蹟

地址：新竹市北區長和里北門街155號

　　清乾隆年間，新竹的市街逐漸發展了起來，爲求精神之
寄託，於1742年在竹塹北廂建立這座媽祖廟，後因爲位於北
門外，所以稱爲「外媽祖」，竹塹的郊商也近便而以長和宮
爲議事之地點，成爲各郊商的信仰中心。長和宮管理委員

≈長和宮

臺灣人文采風錄

會強調媽祖神像是從湄洲林默娘祖廟請來的三媽，是新竹州下最早的媽祖廟，該廟每三年要赴湄洲交香。廟名取「長和」，是要船頭行長久合作，和平共處的意思。此廟初建之時有前後二殿，前殿祀天上聖母，後殿祀水仙尊王。1863年同治二年公議新建水仙尊王殿於廟左稱水仙宮，後殿改祀觀世音菩薩，名竹安寺，遂成兩廟並立。

長和宮為三殿式廟宇，三川殿是整個建築的門面，所以個部裝飾均十分用心，三川步口上的龍柱、石獅、木作，門神彩繪及各門堵上的石刻，均是值得駐足觀賞的部分，尤其是門口的石獅子，十分樸拙可愛。長和宮雖然規模不大，但內部空間格局十分嚴謹，仍保存清代古樸風格，山門雕麒麟壁堵，為不可多得之佳作。廟內多方木匾及側牆石碑，皆為重要文物。

㈥水仙宮

地址：新竹市北區北門街135號

水仙宮主祀水仙尊王，是海洋之神，也就是夏代開國軍

主禹帝。本廟水仙尊王源奉祀於長和宮後殿，爲新竹北門地區郊商崇祀的航海神，後因市街日漸發展，於1863年在長和宮左側拆除店屋另建水仙王殿祭祀水仙尊王。每年的農曆十月初十是水仙尊王聖誕，是本廟最盛大的慶典節日。

水仙宮是一棟二殿二廊規模的廟宇，三川殿步口並不寬敞，步口簷柱爲方形石柱，上刻有「決和疏河功敷四海，成天平地祀享千秋」對聯，以顯水仙尊王之功績。步口員光爲書卷形式，是較爲特殊之處，水仙宮之正門以石鼓爲門枕石。水仙宮左側外牆上有三塊石碑，其中「長和宮碑」爲新建水仙宮之記錄，捐款者爲當時新竹主要的郊商，爲本廟留下珍貴的資料。

新竹

109

(七)鄭氏家廟
第三級古蹟
地址：新竹市北區北門里北門街185號

新竹市北門街鄭氏家族，發源於四川後進入福建，後遷移至漳浦，明末遷至金門。繁衍至第三世時，家族中的一支於乾隆二十五年前後渡海來臺，落腳於後龍。初以農、漁爲生，第四代轉從商，鄭

鄭氏家廟外觀

卟 鄭氏家廟

崇和、鄭崇科兄弟等人進入讀書人的社群，建立家族的社會地位。道光三年，鄭用錫中進士，使鄭家地位從地方提升至影響全臺的家族。道光十年，鄭氏先在金門興建家廟，咸豐三年（1853）在新竹北門外興建鄭氏家廟，由八大房共同出資，在北門街創建鄭氏家廟，議定每年上元節與冬至各舉行祭祀一次。

家廟是閩南傳統官宅，建築頗為講究。鄭氏家廟本體為三開間兩進式的單院建築，木石雕刻均極精采，屋脊為燕尾三川脊式，起翹的角度與線條均十分優美，門前有自進士第移來此處安置的旗竿兩對，為中試科舉之家宅才有之物，但現僅存基座及夾桿石，門前呈的八卦鋪面較為特殊，是其他建築物少有的做法，可見其格局的嚴謹與風水上的注重。

三、結語

透過以上幾個新竹市重要古蹟的巡禮，我們大概可以了解新竹市的歷史軌跡與人文風俗。「飲水思源」是要我們對

臺灣人文采風錄

於生於斯長於斯的土地人文有一定的認識，了解了過去的艱辛，我們能夠更珍惜現在的擁有。新竹市的科技成就固然是臺灣的驕傲，但我們在重視科技的同時，更不要忘了這個竹塹市的古都之美。

資料來源

潘國正：《新竹文化地圖》（新竹：齊風堂出版社，1997年9月）

陳銘磻：《風城遊：新竹市人文古蹟與典雅景致散步》（臺北：紅螞蟻圖書有限公司，2004年12月）

張德南：《竹塹影像憶往》（新竹：新竹市立文化中心，1996年5月）

新竹市文化局網站：http://www.hcccb.gov.tw/chinese/05tour/tour_a01.asp

芎林鄉人文采風錄

台師大國研所碩二　**賴筱絜**

一、前言

　　「陽春召我以煙景，大塊假我以文章」，在這暮春時節，與故鄉芎林於人文山水之美中相遇，終於喚醒久於俗務中疲累而沉睡的心靈，以眼為心，以心注筆，記錄下屬於這個世外小村落的「大塊文章」。

　　「芎林」之名來自「九芎林」的減省，意思是「九芎樹」蒼蔚成林之地，那是洪荒未闢之時這裡最初的模樣。後來鄉民們覺得「九芎」與「久窮」諧音，不甚吉利，遂去「九」字，正式更名為「芎林鄉」。早期農業社會底下生活艱困，大家仍好戲稱此地為窮聚之林，難怪大家的日子都過得「苦

百年九芎老樹

煎煎」（客家話海陸腔：艱苦難熬之意），得改作「富林」才好。我卻覺得「芎」字有它很好的意義。在今天的文林閣前，猶聳立著新近移植的百年九芎老樹，竟成了芎林鄉走過滄桑、苦盡甘來的「最佳代言人」。

就位置來看，芎林鄉幾可算是新竹縣的地理中心。面積雖小，境內卻是有山有水、風光旖旎，一派恬然淳樸的農村風光。早期先民多來自廣東一帶，於清乾隆年間來此拓墾，已有悠悠二百二十餘年的歷史了。這裡是個典型的客家庄，於是所有的人文風情，也就和濃濃的「客家本色」是密不可分的了。

二、秀山古剎──「飛鳳山」遊思

「鳳凰臺上鳳凰遊，鳳去臺空江自流。吳宮花草埋幽徑，晉代衣冠成古丘。三山半落青天外，二水中分白鷺洲。總為浮雲能蔽日，長安不見使人愁。」詩中鳳凰臺晴朗如畫、山水錯落的景致令人十分嚮慕，每登臨家鄉的飛鳳山總會想起詩仙李白的這首詩，而倍喜此山名稱的文雅與山色的清幽。

「飛鳳」二字的由來，蓋因這座山山勢形狀與展翅飛翔的鳳凰伸長頸子，行將斂翼降下的姿態，十分地相似。往昔山上遍佈著梅林，

上山道路

　代勸堂

　雲谷寺一景

景色優美，別具特色，曾以「飛鳳探梅」的勝景著稱，今梅樹凋零、芳蹤難見，景色大異於前，令人對昔日風華感到神往不已。

　　走入宛若綠色走廊的上山道路，映入眼簾的就是水田與綠樹。再順著蜿蜒而上卻並不崎嶇的山勢往前進，轉三兩個坡後，已近山頂，接著爬上最後一道長長的陡坡後，終於來到至高處的平臺上，這常是一般遊客的目標地，落腳參觀的景點所在。平臺上的「代勸堂」，是一座宏偉莊嚴、格局氣派的廟宇，名為「代勸」，即代天勸化之意。遊客到了此地總是要入內拈香參拜一番的。只見正中大門兩側一副鏤金的對聯，寫著頌讚關聖帝君的文句：「代漢平夷一本春秋揚大善，勸曹護國五關威勇秉精忠」，其忠義貫日月、氣魄蓋當世的形象，彷彿道盡了這山中英靈之氣，崇敬的心情此刻亦油然而生。

　　但對真正的登山客而言，就得再往更為隱蔽而幽深的高處的樹林間走去，在那兒的尋幽訪勝才算盡興。山上視野壯闊，登山俯瞰，竹東、新竹盡收眼底。另外，傳說中

雲霧縹緲、宛若仙境的「雲谷寺」，更是不容錯過。只可惜今天能見到的是改建後的寺廟，一般俗稱代勸堂爲「上堂」，因其地勢較高，而雲谷寺爲「下堂」，主祀觀音佛祖，香火鼎盛，遠近馳名。而廟埕右側前方，有亭臺一座上有前立法院長黃國書先生題字，曰：「雲生常蔭清靜地，谷相眞空解脫門」。

雲谷寺亭臺題字

三、人文故居──「鄭氏宗祠」巡禮

位在芎林鄉下山村的「鄭氏宗祠」，是一幢有著近百年歷史的老屋，保存了頗爲完整的傳統客家式院落建築。其建築規模與華麗程度，在地方上是首屈一指的，深具傳統建築美學特色。

這座宗祠原是鄭家子孫爲紀念篳路藍縷、披荊斬棘來臺開墾的祖先而成立的，鄭氏後來發展爲此地枝繁葉茂的大家族，因而他們的宗祠也就建造得富麗堂皇極了，嚴格說來，它不算一般民宅，然其橫屋部分曾由子孫居住。

就房屋格局來看，中間的「正身」部分是單落五開間，左右各有一間「橫屋」的設計，此外，左橫屋的部分，還外

加了「外橫屋」共有五條之多。在房屋的桁樑部分可見象徵祥瑞的精細彩繪與雕刻，屋脊形構採以燕尾起翹式的建築，這在早期建築中可非一般人家所能擁有的，非得是大戶人家書香門第或有加官進爵者方可享有的排場，外牆上還開設仿竹節窗，很有古樸典雅的風情，是早期民房中罕見的雕樑畫棟、十分華麗的設計了。細細品味，使人想起了「舊時王謝堂前燕，飛入尋常百姓家」的詩句來，這座宗祠在當時的繁華盛景自不待言，而今人去樓空、子孫星散，彷彿宣告著某部分的光輝也將走入歷史似的。

　　傳統的建築中總是留有些文化意涵的。正廳門聯是「詩禮簪纓垂世澤，池塘楊柳映祠門」，兩側柱上則以金字題著「鳳詔三封赫赫靖忠扶宋室，松調七卷循循良吏頌天臺」，連左右窗戶上緣亦有題字，分別為「竹苞」與「松茂」，這份對古典文情之考究與珍視，值得現代人多加省思呢！

　　不經意地卻找到了早已破落不堪的「書帶草堂」，很有些荒煙蔓草的味道，傳說是昔日的文人留下的遺跡。堂外還堆滿了雜物，停了輛貨車，甚煞風景。但從其古雅的屋宇建

臺灣人文采風錄

ৎ鄭氏宗祠全貌

ৎ鄭氏宗祠大門

☟正門

☟橫屋

築，卻隱隱透露昔時該有的那份書卷氣息，想像著有位書生正在庭中吟哦詠歎的光景。門上的對聯寫著「書帶飄香聿修厥德，草堂生色長發其祥」，看來格外刺目，從斑駁的字跡中看到的是美好的文化凋零、而受人遺忘的角落。

四、翠崖清川——「石壁潭」尋蹤

根據《樹杞林志》❶記載芎林地方，有「石壁連雲」、「滴水鳴琴」等風景絕勝之地，然經物換星移、幾度春秋，美景儼然已湮沒、匿跡多時了，於是下定決心要找找這些景致可能的所在地。以下分別摘錄描述「石壁連雲」與「滴水鳴琴」之美的兩段文字：

　　壁皆小石叢砌，下半極堅，想是山川磅礴，鬱結而成。洪水作時，任急流奔湍沖激，不圮。學守貞者，固

---

❶蔡振豐等，《樹杞林志、苑里志》（臺灣省文獻委員會出版，1993年9月，頁129～133）

如是乎？壁下潭深數丈，為鱗族淵藪，日常有翟翟竹竿垂釣於此。黃童、白叟率行坐於半壁崖徑，觀魚之樂有不可名言者。壁背負大山，山形如飛鳳朝陽；而壁高三丈，山高千仞，時而雲遊壁下，時而雲歸山上。自上而下，自下而上，雲何心哉？第見變變幻幻，恰有藕斷絲連之狀。目之、品之，殆與天梯石棧相鉤連，同景不同情❷。

石碧潭有高山，山南之麓有懸崖，高二丈許。崖岸噴泉如珠，含珠未吐時，晶瑩光潔，或數點，或數十點，點點滴滴落崖下小渚。其聲丁東其韻悠揚，審之，有高下疾徐神動天隨之妙，客有樂山水者自谷口來，繼而空谷傳聲，輒訝然曰『異哉！此聲也，胡為乎來哉？山蒼蒼兮！迴非單父；水茫茫兮！安得子期？異哉！此聲也，胡為乎來哉？』頃之，隨谷逶迤而入，行不數步，乃瞥見滴滴者，此物也，此聲也。天生自然，絕勝綠綺；不鼓不弄，無始無終，薰風悠悠滿天下，其殆自此生歟❸！

可見從前的石碧潭一帶是懸崖峭壁，且景色壯麗的。由堅固的岩石構成磅礡高聳的山勢，深潭之水波湧清激、鳴聲清澈，是垂釣者、好遊客之洞天也。且其山脈地形景觀奇特不凡，高崖與平原交界處，幾乎是以一種天然垂直而陡然下

❷同註❶
❸同註❶

降之勢峙立著，飽經風霜雨露而依舊屹立不搖，奇險的削壁之勢，宛如大刀切割、鬼斧神工的成果，令人驚歎。

《新竹縣志》❹亦記載了一段有關石碧潭特異奇絕之景的文字：

> 石碧潭山起自衡山鄉綿延東來，山雖不高而陡然聳峙，山腹平廣，山路沿溪處，岩壁削立，高數仞，昔時潭水甚深。斷崖上半為礫石層，下半岩石甚堅，任憑急流奔湍沖激不壞，昔有『石壁連雲』絕勝之稱。自築堤後，潭水乾涸，景勝大改舊觀，已失當時面目。其東連鹿寮坑、王爺坑諸山，西北為五股林，山勢向西趨下。

從中約略可知奇觀消失的原因，與人工開鑿築堤工程的進行有關，而其對方位的說明與周圍的地形介紹，也讓我找到了確切的地點。與從前大水沖激、高崖連雲的風光相比，今日確實落入平凡了，只剩殘立於公路邊的山壁與小溪，依稀可見連綿的山勢，卻少了份壯偉，多了些衰颯，若不是按圖索驥，來到這兒，再也不會有人注意到它，也曾是個那麼令人驚奇稱異、流連忘返的地方。

---

❹新竹縣文獻委員會 ，《臺灣省新竹縣志一》（卷三〈土地志第五章〉，1976年，頁72）

五、傳世佳話──「石爺石娘」憶往

「昔時，鹿寮坑溪是梅花鹿的天堂，野薑花的故鄉，有一對令人稱羨又嘖嘖稱奇的老夫妻終日形影相依，在那美麗的河邊，日日夜夜喃喃呢呢，於是石爺與石娘恩愛夫妻的故事，就像鹿寮坑的溪水般，千古流傳涓涓滴滴……」

石爺石娘

碑石上的文字，是鄉人們傳頌不衰的故事，父親對兒子講，兒子又對孫子講，綿延不絕地歌唱著深恩厚義、久久長長的夫妻情緣，是我們客家民族最為重視的。不論是天地、山水、乃至樹石萬物，都是我們崇敬的對象。

六、結語

李商隱的詩句說：「此情可待成追憶，只是當時已惘然。」許多的事情都會成為過往，今日緬懷過去，仍會勾起無限感懷。在采風的過程中，看到了些許人情世態、昔盛今衰的變化，改變的是外在形貌、現象表徵，仍有不移的精神堅定屹立著，不隨時間摧折、漫滅。更希望在記下故鄉的人文風情的同時，也是將這份感動之情、發現的心，也一併記下。

兒時嬉戲的地方，現今舊夢重溫，站在對自己而言有如母親的土地上，再次抬眼而望，心中的感知全然不同。佇立飛鳳山上遠眺蒼穹、俯視大地，更能明白自我的微小。在拜訪鄭氏宗祠的時候，心中迴盪著思古之幽情。尋找石碧潭奇景，才知道原來故鄉的改異變遷竟如此之巨大，幾乎到了相見不相識的地步。而有關石爺石娘的故事，更為這兒增添了美麗動人的傳說。歷歷所見皆使我重新憬悟、也肯定了家鄉的自然人文之美，直比過往任一次遊歷來得精彩，故鄉的採風之行滿載著驚喜與悸動。

竹東地區人文采風錄

文大中研所碩一　**梁欣凱**

一、象棋林緣起

　　竹東鎮位於新竹縣的中心位置，為竹縣交通之樞紐。四周多丘陵，東倚雪山山脈支線，平原甚少。漢人入墾以前，平埔族原住民——道卡斯族在這裡游獵馴牧，過著逍遙自在、與世無爭的生活。清乾隆時期，客家先民自大陸閩、粵等地渡海來臺，拓墾竹塹。沿途披荊斬棘，篳路藍縷，養成客家人勤儉、刻苦的堅毅性格。竹東雄踞內山，工商薈萃，是早期臺灣三大鎮之一。

　　竹東古名「象棋林」，因先民初至本地，見象棋樹蓊鬱如林而得名。象棋樹又稱樹杞，故又名「樹杞林」。此樹種的品質適合燒製成炭，屬木炭中的上品，因此早期竹東製炭的產業頗為興盛。如今這項產業在竹東早已凋零、沒落，僅留下灰黑、黯淡的炭窯見證過往繁華。此外，關於竹東的炭業，有學者根據早期的諺語：「新埔靚阿旦，竹東燒火炭，北埔狗都沒愛看」，認為所謂的「燒火炭」並非指稱竹東女子天生皮膚黝黑，而是因為從事燒炭工作皮膚容易被燻黑，

不像新埔女子如演戲的花旦般美麗。然而，不論此諺語是否帶有嘲諷、不敬的意味，這句古早的諺語仍相當程度地呈現出當時竹東女子的容貌與特色，迄今依舊耐人尋味。

竹東鎮是著名的客家庄，客家歌謠在此傳唱，繞樑不絕。客家山歌裡有一首曲調優美、風格樸質的〈思戀歌〉，表現相戀男女的思念之情，頗為可愛：

正月來思戀，眞啊眞思戀。
打扮有三妹，打扮有三妹。
打扮三妹，三妹過新年。
打扮來三妹，三妹來飲酒。
杯杯又盞盞，杯杯又盞盞。
杯杯盞盞，盞盞過新年。
二月來思戀，眞啊眞思戀。
打扮有三妹，打扮有三妹。
打扮三妹，三妹入花園。
打扮來三妹，三妹花園遊。
手攀有花枝，手攀有花枝。
手攀花枝，花枝望少年。

↳竹東象棋林中景觀

↳竹東客家莊

二、惠昌宮

惠昌宮是竹東最主要古老的廟宇，也是此地客家人信仰、民俗和文化的中心。廟內主祀三山國王、三官大帝和關聖帝君等眾多神明，當然也少不了象徵客家精神的義民爺。早期閩、粵一帶移墾臺灣的客家人，多以三山國王、觀音娘和媽祖婆作為守護神，其中又以三山國王最為重要。相傳三山國王原是潮州明山、巾山和獨山的鎮山之神。唐代韓愈被貶謫到潮州時，曾替百姓向當地的界石神祈求五穀豐收，命屬官以少牢之禮祭之，並寫下〈祭界石神文〉。宋太祖平定南漢和宋太宗親征北漢時也曾顯靈相助。自此，客家人對三山國王的景仰便深植於心。客家先民開墾竹東地區時，雖與平埔族人大致維持和平的佃戶與地主關係，但部分原住民仍保有獵人頭的出草習俗，使此地客家人甚感恐懼。因此祈求三山國王能制服山中生番，而奉為主神。傳說竹東柯湖里的三山國王曾顯靈嚇退來侵的原住民。使得客家人對三山國王的信仰更為誠敬。

惠昌宮創建於嘉慶十五年（1811），廟宇的建築莊嚴富麗，廟內的古蹟、文物散發著陳舊、溫潤的氣息。兩百年來香火鼎盛，前來祭拜、參訪的民眾絡繹不絕。道光七年，淡水同知李愼彝所題的「植良鋤莠」匾，如今仍高掛於廟堂之上。民間傳說惠昌宮分香自芎林的廣福宮，因此每年都要以豬、羊為牲禮回「娘家」祭拜，後來因洪水之故而中斷，從此自成一家。

惠昌宮至今仍是鎮上各項傳統活動的中心，每年的重要

↳東昌宮內景

↳東昌宮中匾額

祭典、儀式、傳統戲曲的表演，以及客家山歌的比賽皆於此舉辦。三山國王也是客家人口中的「王爺公」。每年陰曆二月二十五日是祂的生日。王爺公的生日是客家習俗裡的一大盛事。鄉民感念王爺公對客家子民的保佑、庇護，每逢其誕辰之日，必定爲之熱烈慶生，舉辦各項慶祝活動：除誦經祈禱外，還有酬神的地方戲曲表演。廟前的廣場上有竹東最老的戲臺，每逢重要的節慶，這裡都上演精彩的客家大戲，是早期鎮民的主要娛樂之一，更是許多老竹東的美好回憶。

三、儒醫吳天祐

當年筆者在竹東國小就讀時，曾見校園操場後方有一座高聳巍峨的石碑，靜靜地依偎在後山下，湮沒在荒煙蔓草之間，乏人問津。近來因鄉土意識和文化傳承的觀念提升，才使此碑得以重見天日，廣爲人知。如今，儘管石碑上部分鑿痕已斑駁、剝落，雄渾莊嚴的氣象卻絲毫未減。

這座狀貌如鐘、風格素雅樸實的紀念碑，頂上方柱正面書「儒醫吳天祐先生之紀念碑」，是當時的臺灣總督府總務

官長平塚廣義所題。吳天祐先生（1839～1908）是當時竹東
的名人，也是位精通醫術的讀書人。他一生懸壺濟世、熱心
教育，對地方貢獻良多，鄉民尊稱他為「儒醫」。吳天祐先
生幼時拜師學醫，長年居住在師傅家作「藥童」，生活頗為
清苦。然而，無論如何艱苦的環境，他始終秉持「硬頸」
（執著）的客家精神，努力不懈。即使當了醫生，仍未改勤
儉質樸的性格。

　　吳天祐先生之長子吳錦
堂（1875～1944）承乃父衣
鉢以「漢醫」為志，鑽研
中、西醫理，經濟自期，青
出於藍。他的善行義舉造福
桑梓，廣為鄉民讚頌。而他
澹泊名利、氣宇軒昂的氣質
也博得「文人醫生」的美
譽，與父親吳天祐先生相互
輝映，同為鄉里賢人、表
率。大正十四年（1925），

　吳天祐紀念碑

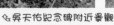

　吳天祐紀念碑附近景觀

吳錦堂先生慷慨捐地，作爲竹東公學校操場之用，並以父親
吳天祐先生之名建立紀念碑，表示飲水思源之心和對父親德
澤的追念。如今昔人已去，只留下靜默的紀念碑和醫者救世
的家風，供後人無限感懷。

四、鹿寮坑石爺傳奇

　　芎林鄉與竹東鎮僅隔一條頭前溪比鄰相望，是客家先民
開墾竹東的前哨站。芎林鄉舊名九芎林，因生長許多九芎樹
而得名。境內的鹿寮坑環山抱水、景致優美，有豐富多樣的
低海拔生態。昔日曾是平埔族原住民狩獵、生活的場所。自
清乾隆時期，客家人在此建立家園以來，迄今仍保有純樸的
農村風情。鹿寮坑山明水秀的好風光，造就了許多傑出人
才，也孕育了許多耐人尋味的傳奇故事。其中最爲人津津樂
道的，莫過於當地的石爺的傳說。

　　傳說鹿寮坑是由五條龍脈匯聚而成的寶地，風水極佳。
清代時有名風水師發現該地有五虎下山擒羊之兆，認爲此處
將出草霸王，威脅清朝國運。於是呈奏給當時的皇帝，請皇
帝以硃砂筆一劃，再灑上狗血，破壞此地風水，斬斷五龍的
氣勢。不久，此地便發生洪災。

　　日據時期，一名日本的地理師勘輿此地，發現五龍有猛
虎下山之勢，預言將有將才出。後來果然出了一位戰功彪炳
的抗日將軍——鄒洪上將。當地的居民相傳，溪中有一大石
頗具靈氣、法力高強，尊奉其爲石爺，虔誠祭拜。日本政府
憂心此地猛將輩出，將對日本的統治不利。於是找來石匠在

石爺背上刻「雙龍吐珠」四字，以破五龍氣運。結果，刻到
「龍」字時，石爺身上竟流出血來。嚇得工人倉皇逃跑，半
路吐血而死。石爺身上的字跡至今猶清晰可見。

　　已故的客家山歌王林德富，曾經寫了一首讚頌此地美景
的〈鹿寮坑之歌〉：

　　　　竹東對面鹿寮坑，也有田來也有山。
　　　　山頂風景實在好，可比仙境一般般。
　　　　芎林鄉內鹿寮坑，兩欉大樹實在靚。
　　　　一欉名喊九丁榕，一欉按到大茄苳。

臺灣人文采風錄

🔎鹿寮坑內的石爺

🔎鹿寮坑兩棵大樹

司馬庫斯人文采風錄

一、前言

　　司馬庫斯是一個位於新竹尖石鄉的泰雅族部落。司馬庫斯是泰雅語，「馬庫斯」是當年開墾此處的領袖，而「司」在泰雅族語裡面表示一種紀念。因此司馬庫斯命名的由來，就是在紀念這位當初帶領族人開墾這片荒地的英雄。

　　整個部落一共有二十八戶，一百六十四位居民，是一個相當小型的部落。從新竹交流道下來，由市區進去到山區，一直到進入司馬庫斯，大概還需要兩個小時到三個小時的車程。司馬庫斯是一個相當偏僻的部落，同時它的對外交通並不方便，光是從山上到山下的市區就要兩個小時。部落內部的生活必需品都要仰賴對外的採買，或是部落內的補給站供應。每個星期五部落會固定派人到市區（也就是竹東）來做日常用品的採買，星期六日才會再回來。此外，司馬庫斯信仰基督教，部落內部有建立教堂，每個週末都有固定的團契活動，亦可見居民虔誠的信仰。

　　司馬庫斯部落的每一個角落都有其故事，以下就是對每

個部分說明出代表含意。

二、紋面的意義

　　司馬庫斯的泰雅族人，跟大多數的泰雅族人一樣，都會有紋面的傳統。紋面並不是你想要紋面就可以紋面的。在泰雅族的傳統裡，男生必須要學會打獵、砍柴、農事等一連串的生活技能，才有資格能夠紋面的。女生也是必須要學會織布、

石雕上的紋面

料理家務等技能才能夠被紋面。有了紋面才能夠娶妻、才能生子。但現在對於紋面的傳統已不再像以前這樣強調與重視了。

　　照片中的左邊是男生，男生的紋面在額頭跟下巴以直線的方式呈現；照片中的左邊是女生，女生的紋面是在額頭跟雙頰，雙頰部分以倒八字型呈現，表現出男女紋面的不同。紋面對於司馬庫斯是一種光榮的象徵，也是一種能力的肯定。許多小學生已將紋面視為一種勇敢、厲害的行為表示，並不是單純的一種裝飾。

三、泰雅勇士 —— 辛勤努力的表徵

　　這個雕刻共有三面，圖中所看到的這面主題是「勤勞」。這個雕刻所呈現的主題是司馬庫斯部落最早的領袖，他的右臂上背著就是搗小米的工具，而他身上的六塊肌傳達出該部落族人是努力認真。這個雕刻主要是為了紀念當年帶領族人四處開墾的泰雅英雄。泰雅族人要用這個雕刻來提醒族人，勤勞才能有豐收的果實可以享用，要學習前人對艱困生活的堅韌態度，不屈不饒，以此木像來隨時隨地告訴族人，一分耕耘一分收獲，不可以懶惰，要怎麼收穫先那麼栽。這位泰雅英雄在司馬庫斯人民的心中具有舉足輕重的地位，在前往司馬庫斯的山路上，在岩壁上也有一位巨大的泰雅勇士的石雕，就是這位英雄。

泰雅勇士石雕

泰雅勇士石雕

四、足跡、蛻變、祝福

　　有一處岩壁上看到的藍色腳印是有深刻的意含。藍色的腳印從右邊來看，一雙雙腳印規律地前進，但是到了中間卻開始有了不規則的變化，而最後又恢復規律。在最後的部份有一小段落文字，「La qiklokah」。這些腳印和文字確實有其背後的含意。首先，從右邊看似規律的腳印，代表著十三年前，司馬庫斯的祖先辛辛苦苦從平地到山上地找尋生存之地，篳路藍縷、胼手胝足的過程。而在中間的部分，腳印開始呈現不規則，並且有高跟鞋的鞋印出現，表示從九年前開始陸續有外來的觀光客進入司馬庫斯之中，原本純樸、規律的部落生活，開始和外界有了接觸，步調也被打亂。對於外界所帶來的新物品、新技術、新思維，都大力的衝擊著這個不與外界接觸的部落。司馬庫斯在面臨外來的衝擊與挑戰，腳印的不規律呈現出族人在心態上的徬徨與不安。在族人全體討論之後，決定要保留住屬於司馬庫斯的文化與傳統，對於外界的文明衝擊，司馬庫斯決定用自己的力量保護自己的文化。

　　經過一連串的努力，司馬庫斯的努力逐漸開花結果。最後面的左邊藍色腳印，不僅規律而且還比右邊規律的藍色腳印小，這個腳印是司馬庫斯族人小朋友的腳印，這些小朋友將會繼承司馬庫斯的傳統——勤勞、努力，繼續在這塊土地上繼續耕耘與收穫。最後「La qiklokah」這句話的意思就是代表「司馬庫斯的小朋友加油！」kah後面的氣音h，拉得越長，表示加油越用力。

司馬庫斯的族人爲甚麼會到這地方來開墾？根據部落領袖的說法，有三點主要的原因是促使司馬庫斯的族人從平地到山上。在以前，泰雅族的族人也曾經在平地與漢人相處，但是平地的的耕種對於泰雅族人太過於困難，需要呈現傾斜約三十度的角度才能耕作，但是到了山上，族人可以不費吹灰之力就進行開墾，這是第一個原因。第二個原因是有關於飲用水的部份，泰雅族人曾選擇海邊作爲棲息的處所，但是海水過於鹹，讓工作完的泰雅族人喝了將會更渴，使他們更累，於是離開了海邊。海邊與平地都不適合，開墾的先人便往山上走，無意間走到司馬庫斯這個地方，在這個地方不僅可以打獵，有豐富的野生動物可以食用，更重要的是，族人赤腳走在落葉佈滿的山路上，就好像踩在沙發上，因此讓泰雅族的開墾先人決定要在此處定居。

五、準確的預知男女

　　次頁雕像是一對貓頭鷹，貓頭鷹在司馬庫斯的部落裡是存在的野生動物，同時也是一種比醫生還準確的生男生女預報器。司馬庫斯的部落裡，如果有懷孕的婦女，聽到貓頭鷹的鳴叫聲，可以根據聲音的不同來分辨出胎中的小孩是男還是女。照片中的左邊，是雄性的貓頭鷹，右邊是雌性的貓頭鷹，如果聽到的是低沉、粗獷、雄壯的聲音，表示是雄性貓頭鷹所發出，那麼胎中的小孩爲男生；如果聽到嗓音較高、尖銳的聲音，表示是雌性貓頭鷹所發出的聲音，表示會生女生。根據當地婦女的說法，聽貓頭鷹的叫聲比去醫院檢查還

準確。族人也十分相信貓頭鷹的聲音具有辨別男女的能力。

↶貓頭鷹雕像

臺灣人文采風錄

六、特別的門牌

　　照片上的是司馬庫斯「門牌」。不同於都市制式的幾巷幾弄幾號的門牌，司馬庫斯使用木板的門板當作門牌。他們的門牌只是使用他們的名字作為劃分。以兩個門牌為例，「Riwang Lesa」、「Yu min Lesa」，前面的部分是名字，

↶司馬庫斯門牌

「Riwang」、「Yu min」都是名字，後面的「Lesa」是父親的名字，這樣的設計主要是避免只有單一名字會和其他人混淆。在後面加上父親的名字可以區別是哪家的小孩。

泰雅族的名字其實相同的很多，可能很多人都會叫一樣的名字。如果哪一天走到其他的部落裡面，發現也有人也叫「Yu min」，這時候就可以用後面的父親名字來做區別。但是如果父親名字又相同，「Yu min Lesa」，這時候就要在父親名字後面加上父親的父親的名字，一直加到有區別性為止。

七、結語

司馬庫斯是一個十分具有泰雅族味道的部落，除了以上的介紹，住在司馬庫斯的兩天之中，也參與了許多活動。一個是狩獵飛鼠，一個是搗小米吃麻薯。

第一天的晚上有獵飛鼠的活動。狩獵是司馬庫斯的一項活動，成年男子都要學會打獵。很幸運的能夠有機會參與狩獵飛鼠以及全程觀看飛鼠屍體被處理的過程。或許有些人認為這樣是破壞自然生態，但是我卻不以為然，誠如阿忠大哥所說得，狩獵飛鼠有其必要性，飛鼠有兩種，一種是白色的，這種是列入保護動物，不在狩獵的目標中。另一種是土色的飛鼠。這種飛鼠的繁殖能力就像老鼠一樣，相當多。不頻繁的狩獵活動只是一種大自然的淘汰，而且飛鼠也會危害到司馬庫斯人民所種植的農作物。

阿忠大哥相當強調，在「部落分享」的這種前提下，不

司馬庫斯

135

是「商業營利」的前提下，不過分的狩獵，都是可以的。我想這個觀念是對的。對於原住民而言，狩獵本來就是他們的生存技能之一，在不破壞自然生態的法則下，「適者生存，不適者淘汰」，與大自然共生、共長。共容。我想我們若是站在原住民的立場思考，在尊重大自然的生態平衡原則下進行狩獵活動，我想這是一種有別於漢人生活的體驗。

第二天的晚上有搗小米的活動。小米放在臼中，黃色的小米就像白飯，沒有任何滋味，但是在兩個大男人搗完小米，原本的小米已成為香Q黏口的黃色小米麻薯。搗小米事實上不是一個輕鬆的工作，必須用力的拿著杵，對著臼用力的敲打，約需要十五分鐘的時間才能將小米變成麻薯。看似輕鬆，但卻能讓人滿頭大汗。

當我們在搗小米的時候，部落首領也在一旁觀看，也告訴我們，要能夠搗小米才有資格娶妻結婚，這是檢視一個男人的標準。楮很重，光要拿起就要使出一番力氣，而垂直的上下搗小米更需諾大的力量，若不是「勇士」，是無法完成

搗小米

臺灣人文采風錄

這項任務。搗完的小米，是黃色的香Q小米麻薯，再配上一盤甜而不膩的蜂蜜沾著吃，才可以吃出小米麻薯獨特風味。

　　司馬庫斯一年四季都有其特別處，更有許多屬於司馬庫斯的音樂，但音樂部分難以使用照片呈現，同時所唱的古調，不僅沒有曲譜，同時也是使用泰雅語來歌唱，這是令人相當挫折的一點。訪問了部落會唱古調的青年，是否願意將歌詞告知，可惜的是，青年並不方便提供歌詞，這是這次司馬庫斯之行美中不足之處。

中壢人文采風錄

台師大國研所碩二　**江美儀**

一、前言

　　中壢，原名「澗仔壢」，「壢」爲凹下之坑谷，「澗」爲兩溪流經其間（今之老街溪與新街溪），本爲山胞蕃社，清乾隆年間，有福建等移民來臺，北部地區相次開發，「澗仔壢」遂得以發展，且「澗仔壢」因位於當時北部的二大都市新竹及淡水（原指新莊，今指臺北）之中途，爲往來商旅投宿之地，乃改稱「中壢」。後由廣東客籍人士陸續開發，迄今，中壢已是南桃園的重心都市，亦是北臺灣的客家重鎮，人口數在桃園縣的十三鄉鎮中排名第二，爲328,121人，面積則有76.5平方公里。

　　中壢爲桃園縣最早升格的縣轄市，市況繁榮，文教興盛，而市內的多項古蹟保留了傳統建築特色，亦能彰顯民間文化的精神，筆者乃中壢子弟，生於茲、長於茲，熟悉中壢的人情故實，更擁有濃厚的鄉土之情，因此希望能透過本文的撰寫，體現中壢人文風采。

本文主要是透過田野調查的方式進行研究，探訪中壢市內三處重要古蹟：聖蹟亭、仁海宮、燃藜第紅樓，並輔以訪談、文獻蒐集等方式研究這三處重要人文建築的歷史沿革、人文記錄、保存現況、民間教化涵養等課題，這些古蹟雖非佔地廣闊、聞名於世，但風華仍存，歷久不衰，其間所蘊含的人文思維、教化作用、文化精神等皆值得我們敬重深思，故除了藉此了解中壢的風俗民情外，也希望能發揚民間文化質樸珍貴的特質、彰顯建築古物的人文精神。

二、數則中壢人文采風錄

(一)聖蹟亭

　　蘇軾〈超然臺記〉：「凡物皆有可觀，苟有可觀，皆有可樂，非必怪奇偉麗者也。」要介紹「聖蹟亭」為何，不免讓我想起這段話來，聖蹟亭為中壢市百年以上的古蹟，意義深重，但位於交通繁忙的縱貫路上，總容易被人忽略，非有心尋訪者，通常不能遇得，唯有用心訪察者，才能真正見識它的風采。

　　聖蹟亭，位於新街國小前的福德祠旁，高約三公尺，面朝東南，基座為方形，正面有階梯通達亭身，樣貌古樸。聖蹟亭主體為磚造，外表以洗石子裝飾，狀似古代寶塔。亭身由上至下共分為三層：上層為六邊形，正面浮刻「聖蹟」二字，亭簷採中式飛簷造型，線條優美，頂端則有花草裝飾的球體，十分特殊；中層為四邊形，爐口位於口面，呈橢圓形，上下各有類似蝙蝠的裝飾，有祈福之義，是臺灣現存聖

蹟亭中的特例；底層爲八邊形，各角邊再加上稜角，配合線腳修飾，穩重而有特色。據悉此亭創於道光年間，至今已有百年以上的歷史，原先搭設在新街溪畔，日據時期爲建造紀念碑，才將聖蹟亭遷於現址，因此，亭身上仿巴洛克風格的雕花，可能是日據時期模仿歐式建築影響下，重新裝飾而成，整體造型融合中西建築風格。聖蹟亭外觀雖似「金亭」（燒紙錢用），但作用其實大不相同。

「聖蹟亭」，又名「惜字亭」、「敬字亭」、「敬聖亭」、「字紙亭」「文筆亭」等。因爲古人深信倉頡造字開啓了人類文明，因而尊其爲「聖」，對於所造之字敬爲「聖蹟」，故特地建亭焚燒字紙，祈使字紙能上達天聽，保佑後人文思暢旺。而敬字亭的設置約始宋代，至明清尤盛，據聞當時由拾字紙人沿街收集寫有文字的紙張，帶到敬字亭焚化，再將敬字亭內焚燒字紙後留下的灰燼清出，倒入被稱爲「香亭」或「春猊」的木盒子內，隨著沿路鼓樂吹奏，由文人抬至溪河邊，行恭送紙灰入海儀式，稱爲「行聖蹟」或「恭送聖蹟」，使字灰化升天稟告造字之祖倉頡，世人未濫用文字，可惜現在這樣的儀式已不常見了，但仍可以肯定「惜字敬紙」的觀念早已深入民心，廣泛流布著。

我很好奇「惜字」的習俗文化從何而來，因此嘗試找到關於「惜字」的記載，在《顏氏家訓》中有一段文字曾提到：

> 借人典籍，皆須愛護，先有缺壞，就爲補治，此亦士大夫百行之一也。……或有狼籍几案，雖有急速，分

臺灣人文采風錄

散部帙，多爲童幼婢妾之所點汙，風雨蟲鼠之所毀傷，實爲累德。吾每讀聖人之書，未嘗不肅敬對之；其故紙有五經詞義及賢達姓名，不敢穢也。

由上所述，可見士大夫對寫有文字典籍的愛護，故寫有五經詞義及賢達姓名的字紙也不敢另作他用。而清代袁黃所編《功過格分類彙編》一書則更清楚提到有惜字焚化的儀式存在：

敬重聖賢書籍不汙穢，淨手執書，一日一功；反此者一次一過；至出恭看書者，削去功名。拾遺字紙焚化，百字一功；不顧者，二十字一過；自我狼籍者，一字一過。從穢中拾字洗淨焚化，十字一功；拾米粒亦照字記功；出錢買字焚化，百錢三功。讀聖賢書躬行實踐，百功；喜看邪書，一卷十過；將經書爲戲謔之具，一言五過；非毀聖賢經典，同過。

其中「拾遺字紙焚化」一句，具體談到以焚化的方式，敬肅字紙，可見敬惜字紙不僅成爲個人修身的方法，亦蘊含濃厚儒教意味。

清代畫家曾衍東曾畫一幅「敬惜字紙」的條屏，上方題詩云：

惜字當從敬字生，敬心不篤惜難成；
可知因敬方成惜，豈是尋常愛惜情。

聖蹟亭

從小媽媽也總是耳提面命地告訴我：「不可以撕簿子，否則將來會被上天懲罰……」這些話仍記憶深刻，今日於聖蹟亭一遊憶起不少往事，只是看著眼前這座未受重視的聖蹟亭，仍不禁為它叫屈，真的該立個告示牌訴說其源流，或許就不會再看到有人誤將其他物品扔入焚化的情形了。

今年三月至聖蹟亭一遊，心有所感，寫下一首小詩，其詩如下：

你棲身在漫天的煙塵裡
無聲無息

你站立在聒耳的馬路旁
有思有想

你默默把眾人的智慧放進口中
一字一字再一字
一遍一遍再一遍
要讀完整個天地才休息

㈡仁海宮

仁海宮，爲中壢現存最古老的廟宇，也是最具代表性的廟宇。現址位於中壢市交通繁忙的延平路上，又名新街廟。所以有「新街」，是相對於中壢車站站前路的那條「老街」而言，在清朝時開發得較

↖仁海宮

晚，故有此稱。仁海宮外觀氣勢雄偉，飛簷樓宇，雕樑畫棟，五彩繽紛，極具傳統廟宇建築風格。

仁海宮創建於清道光六年（1826），當時王、張、吳、余、黎等各姓先賢以爲村落漸多，人民卻無一精神信仰中心，遂集合十三大庄（芝芭里庄、三座屋庄、青埔庄、內壢庄、水尾庄、後寮庄、興南庄、石頭庄、埔頂庄，以上現屬中壢市；廣興庄、安平鎮庄、北勢庄，以上現屬平鎮鄉；高山頂庄，屬楊梅鎮）等地士紳，集資興建廟宇，供奉觀音菩薩，又由於地處南來北往的商旅休憩據點，鑑於來往商賈航海多險，實有賴天上聖母（媽祖）庇佑，乃奉迎天上聖母（媽祖）爲主神，可由入殿前的門旁三副題聯得知，聯云：

　　仁宇風調黎庶蒙庥懷后德，
　　海邦波靜航檣利濟頌神功。

仁里迓麻祥十三庄彌殷崇報，
海疆慶安謐億萬戶共仰聲靈。

仁風揚福地之麻母恩廣佈，
海國得慈航而濟后德普沾。

人民虔誠感恩媽祖庇佑，仁海宮遂成爲中壢地區重要的信仰
中心，後於同治九年（1890）重修，日本昭和元年（1926）
再修，迨至民國八十六年，增建殿堂告成，乃爲今日所見規
模。

目前仁海宮爲一座具有四殿的大廟，規模宏大，尊隆神
聖，一樓正殿奉祀天上聖母，左爲千里眼將軍，右爲順風
耳將軍，邊龕同奉三官大帝與註生娘娘，信徒同沾，崇隆
庇佑之恩；一樓後殿大禮堂，供各項集會活動等使用。二樓
前後殿供奉關聖帝君，左供奉神農大帝，右供奉文昌帝君等
神位；二樓後殿爲元辰殿，中央供奉斗姥元君及六十甲子星
君。三樓增建觀音殿供奉觀世音菩薩、普賢菩薩、文殊菩
薩，法相莊嚴。各地香客絡繹不絕，香火鼎盛。

而仁海宮最具特色之處在於其建築形貌及人文遺跡，
廟宇內部上頂拱柵，四周環柱，其中以大殿所保有早期的
石雕與匾額尤其珍貴。大殿供奉天上聖母，上有同治十年
（1891）的「海國長春」匾額，還有「恩覃海國」、「后
來其蘇」、「坤德配天」等匾額高懸，及「仁德參天宏濟
世，海隅有后慶安瀾」贈辭，保留珍貴人文遺跡。而仁海宮

的石柱，有別於一般廟宇常見的「龍柱」，大量採用了「人物柱」，前廊檐柱是龍、人物相合的石柱，氣派莊重，而廳內的人物柱，由石匠蔣玉昆雕製而成，人物造型生動，有穿著戰袍之武士、著僧服之羅漢，或立、或坐、或蹲，或有座騎車馬襯飾，其間還穿插了花卉走獸、重巒疊嶂、奇岩佳樹等，豐富多變，極富藝術價值，且細細品察，可以發現上頭雕製了許多忠孝義勇故事，如孝子跪乳感念親恩，或是義士勇斬蛟龍為民除害等等，富有宣揚義行、勉人行善、匡正人心之意。目前在廟宇中採人物柱者並不多見，據悉全臺灣僅仁海宮及艋舺龍山寺二件，是為珍貴的文化資產。

　　仁海宮在每年七月二十日義民節會舉辦普渡，演戲、花車表演等；三月二十三日，媽祖聖誕；正月十五日元宵節，舉辦花燈會，十分著名，都是桃園境內十分重大慶典活動。

　前廊檐柱：採「龍柱」、「人物柱」

　正殿石柱：「人物柱」

（三）燃藜第紅樓

　　「紅樓」二字高懸，令人遠懷，座落於中壢市區的紅樓，是與淡水紅樓、西門町紅樓、建中紅樓等並稱「紅樓四韻」的建築，只是不像其他三者聲名遠揚，中壢的紅樓較少人知，但歷史悠久，是中壢地區古宅的代表性建築。

　　「燃藜第紅樓」是「燃藜第」的附屬建築物，位於這座三合院古厝左護龍旁。

　　主建築物——「燃藜第」，建於日據時代明治43年（1910），由劉氏先祖興橋公所建，距今將近百年，被列為三級古蹟，為傳統的紅磚建築，即土角厝建築外包赤褐色磚塊，俗稱「金包玉」的牆身，而廂房的馬背、屋脊上的泥塑皆非常特殊，古樸婉約，值得一訪。屋宅為傳統建築，但因為是大戶人家所建，因此格局不凡，庭園外小門上有聯曰：「彭城事業家聲遠，祿園文章世澤長」，可見其傳家之風。

　　而「燃藜第」的取名頗具深意：藜，為食用植物，其嫩莖葉可食，而莖老則做為長者之杖，而「燃藜」的典故見於六朝無名氏《三輔黃圖》：

　　　　劉向於成帝之末，校書天祿閣，專精覃思。夜有老人著黃衣，植青藜杖，叩閣而進，見向暗中獨坐誦書，老人乃吹杖端煙然（燃），因以見面。授《五行洪範》之文。恐詞說繁廣忘之，乃裂裳及紳以記其言，至曙而去。請問姓名，云，我是太乙之精，天帝聞卯金之子，有博學者，下而觀焉。乃出懷中竹牒，有天文地圖之書，曰：餘略授子焉。至子歆，從授其術，向亦不悟此

人焉。

劉向當時在天祿閣校閱經典，至深夜燈盡仍繼續誦讀，忽有
一老人前來，往杖上一吹，藜杖遂燃起照亮了暗室，接著老
人傳授《五行洪範》之文，至清晨才離去，而此名老者乃太
乙星的精魂，天帝讚賞劉向的用功爲學，故派老人下凡探
察。後來劉向成爲一代宗師，而這一夜燃藜夜讀的奇遇也傳
爲佳話，劉氏後人爲了鼓勵族人發憤讀書，就以此爲堂號，
如燃藜堂、藜照堂、青藜堂、藜閣堂、祿閣堂、太乙堂等。
而中壢燃藜第的主人亦爲劉姓，其正宅門前有聯曰：

　　　燃火影連書案目
　　　藜花光照硯池雲

燃藜第虹樓的外觀，二樓拱廊爲最大特色

三合院正廳的門額，有「藜光煥彩」四字高懸，另有刻字曰：

　　　　藜閣煥文光，座擁詩書萬卷
　　　　果園養宿志，門迎花月三春

　　而燃藜第這棟建築目前未開放全天候參觀，須徵得主人同意才可進入，因此不少人到此一遊是只可遠觀，而未能褻玩焉，但由繁花盛開、庭樹茂密的外景看來，仍然可以感受到主人的悉心維護，與古宅建築的樸實古調。
　　「紅樓」位在燃藜第旁側，為兩層樓建築，與燃藜第同為西元1910年建成，原為類似亭臺樓閣一類休憩用的設施，平面呈方形，以紅磚營建，東南兩面設有陽臺，並有磚拱圈、仿多力克式陽臺柱及瓶狀欄干，而正門入口掛上寫著「德億煤礦辦事」的木牌子，落款是「中壢庄役辦處昭和五年」

臺灣人文采風錄

△紅樓現況：懷舊庭園餐廳

△紅樓室內裝飾：懷舊海報

（1930），據說這裡曾是採礦公司的舊址，在仍是農耕的年代，這棟兩層的樓屋，遠處之人皆可見，是此地少見的二層樓紅磚建築，後來劉家於紅樓旁花園內增建庭園與拱橋，橋柱題曰：「傍小橋」，呈現了古花園的景致，我於春日遊歷，見門前椰子樹影搖曳、繁花盛開之景，頗具風雅。二次大戰期間在屋後以紅磚設置防空洞，則留下戰事的遺跡。而紅樓的建物造型除了保有傳統民宅特色，綠磚紅釉、倒掛獅的懸墜的特色裝飾，尚結合了歐式建築的特色，與英國十九世紀中後期發展的殖民地樣式建築相似，二樓拱廊是其最大特色。於此眺望遠處平疇之景，令人心曠神怡。

　　紅樓目前出租開設庭園餐廳，讓中壢紅樓如同淡水紅樓咖啡館、西門町紅樓劇場般賦予新生，內部裝飾了許多早期的海報，令人遠懷，我在假期來訪，人潮雖多，但業者的用心維護，仍保有幾分寧靜，古樸雅致，令人興味不減，反倒覺得它是親近可人的。就在起身欲向燃藜第與紅樓道別前，回頭再望，仍不得不佩服這精湛的建築藝術，這兩棟建築各有可觀之處，但能使燃藜第這座傳統三合院以及紅樓的洋式建築巧妙融合，實屬不易。

三、結語

　　中壢地區風俗良善，可謂「里仁爲美」，可親、可敬是其最大特質，在采風問俗、尋幽訪勝的過程中，更深刻體認到淳樸、勤儉、良善的族群特質是深植於這塊土地上的，因而能培育出一代代優秀人才。

這些古蹟伴我們走過悠悠歲月，仍舊是風姿綽約，過去的人們總是說：「樓會塌，牆會倒，人會老」，但這趟人文之旅反而讓我覺察的是：樓仍高、牆仍在，人卻顯得渺小多了，這塊人文寶地可以學習的東西實在太多了，看似尋常卻奇崛，看似簡樸卻有一派偉大氣象，門庭、樓閣尚在，但其中積聚久遠的文化精神，才是這些人文建築得以行歷百年、風韻依存的核心吧！

臺灣人文采風錄

龍潭人文采風錄

文大中研所碩一　**蔣湘伶**

一、龍潭大池與南天宮

㈠龍潭大池與龍潭地名由來

　　「龍潭」之地名，乃因「龍潭埤」而得名。關於地名由來的說法有好幾種，其中之一為：「龍潭埤」（即今日所稱的「龍潭大池」）是一個天然湖泊，據說以前埤塘水面遍布野菱，所以叫做「菱潭埤」；後來因為音近而變成「龍潭埤」，「龍潭」之地名也由此而來。

　　另外一種則是更生動的傳說故事：因為龍潭發生一連串的旱災，久旱不雨，所以虔誠的鄉民在埤塘邊設案祈雨，沒多久便天降甘霖。先民深感其靈驗，因此「菱潭埤」就被改名為「靈潭埤」，用同音異義之字來表示對天祈求的靈驗。後來，又有鄉民傳說常見一條黃龍，經常於下雨時在埤塘中嬉戲，於是又改名為「龍潭埤」，也就是現在居民習慣所稱的「龍潭大池」。而龍潭的地名也從那時候開始，一直沿用至今。

　　今日的龍潭大池，象徵著龍潭精神，為龍潭最著名的地

龍潭

151

標。民國六十年經龍潭鄉公所將其規劃、開發爲兼具灌溉及休閒、觀光功能之遊憩區。端午節時，在此地舉辦龍舟比賽，吸引大批觀光人潮。整座觀光大池佔地約十八甲，除了大池本身，以及橫跨湖面的吊橋，尚有南天宮座落於此。大池南側的湖濱公園也設有兒童遊戲區及許多遊憩設施，深受民眾歡迎。

南天宮旁的龍潭觀光吊橋，可通往對岸湖濱公園。吊橋兩端由六條紅色的纜繩固定於兩端，立於吊橋之上，可俯覽龍潭大池的景觀。

筆者於傍晚在此處觀景，寫下一首五言絕句：

采菱魚鷺歌，喧鬧羨閒鵝。
盪舟尋芳處，衣帶沾錦荷。

臺灣人文采風錄

跨越龍潭大池的觀光吊橋

㈡南天宮

　龍潭大池上有一座人工島，島上建有廟宇奉祀關聖帝君、觀世音菩薩、玉皇大帝、三官大帝、五路財神、註生娘娘等神佛，遊客眾多、香火鼎盛。廟宇莊嚴雄偉的宮殿式建築，以池水與市街隔絕，頗有上界南天門神山聖地之意境，故名「南天宮」。

🐾南天宮

🐾宮前荷塘一景

筆者曾為此地寫下一首七言絕句，抒發內心感懷：

南天門境南天宮，龍戲清潭見燦虹。
今世不知龍影處，南天池畔憶黃龍。

㈢忠義橋

龍潭大池上有座九曲式造型的忠義橋，長約一百三十五公尺，橫渡湖面銜接南天宮與臺三線省道，是欣賞晨曦夕照、湖光山色的絕佳據點。忠義橋以白色為基礎，兩旁有藍色的欄杆，走到盡頭，便是迎賓山門。此處有一尊金身彌勒佛，山門上的裝飾及彩繪則充分顯示出廟宇的特色。

迎賓山門的出入口皆刻有門聯，總共四副，分別藏頭南、天、龍、潭。

入口內聯：南面極尊崇萬姓馨香朝帝闕，天心多眷顧十方善信詣龍潭。

入口外聯：龍竅啓禪關煥蔚文章宣教化，潭橋開義路闢

臺灣人文采風錄

九曲橋與南天宮

揚聖道悟玄機。

　　出口內聯：南海不揚波鯤島鍾靈文化盛，天山長獻瑞龍潭毓秀庶民安。

　　出口外聯：龍珠輝福地神顯威靈崇廟貌，潭月映清虛天敷德澤蔚人文。

二、聖蹟亭

　　「聖蹟亭」位於龍潭通往埔心的路邊，是先人感念倉頡造字之功，為了表示敬天惜字，將寫有文字的殘書或廢紙集中焚化，而特別建造一個焚燒字紙的爐子。為臺灣現存規模最大的「惜字亭」。

　　先人對文字創造由敬生惜，亦有以焚燒字紙祭倉頡之意。

聖蹟亭牌樓

龍潭聖蹟亭創建於清光緒元年（1875），因地方士紳古
象賢等人，為提升地方文風，發起並鳩資建立此亭；清光緒
十八年（1892）首度重建，重建規模已不可考；大正十四年
（1925）再度重修，將爐臺的坐向改為坐西北朝東南，並於
二進院落設置兩排石燈，規模較光緒年間更加宏偉，但仍保
留中軸對稱的三進庭園格局；民國六十八年（1979）再次修
建，修護原則為保存原貌，僅在庭園增建牌樓、將石燈挪至
庭園西側。

聖蹟亭的整體建築包括門柱、雲墙、石筆、供桌、祭
壇、爐體等結構，全區配置採四方規矩、中軸對稱的布局。
穿越頭門來到聖蹟亭的中軸線上，可以看到地面不斷升高，
亭身前的中門、雲墙及兩側高聳的石筆，塑造了整體的空間
層次，也增加了視覺感受的穩定性。

主要亭體則位於方形石臺基上，四周有十二根短石柱，

從聖蹟亭頭門望去

為鏤空紅磚砌的矮牆。亭體結構由下而上方為三層，設計概
念分別為八卦、四象、六氣。爐基篆有龍松壽柏、雨蘇雪
芝、獅劍繡球、麟吐玉書、鳳鳥銜書等石刻；四角則雕有螭
龍、荷花、鮑魚等裝飾，充分顯示古代文士「惜字崇文」的
書香觀念。

　　聖蹟亭歷經百餘年的歲月軌跡，成就了今日古意盎然的
風貌。它蘊含著濃厚的莊嚴氣氛，又深具景觀建築藝術之
美，充分展現了中國傳統庭園設計的豐富與優美。它伴隨龍
潭走過歷史，可以說是地方文化的表徵，目前已被桃園縣列
為縣定三級古蹟。

　　筆者遊覽此地，有感而發成一新詩：

　　　　彷彿已經是很久的傳說
　　　　沒有人還記得它最初的模樣
　　　　聽說那是惜字
　　　　是可惜　愛惜　抑或憐惜？

　　　　黛玉以血焚稿，
　　　　吞噬的是她楚楚的無奈。
　　　　爐中頁頁書牒字卷，
　　　　啊！這是愛！

　　　　瞧！那扭動耀眼的艷麗火光
　　　　燒燒燒
　　　　連記憶也不留下

喔！始皇已不在
並非焚書坑儒
無須大驚小怪

焯焯焰芒火紅得刺眼
是誰——在亭裡灰飛煙滅？
萬丈文光是否真能過化存神
還是燃殆全無痕跡？

熰的是斷簡殘編
火裡灼熱的是一代代勤耕不輟的血淚吶喊
燒燙的字句哀號
訴不盡悲苦
爐餘——始終只有那傲然獨立的聖蹟亭。

按：本文中對於龍潭當地名勝古蹟之介紹與歷史沿革，
參考自景點處立牌、中華電信和桃園縣政府所發行《探訪桃
花園》旅遊指南，及訪問當地居民之內容。

臺灣人文采風錄

艋舺人文采風錄

台師大國研所碩一 **楊雅婷**

一、前言

　　萬華，自古以來就有許多名稱，又稱作「莽葛」、「文甲」、「艋舺」，為原住民語（Moungar）的音譯，意指獨木舟或獨木舟聚集的地方。有關「莽葛」的記載，首見郁永和的《裨海記遊》：「沙間一舟，獨木鏤成，可容兩人對坐，各操一楫以渡；名曰莽葛，蓋番舟也。」從前只有平埔族定居於此，以獨木舟載運蕃薯等物品與漢人交易，清代以來，漢人來臺開墾而逐漸繁榮，有「一府、二鹿、三艋舺」之稱，僅次於臺南府城、鹿港，成為臺灣第三通商港口，日據大正九年（1920），日本人定名為「萬華」，因為「萬華」有「萬年繁華」的吉利意涵，因此就沿用至今。

　　生於斯，長於斯，儘管沒有見證到當時繁華的局面，但是當地仍保留部分傳統文化氣息和濃厚的鄉土人情味。由於邱師燮友提倡同學們一同創作「人文采風錄」，使我興起重新思索生活二十餘年的艋舺地帶，具有哪些特殊的人文傳統，可以介紹給大家了解。

二、數則艋舺人文采風錄

有關於萬華的古蹟與名人十分眾多，茲摘取個人偏愛的幾處地點作為艋舺人文采風錄之介紹。

(一)龍山寺

龍山寺可以說是萬華人的重要信仰所在，被列為國家二級古蹟，創建於清乾隆三年（1738），是佛、道混和之寺院，並非純粹的佛寺。正殿所供奉的主神是觀世音菩薩，還有文殊菩薩、普賢菩薩、地藏王菩薩等神明。據說民國三十四年六月八日龍山寺的正殿曾遭美軍轟炸，殿中諸物遭到嚴重毀損，唯獨觀世音菩薩之雕像，除了金身面孔燻黑之外，依舊安然屹立於蓮花座上，於是信徒更加虔誠篤信禮佛。後殿供奉有文昌帝君、紫陽夫子（宋代朱熹），每到考季，桌上總是供奉著准考證、文具和祭品；媽祖是海洋之守護神，為臺灣最普遍信仰之神明，兩旁有「千里眼」與「順風耳」做為護法；註生娘娘，主司生育、安產；城隍爺掌陰司；福德正神即土地公，掌管地方之事；月下老人，掌管婚姻感情之事，還有其他大大小小神明，一共有六十六尊。值得注意的是池頭夫人，背景是漳泉械鬥之時，相傳龍山寺舉行大典，漳州人趁機在典禮結束後攻打泉州人。正巧有一位孕婦在龍山寺池邊休息，立刻呼喊警告，漳州人殺死了這名孕婦。後來泉州人盛大地厚葬這名孕婦，並尊稱她為池頭夫人，於是池頭夫人就成了婦女安產時所祭拜的對象。

龍山寺的建築經歷數次整修，至今仍保留了傳統建築的

特色，八卦形的窗戶，石雕竹節，表現出吉祥與歲歲平安，還有臺灣唯一使用銅鑄造的龍柱，書卷設計的臺階、交趾陶的龍虎堵、螺旋式藻井，當中還有一些書法、詩句，更增添古色古香。每當心中沮喪或是迷茫無解之時，總是會去龍山寺去拜拜，求得心靈的平靜，於是我又有了重新出發的動力，幸好大慈大悲的菩薩從來不會嫌我臨時抱佛腳。現在的龍山寺出現了傳統與現代的融合。如：寺廟大門的跑馬燈顯示「歡迎光臨」、「阿彌陀佛」，還有抽號碼牌點光明燈、安太歲，但是從香火繚繞，旅人香客穿梭如織之情形，還是可以看出龍山寺在萬華人心中的地位。附上個人所寫的一首小詩，〈觀音〉。

眾生在無邊無際的苦海載浮載沈，
莊嚴神聖的你，
手持楊柳含露，腳踏五彩祥雲。
慈悲地說：苦海無涯，回頭是岸。

在熙攘人群之中，
有時我見你提著魚籃，有時捧著一盅清水。
我問觀音：為何你救了人，人們又跳入罪惡裡？
觀音低眉不語，
似乎在傾聽著，蒼生的乞求，
輕揮手中的柳枝，
灑下的甘露化為一場細雨，滋潤乾涸的土地。

㈡穀鳥軒

　　第一次聽到穀鳥軒這個老建築，是在電視上看到的，但當時覺得非常新鮮。報導說這棟建築的歷史大約有百年，主體是仿法國，雕花非常精細，而且受到巴洛克風格的影響，中西兩種風格竟同時存在這建築之中，而且最有趣的是歷任屋主都姓高，第一任屋主高得旺，當時售出的條件是這棟屋子有著高氏家徽，因此只賣給姓高的。第二任屋主高成，買下這棟房子，交給兒子媳婦，經過整修重建，改為簡餐店，命名為「穀鳥軒」，同建築之名。

　　其實變遷的不光只是穀鳥軒，記得小時候龍山寺附近曾有一家麥當勞，家人還曾經在那裡舉辦過生日派對，可惜據說是因為常客通常都是老人，點一杯飲料坐上一天，因此很早就結束營業了。龍山寺周邊還有很多傳統的老街，像西昌街的青草巷，西園路一段附近的佛具街，華西街觀光夜市，以現場殺蛇、弄蛇最為著名，許多店門口還放著許許多多的

龍山寺正門

龍山寺寺景之一

瓶瓶罐罐，裡面可以看到死去的各式各樣的蛇浸泡在不知名的液體，當有人在吆喝，一群人圍觀時，便是表演開始，小時候經過總是頭低低，不敢左右張望，緊緊牽著大人的手，快步向前，這項表演在大家保育意識抬頭後，便已成了絕響，但華西街夜市的人潮似乎也逐漸沒落，大不如前。

(三)西門紅樓

　　一走進紅樓，就可以看見復古的小學黑板設計，上面寫著簡介：「西門紅樓建於西元一九〇八年，由日本近藤十郎所設計，為日治初期第一座公有市場，因外型採八卦構造，故俗稱八角樓。八角樓有上下二層，初期二樓為日常用品販售區，一樓則是古董舊書的出售，是當時繁榮的重要據點。八角樓歷經了會場展示及說書的年代，之後更為電影觀賞的首善之地，是許多長年駐守於西門町的老居民兒時的夢。」

　　現在的紅樓已經不再是當初的日貨市集，也不是受到電影院衝擊殘舊的老戲院，而是將展覽、餐飲和表演三者合為一體的新紅樓。紅樓前的廣場還有表演剪紙的街頭藝人，流動咖啡車，還有跳蚤市場，欣欣向榮的景象顯示傳統與現代的並存，是可以圓融無礙的。附近的西門町重新規劃徒步區，晚上的電影街人來人

西門紅樓

往，是青少年最愛的場所。

(四)青年公園

青年公園是所有萬華區居民最好的休閒場所，也是我個人最美好的記憶環節。青年公園自民國六十六年啓用，不但有籃球場、棒球場、網球場、溜冰場、高爾夫球場，還有游泳池，室外音樂廣場等等，佔地24.44公頃，在大安森林公園出現之前，青年公園曾經是臺北市第一大公園。國小的時候還曾經在音樂廣場看偶像林強現場演唱，去游泳池練習游泳，國中時還爲了搶籃框早上五點半就去佔位子。

翻開童年的相簿，赫然發現有非常非常多的相片都是爸媽趁著假日帶我們出外踏青。有時一起去青年公園的空地上打羽球，技術不好的我，往往把羽球打得高高，落在樹梢，然後使勁地搖樹幹，卻怎樣也撼不動，最後到樹下休息，過一會兒涼風一吹，羽球便輕輕巧巧地降落，有時練習溜冰，從扶著欄杆到奔跑自如，這些點點滴滴都在我成長之中。

青年公園

青年公園內草坪

雖然公園的名稱是「青年公園」，但由於社區人口逐漸外移，更多時候看到的是老人。每天早晨可以看到一群群的常青族，一邊在練氣功、打太極拳，另一邊放著音樂在跳標準舞或土風舞，中間靠近涼亭的地方有流動式的卡拉OK，不論是日本演歌，還是臺語、國語的懷念老歌，三首五十元，便可放聲高歌，旁邊還有聽眾會幫你拍手，由此可見，青年公園可以說是存在於臺北市的一小片樂土。

三、結語

　　萬華地區儘管發展得早，但在今天的臺北市並不特別繁榮，既不燈紅酒綠，也不歌舞昇平，甚至還給予人落後或情色的印象，但是它沒有大都市特有的冷漠與疏離，它依舊保有傳統的色彩、濃厚的人情味，不光只是我所介紹的這幾處地方，有機會來這裡走走，相信你一定能感受到。

板橋人文采風錄㈠

文大中研所碩一　**許紘賓**

緣起

　　一次偶然的際遇，在研究所的中國文學史課程中，奉教授敕命以「地方采風錄」為主題，題材範圍型式不拘，而負笈北上，求學在外的我，有幸應友人之邀遊覽板橋之地方古蹟名勝，興致所及，將當日參訪見聞，佐以地方參考文獻，作成小品二則。

一、林家花園

　　「林家花園」，原名「林本源園邸」，建於清光緒十四年（1888），至十九年（1893）始告竣工，現址在板橋市西門街9號。

　　主要建築採傳統宅院形式，並及園林變化特色，亭臺樓閣錯落其間，林蔭點綴，五步一樓，十步一閣，翠宇重巒，森羅縝密，看似曲折迂迴，卻又井然分明，無論是細部結構、器物彩繪，用色勻稱，細緻生動，繁樹佳木時而掩映、

時而交輝，生意盎然，頗富意趣。

　　從清末步入現代，歷經數十寒暑，園邸雖經多次修葺，但大體上能保有古樸風貌，不失本真，好似經年美酒越陳越香，歷古彌新，是當地人無一不曉，膾炙人口的知名觀光旅遊景點，若有幸造訪板橋，不妨到林家花園一遊，定當獲益良多，不虛此行。

林家花園

林家花園內之水塘

二、大觀書社

　　書院在臺的發源甚早，據《臺灣通史》記載：「清人得臺之後，康熙二十二年，知府蔣毓英使設社學二所於東安坊，以教童蒙，亦曰義塾，其後各縣增設。二十三年，新建臺、鳳兩縣儒學。翌年，巡道周昌，知府蔣毓英就文廟故址，擴而大之，旁置府學，由省派駐教授一員，以理學務。」

　　臺北縣政府發行的《臺北廳誌》亦有說明：「康熙二十四年（1685）在臺灣興辦儒學、設立書院，而各縣亦交相仿傚，教化亦逐漸興盛。」可知書院在當時即肩負著穩定社稷，教育化成的重要任務。

　　福建之漳、泉二州人移居臺灣之時，因民族的歧異、社會環境、文化背景的不同，間有嫌隙，感於不合，輒往往械

　大觀書社

鬥，而以咸豐三年至咸豐九年之間，板橋漳州、泉州人之械鬥事件最為劇烈，騷擾民眾甚鉅，妨害地方安寧。

　　為弭平暴戾之氣，維護地方安定詳和，於是林家兄弟（維源、維讓）出資設立「大觀書社」並將其妹妻以泉州人領袖（莊正），希望藉以化解彼此的嫌隙與仇恨，又供應食宿，以詩文會友，希冀透過教育的力量來促進地方的和諧，此後，漳、泉二族化干戈為玉帛，「大觀書社」也成為了文化貢獻與教育起源的發源地。

　　「大觀書社」，現址在板橋市黃石里西門街5號。外觀莊嚴靜穆，結構井然有致，狀似燕尾的屋宇兩簷，牌匾雋刻巧麗，樑棟雕工精細、華麗卻不失樸質，讓人不禁感受到一股人文與藝術的氣息，恍若當年設教興學，化民移俗的景況又重現於遊客眼前。

　　「大觀書社」主祀文昌帝君，民國五十二年後又增祀孔

文昌帝君祠

子，每逢考季爲趕考學子安定身心、心靈寄託的朝聖之處，此外，也是臺北縣舉行祭孔大典的重要場所，文風鼎盛，蘊含著濃厚的書香氣息。

「興學育才，以教學爲先。學所以明人倫，上明人倫，下親小民，堯舜之治，不外乎此。」爲我國傳統以來，自古所秉持的辦學理念與教育精神，在當今教育向下沉淪的時代，期冀爲政者能振聾發聵，爲疲蔽不振的教育風氣注入一股清流，以收除弊革新之效。

板橋人文采風錄(二)

台師大國研所碩二　**方學文**

　　獨自佇立於板橋街頭，放眼所及盡是熙來攘往的人潮與川流不息的車陣。板橋，早已成為臺北縣居民最豐、經濟交通儼然躍居樞紐地位的重要城市。望著街道兩旁林立的商家以及課後三五成群的學生笑顏，我不禁讚嘆板橋這個昔日文風、商意如日中天的小型社堡，今日確實發展出極為驚人的成果。然而，在新大樓、商城與招牌的五彩光影中，「板橋」並未失去舊日風情。雖然昔日的溪流與板橋，我僅能憑記憶臨悼，但林家故跡、大觀義學、居民精神寄託的廟宇在經歷歲月的洗禮後，即使留下了風霜刻蝕的痕跡，依舊偉然矗立、不減風神。在這些老建築外，今人開始對這塊生民養民的土地建立起感情，詩作與歌謠開始一一創作，不但記錄了板橋的風土民情，更流露出居民對這塊土地的愛意與關懷。或許星移斗轉，即便物換事滄，土地對於民眾的包容與接納是永遠不變的。對於這塊土地，我不禁提筆而作，以時間為線索，先談及板橋古城昔日風華，次論及現今所能看見的建築遺跡，最後則呈現板橋的今日風情。期待能以此文，略採板橋風華。

一、板橋的開發

　　位居淡水河最大支流——大漢溪的入口處，板橋早有人跡，只是涉足其間的民眾以及當時的稱呼均與今日不同。板橋原是原住民凱達格蘭族武朥灣社與擺接社的社地，康熙年間板橋被劃歸為諸羅縣，郁永河《裨海紀遊》中稱此地為「擺折社」；康熙五十六年，陳夢林《諸羅縣志》又改為「擺接社」。雍乾年間漢人開始到來，漳州人氏林成祖、徐天行、楊發等人在此築圳以開發土地，並大量栽種稻穀等農產品，數年間便使此處躍居臺北地區開發之冠。當時為了便捷與新莊地區的交通往來，便在崁仔腳（今板橋接雲寺北邊）的公館溝上架了座木板橋，而閩南語中「木板」即是「枋」，於是民間開始有了「枋橋」的稱呼。又因為當時擺接地區的開墾多為林成祖的功勞，因此他也成為當時本地最有名望之人。

　　嘉慶年間臺灣行政區改為二府制，因此原隸屬於諸羅縣淡水廳內的擺接堡此時又改隸於臺北府淡水廳轄區內。道光二十七年（1847），漳州人氏林平侯二子國華、國芳在枋橋建「弼益館」為收租之用，數年後更舉家遷來，此後板橋的開發便與林氏一族的發展息息相關，板橋的發展也從此展開新頁。光緒元年，欽差大臣沈葆楨裁撤淡水廳而改置臺北府，因此板橋地區當時全名應為「臺北府淡水縣擺接堡」。光緒二十一年（1895，明治二十八年），清廷因甲午戰爭戰敗與日本簽訂馬關條約，將臺澎割與日本，日本當局旋即規劃行攻區域，將臺北府改為臺北縣。明治三十四年，日本政

臺灣人文采風錄

府廢除縣制，將全臺分爲二十廳，其中臺北廳下設「枋橋支廳」即今日之板橋。光復後，稱爲臺北縣海山區板橋鎮。民國三十六年臺北縣政府遷至本地，民國六十年人口已超過十萬人，於次年升格爲市，正式稱爲板橋市。

由此看來，「板橋」有著漫長且複雜的發展歷史，而這一幕幕歷史發展的吉光片羽，正是今日板橋所以人文薈萃的重要因素。如今，板橋不僅有著傲人的經濟發展，同時更保留著當時先民發展此處的點點滴滴。藉由這些豐富的人文風情，「板橋」有著今日融合著傳統與潮流的容貌。在我看來，板橋不只是老城，更是有著全新發展的重要都市。

二、林家花園

步行至板橋昔日的北門附近，有片 古拙磚牆所包圍保護的園地。引頸跂立，我們可以看見園中有著橫枝老樹、秀麗樓臺、雕樑大厝、小橋流水與天井繞廊。走近大門，門口有著各國遊客選景拍照、笑語談天，讓我有些疑

↳ 林家花園內拱橋

惑此處是否已然成爲重要觀光景點，這正是與板橋發展關係最爲密切的林家昔日宅第。

捻林家花園大厝之一景

林本源家族源於漳州。林平侯以白米運銷與賣鹽成爲巨富，道光二十四年（1844）林平侯去世後，其家業由五個兒子繼承，「林本源」這個家號從此使用。道光二十七年（1847）林國華、國芳在此建「弼益館」爲收租之用，開始了林家對板橋的經營。而後林家建造「三落大厝」作爲居所，並逐漸擴增成爲「五落大厝」，其規模佔當時枋橋城的四分之一，儼然成爲枋橋城中城中城。因此，看著今日林家花園的規模建制，我們彷彿見證了板橋發展的縮影，同時也親臨一場建築藝術的盛宴。

走訪其間，園中的南面以私人空間之屋閣爲主，汲古書屋、來青閣、方鑑齋、開軒一笑亭位列其間；而北面以公共空間之樓房與花園池景爲主，觀稼樓、月波水榭、榕陰大池置身其中。中間以拱橋區隔，讓人不禁讚嘆中國園林的精道之處。園內東側有片寧靜的角落，那原本應是昔日兒童嬉遊的空間，今日被規劃爲遊客品茶談天的所在。啜飲淡淡茶香，望著遊客三五成群涉足園中，林家的興盛發展就在建築的一廊一景中清楚呈現，我彷彿化身爲當時立足其間的賓客，見證了林家在板橋的成長過程。而板橋的興盛繁榮正是在林家發展的同時，逐漸紮穩根基發展而成的。

三、大觀義學

步出林家花園，隨意漫步，就隔著一條小小的公館街，有棟終日開放，且不時傳來兒童讀書、笑語聲的建築，這棟今日被稱爲「大觀幼稚園」的園地，正是昔日板橋老城最爲重要的文教機構——大觀義學。

☞大觀義學

有清一代臺灣的教育機構可分爲：儒學、書院、私塾與義學。「儒學」是地方官員所辦的學校，大都蓋於地方文廟。「書院」是介於官學與私學間的教育系統；「私塾」則是民間私學，多由教師在自宅設立。而「義學」則是專爲窮苦家庭實施啓蒙教育的場所。根據《清史》記載，康熙五十二年禮部曾提出：「各府省州縣庄多設義學，延請名師，聚集孤寒生童，勵志讀書。」義學既爲地方基本教育，幫助貧寒

☞大觀私塾中孔子像

子弟又不收費用，地方士紳因而極爲重視。藍鼎元於〈與吳觀察論治臺灣事宜書〉中便提及：「延內地名宿文行素著者爲之師，講明父子君臣長幼之道、身心性命之理，使知孝弟忠信，即可以造於聖賢。爲文章必本經史古文先輩大家，無取平庸軟靡之習。……設義學，凡有志讀書者皆入焉。學行進益者，升之書院爲上舍生。則觀感興奮，人文必日盛。」從此義學遍及全島，根據《臺灣省通志稿》論及當時民間義學：「以規模及設備之完整著稱，而成績可觀者，當推淡水廳下芝蘭一堡文昌祠，及枋橋街之大觀義學。」

「大觀義學」原名「大觀書社」。同治二年（1863）時林家三子林國華的兩名兒子 平息當時族群嚴重之對立，同時促進地方文藝創作，因此二人出資，徐士芳捐地，以漳州人所開墾之大屯山與泉州人所開墾之觀音山各取一字爲名，因此設立此「大觀書社」。平日便邀請地方文人共聚一堂，吟詩作對、賞花品茗。而後於同治十二年（1873）將書社擴大，同時更名爲「大觀義學」，讓漳、泉兩地的子弟均能同堂讀書，對消弭長期以來的漳泉衝突以及增進地方文教有著無可抹滅的重要貢獻。

民國七十四年，「大觀書社」被內政部評定爲臺閩地區三級古蹟，但今日能了解其發展緣由者確實無多。今

臺灣人文采風錄

大觀義學正廳

日拜訪，書社正堂供奉文昌神像，爲板橋區歷史最爲悠久的文昌廟，因此來往參拜的信眾是今日蒞臨的主要人潮。書社兩旁已改建爲幼稚園教室，在歷經文人雅士的書香詩文後，能再次作爲板橋地方小小兒童啓蒙之所，能沐浴在呀呀稚語的朗讀聲中，又何嘗不是老建築的新生命。

四、慈惠宮

宗教自古以來便是民眾心靈的重要慰藉。若我們暫時模擬情境，自比爲昔年由漳泉兩地遷移至板橋的民眾，將會發現：一方面面對渡海的艱辛、一方面身處異地思念原鄉，再加上地方紛爭不斷極需心靈的安定，因此，廟宇便成爲地方民眾祈求平安，進而獲取心靈慰藉的重要支柱。告別大觀書社，沿著公館街信步行至府中路，在黃石市場對面，有間廟宇無論何時總是信眾雲集、門庭若市，若到傳統重大節日更是往往需要封街因應，那正是建廟已達一百五十一年的「慈惠宮」。

相傳清咸豐年間，一名恭請天上聖母金身來臺雲遊的和尚，行至擺接堡枋橋庄時，應當地士紳懇求，便建一小廟奉安聖駕，這正是慈惠宮之創建。而後香火逐漸興旺，原有廟堂已

慈惠宮正廳

久遠失修且過於狹小，因此於同治十二年（1873）由當時首富林家召集信眾重修。時至今日，廟址歷經多次增修，已成爲板橋地區信眾朝拜極爲踴躍的廟宇。身立其間，化身爲眾多參拜者之一，焚香祝禱，在氤氳香火中，滿殿神祇彷彿向我訴說著他們昔日所目睹的板橋發展。而主殿上聖妃的慈目仍舊看照著板橋地區的居民，常願此地昌隆發展、民安康健。

五、今日的板橋

離開早年所謂的板橋前站區往後站前進，整體建築風格有著明顯改變。這裡的建築物新興高大，而人潮也逐漸增加，這是今日板橋最爲活躍的一帶，也說明了板橋一直未曾在臺灣發展的舞臺上失去光芒。回憶著早期民眾朗朗上口的臺灣民謠「板橋查某」，這首歌便是紀錄下臺灣發展過程中，在板橋老車站的所見所聞以及地方風情。今天這座老車站早已在都市發展中拆遷無蹤，但輕快的旋律卻未曾消失，甚至成爲板橋地區許多學校合唱團的必唱曲目，這說明了板橋的文化並未在發展中消失，相反的，傳統的板橋風情正如這首膾炙人口的歌謠一般，仍然留存在當地民眾的心中、口中。

臺灣人文采風錄

板橋查某　　林福裕曲
　　　　火車火車嘟吱吱叫　　五點十分就到板橋
　　　　板橋查某嘟美與笑　　轉來去賣某嘟來給伊招　　啊來
給伊招
　　　　板橋～～板橋～～板橋～～板橋～～
　　　　板橋查某嘟美與笑
　　　　轉來去賣某　　嘟　　來給伊招　　啊來給伊招

　　板橋已逐漸形塑出其獨特的文化。在不斷現代化發展的
過程中，其經濟地位與交通樞紐不言可喻，而日漸興起的高
樓大廈呈現出板橋的流行風潮。板橋並未失去其文化涵養：
每年舉行的板橋文化季永遠有各類團體與學生參與演出；
435藝文特區位板橋居民找到了文化空間。在現代化的腳步
中板橋也未失去其根本：大觀書院每年的祭孔典禮、年節其
間的文化大街、廟宇的祭拜香火仍然定期於板橋這塊空間中
上演。板橋仍然有這強烈的生命力與鄉土味道，人來人往的
夜市街頭、車水馬龍的道路街道。在豐富的人文色彩中，板
橋，是不斷創新、不斷發展的可愛城市，更是能讓人們覽古
鑑今的獨特城市。

萬華人文采風錄

一、前言

　　萬華是臺北最具歷史感的區域，最著名的古蹟是建於清乾隆年間龍山寺，以及清水巖祖師廟，對當時艋舺的發展有極為關鍵性的影響。目前被指定保存為古蹟的有六處，為艋舺龍山寺、艋舺清水巖、艋舺地藏庵、艋舺青山宮、學海書院、西門紅樓。此次的人文采風錄重點，將介紹艋舺龍山寺、艋舺清水巖、艋舺地藏庵、艋舺青山宮、西門町以及西門紅樓。

㈠艋舺龍山寺

　　龍山寺在創建前，曾有一段神話故事。傳說在雍正年間有一名至艋舺討生活的泉州船員，在行船途中，於萬華一空地上小憩，其將香火袋掛在一旁的樹林，至夜間竹林中發出火光，地方人士前往探查，發現袋上繡著「龍山寺觀音菩薩」等字樣，因此往後民眾每有所求，便前往該地膜拜祈求，因有求必應，使當地居民對觀音菩薩的信仰越虔誠。至

臺灣人文采風錄

乾隆二年，艋舺經濟穩定發展，萬華地方的仕紳商討後決定建觀音菩薩寺於萬華，並且定名爲「龍山寺」，於乾隆五年建寺完工。

龍山寺本是爲觀音佛祖而建的寺廟，但因「泉郊」人士亦奉媽祖、文昌帝君、關帝，使得龍山寺不再是單純佛寺，而成爲混合民間信仰的萬華信仰中心。

民國46年，劉克明所著之《艋舺龍山寺全誌》中，對龍山寺創建的過程作了以下記載：

　　　　本寺所在之住民，其先祖概爲福建省泉州府晉江、南安。惠安三縣人士。自今二百餘年前移來者也。此等移住者及附近各堡三縣下人民爲祈航海安寧。及事業發展。兼以慰安精神起見。乃奉素所信仰之泉州府晉江縣安海鄉龍山寺之觀音菩薩分靈。來於斯地建寺奉祀。而寺名亦稱龍山寺焉。

　　　　建築爲清乾隆戊午三年五月十八日興工。同五年二月八日告成。當時之建築發起人代表兼專務董事爲黃典膜氏。計費二萬餘元。此金員係前術之三縣人所獻者也。

　　　　本寺初雖奉祀觀音菩薩所建。而泉郊之人氏亦爲奉祀天后、五文昌、關帝之故。單獨出資於本殿後方增加建築。但嗣後北郊人氏亦

龍山寺前廣場

來參加。共維持此寺。

　　這段記載，讓我們對龍山寺的創建以及時代的變遷有了比較清楚的了解。龍山寺在長達二百六十多年的歲月裡已經經過多次的翻修與興建，使得龍山寺的規模逐次擴大。其中，民國九年的修建規模是最大的，今日我們所見的龍山寺大致規模，就是在此次重建中完成的。

　　龍山寺的建築藝術相當的精緻華美，據寺方提供的資料：「龍山寺於民國四十年被指定為二級古蹟，是臺灣十分重要的古蹟文化資產，今日所見的龍山寺總面積一千八百餘坪，平面呈現日字型，為中國古典之三進四合院傳統宮殿建築，計由前殿、正殿、後殿及左右護龍構成，前殿為十一開間，分為三川殿、龍門廳、虎門廳，屋頂採歇山單簷式，各自獨立，三川殿內有銅鑄蟠龍檐柱一對，為全臺灣僅見，正面牆堵由花崗石與青斗石混合雕鑿組構而成，圖象生動造型柔美，故事多出自《三國演義》和《封神榜》，並加以中國吉祥圖案裝飾，美不勝收，龍虎廳各三開間，表現石雕雕琢各種藝術，舉凡線雕、透雕、浮雕、陰雕、淺浮雕等作品，比比皆是，正殿屋頂採歇山重簷式，四面走馬廊，共用四十二根柱子構成，殿外牆堵留有多幅著名書法石刻，殿內屋頂螺旋藻井全以斗拱築構而成，不費一釘一鐵；神龕雕工精細富麗堂皇，後殿屋頂為歇山重簷，兩翼為硬山單簷，屋脊福祿壽泥塑剪粘，為典型儒、道教諸神供奉之處，左右護龍屋頂為硬山單簷，左配有鐘樓，右配有鼓樓，右配有鼓樓代表晨鐘暮鼓，鐘鼓樓屋頂採攢尖盔頂式，呈扁六角形，造

型獨特。全寺屋頂脊帶和飛簷由龍、鳳、麒麟等吉祥動物造型，裝飾以彩色玻璃瓷片剪粘和交趾陶，色彩瑰麗，堪稱臺灣特有剪粘藝術之精華。」

　　龍山寺的香火鼎盛，除了一般在地人，還有從外縣市來的香客，以及外國觀光客，以日本觀光客為多數。不論是假日還是平常一般時間，龍山寺總是有源源不絕的香客及觀光客前來造訪。龍山寺因為擴建的關係，使其腹地比其他創建年代相近的寺廟還大上許多，也因地利之便，捷運龍山寺站就在附近，使龍山寺成為目前萬華地方香火最鼎盛的寺廟。

　　每年考季前夕，許多考生都會前來龍山寺參拜文昌帝君，祈求高中。供桌上除了一般的供品，如水果牲禮外，還能看到蘿蔔，取其臺語諧音「菜頭」，希望能有個「好采頭」，來增加考運。龍山寺的解籤處，常常有大排長龍的信徒在等待解籤。

　　龍山寺對於萬華的發展有極為關鍵性的影響，如廣州街、西園路的發展，大都源自於龍山寺的興建，這一帶建築物多半老舊，大部分樓層數都不高。這一帶，無論是假日或平常，總是會聚集許多年長的男士在這裡下棋、聊天，或是在廣州街附近擺攤賣商品，廣州街從發展起初，就是一條商店街，到了晚上這邊會聚集許多攤販，這邊也是萬華最知名的「廣州街夜市」，所賣的東西種

供奉觀音菩薩的正殿

類相當多；而龍山寺旁的西昌街，到了夜晚也成了夜市，龍山寺一帶的經濟活動大都是由龍山寺的建立而聚集發展出來的。這一帶的發展不管經歷多少時空上的變遷，在每一個老萬華人的心中，都有一份特殊的回憶與感情。

(二)艋舺清水巖祖師廟

清水巖祖師廟，始建於清乾隆五十二年，至乾隆五十五年落成，祀奉清水祖師陳昭應。廟方所奉供的神靈是從原籍湖內鄉清水本巖分靈而來，當時神像共有七尊。嘉慶二十二年，為暴風雨所毀，而又復重修。咸豐三年「頂下郊拚」毀於戰火，同治六年重建。其後屢經翻修，迄今大體能保持重建原貌。祖師廟原來格局完整，後殿供奉媽祖，現共有兩殿，前為三川殿，中為正殿，後殿曾毀於火災，迄今未建。

清水巖祖師廟在日治時期曾充為學校，後來曾設立州立二中，即今成功中學前身，在教育史上亦有重大意義，近年廟內正進行整修，以保存維護這座深富歷史價值之古蹟。

由最外側的牌樓走進廟前廣場，廟埕的兩側是一間間的小店家，有小吃以及修理皮鞋等，店家皆是一層樓的老舊建築物，不難看出以往香火鼎盛的風光模樣，所以此地才會聚集了不少像小吃和修理皮鞋等民生需求的商店。據廟方表示，今日廟前的店家，是從第二次世界大

↳廟前廣場

戰後，才慢慢形成今日之模樣。大戰時期，附近一帶的居民為躲避戰禍，都前來祖師廟前的廣場避難，祈求祖師保佑平安，從一開始的小攤子營生，到後來搭建鐵皮屋頂，店家的建築越蓋是越堅固，這些店家使用的土地大多為廟方所有，每月交地租給廟方。這些住戶在祖師廟外圍落地生根，不願搬遷出去，竟也形成今日祖師廟一帶的特殊景觀。

清水巖祖師廟一年有三大節慶，這三個節日是最多信眾前來參拜，一為農曆一月六日祖師誕辰，二為農曆五月六日祖師成道日，三為中元普渡。除了這三個節日之外，其他時間來參拜的人數皆不多。

時至今日來此參拜的信眾人數已經大不如前，筆者前往參訪的時間為星期六下午，但祖師廟裡，除了祖師廟的寺廟管理者外，僅筆者一行人，或許是因龍山寺腹地之擴建，使香客都轉往龍山寺參拜；又或萬華舊市街之沒落，使人口外流，以至今日清水巖祖師廟的香火不興。

值得一提，在清水巖祖師廟對面的長沙路上，有一棟由萬華區公所所設置的「萬華區史展示中心」，裡面不少展品是由當地老艋舺人提供的人文史料，有書面資料，也有器物，如昔日生活中常見的圓型木製大飯桌、舊式電視機、舊式腳踏車、木製玻璃櫥窗、老雜貨店裡的磅秤、喊玲瓏的攤子、縫紉機、手撥式電話、家族的結婚證書、阿嬤的衣櫃嫁妝等等，展出的文器物非常豐富。

(三)艋舺地藏庵

艋舺地藏庵，又稱地藏王廟，廟創建於乾隆二十五年，

道光十八年又復重修。迄今仍保持清代中葉單殿式寺廟建築之風格，廟旁有大眾廟一座，亦為乾隆二十五年所建，兩廟歷史有密切關係。

🔍艋舺地藏王廟

艋舺地藏庵屬於三級國家古蹟，腹地不大，為單殿式的寺廟建築，供奉地藏王菩薩。地藏庵的右側建有大眾廟，大眾廟中所供奉的是萬華地區孤魂野鬼的神位。

地藏庵對面正是當地人口中的「青草巷」，青草巷可以互通龍山寺以及地藏庵，

🔍青草巷路口店家

「青草巷」是當地特殊的市景，也是萬華早期發展出來的一種行業，最早是以人力車沿街叫賣，後來因為龍山寺附近商業活動繁榮，賣草藥的小販才開始聚集在龍山寺旁的小巷營生。走入巷中，可聞到一股藥草的氣味。「青草巷」的發展，始於萬華早期的開墾環境衛生不佳、醫療設備不足，當時疾病大為流行，而傳統草藥也成為當時醫治流行疾病的主要藥材。到了今日，萬華地區傳統商業活動雖然大多早已沒

落了，但青草店仍算是蓬勃發展的行業。

㈣艋舺青山宮

現存之青山宮外貌是建於日據時期，二殿二廊的設計，後殿為三層樓的建築，為政府指定的二級古蹟。一年一度的

青山王遶境，是艋舺地區最熱鬧的盛事，但是平時到青山宮參拜的人並不多。

青山宮俗稱青山王宮或是青山王館，於咸豐六年創建，主祀神為靈山尊王，俗稱青山王。青山宮於清代至日據時代，在萬華地區都是相當重要的廟宇。但因龍山寺地處交通要道，又有捷運站通過，使香客與觀光客大多改往龍山寺參觀祭拜，以至今日青山宮香火漸衰，目前只有兩項祭祀活動較具規模，一是拜斗，二是靈安尊王的誕辰。

艋舺青山宮位於昔日番薯市之中，番薯市為北部地區的發祥地，可想而知當時青山宮香火之鼎盛。因為地理位置的關係，青山宮與龍山寺、祖師廟在萬華地區成為三足鼎立的關係，並為艋舺三大寺廟。但今日僅剩龍山寺依舊香火不絕，青山宮和祖師廟已很難再見往日之興盛場面。

㈤西門紅樓與西門町

⚓艋舺青山宮

據紅樓所提供的資料：「西門紅樓，於2007年11月起由臺北市文化局以及財團法人臺北市文化基金會共同試辦營運。希望以『市集平臺』的概念，從歷史的窗口、創意的交流，加以整合萬華西門區域文化資源，推廣國際旅客的觀光劇場藝術，讓古蹟空間能活化使用重新再出發。」可知，在經由政府的協助下，紅樓的發展更多元化了，讓古蹟與藝術文化相互結合，讓紅樓以全新的型態再出發。

紅樓原本是日本人在臺灣興建的第一座官方公營市場，也是今天全島所保存下來最完整的三級古蹟的市場建築物，由日人近藤十郎設計。「十字型」主體和「八角型」出入口是紅樓的建築特色，也就是今日俗稱的十字樓和八角樓，再加上前後的兩面廣場統稱為「西門紅樓」。

在日治時期，紅樓的功能是市場，所販賣的商品都是當時的高檔民生百貨，最初是建來為日本人提供日常所需的。到了今日，已成為西門町最熱門的觀光景點，而紅樓的重新營運、開放民眾進去參觀，吸引了不少外國觀光客前來造訪。紅樓劇場內常有藝術單位進駐，二樓的劇場則承租給民間的藝術團體，不定期有藝文活動演出。因為紅樓所在位置極佳，自開放以來已累積不少參訪人數，快速成為熱門的觀光景點。

日治時期，西門町最初的設計是為了提供

△西門紅樓

日本人生活娛樂的，所以這一帶所販售的商品都是當時最流行、最新鮮的。雖然西門町經過日治時期、民國時期，一直到今日，西門町的商業活動仍是非常興盛的，所有時下最流行的資訊跟物件，在這裡都可以獲得。今日的西門町，仍是年輕人最喜歡去的地方。

西門町商圈進駐不少百貨公司，以萬年商業大樓歷史最爲悠久。以萬年商業大樓爲例，包含地下樓層爲美食街，一樓至四樓爲百貨業，五樓爲湯姆熊歡樂世界，還有冰宮、MTV，以及撞球場。全是年輕人最喜歡的流行娛樂，萬年大樓也是許多人學生時代必去之地，可以算是西門町地標之一。西門町所規畫出來的行人徒步區，讓民眾可以不必擔心來往車潮，西門町商圈比較特殊的娛樂消費還有紋身藝術大街、電影街等等。假日的西門徒步區，常有街頭藝術表演，不時會有偶像明星在此辦活動。假日的西門町商圈人聲鼎沸、熱鬧非凡。

萬華曾因地利之便，經由河運發展商業活動，而成爲臺北早期最繁華的地區，此地蘊含了非常豐富的人文古蹟。隨著淡水河的河道淤積，以及河運的沒落，加上產業的更替，使都市發展東移，在這樣的時空變遷下，艋舺逐漸沒落，成爲老舊社區。而區內的西門町，不管是在哪個時空下，都聚集了全臺灣最流行的事物。最新奇和最古老的事物，都在此聚集交錯，呈現最多樣的文化面貌。

另一方面，因爲萬華在臺灣北部的開墾發展史上，相較於其他地區算是年代很久遠的，所以在建築景觀上的一大特色爲多古蹟，如龍山寺、祖師廟、青山宮及學海書院等。龍

山寺、青山宮、學海書院等國家古蹟，在創建的起初，都是
由郊商推動的，郊商在清代的萬華具有政治、經濟功能，他
們不僅能操控物價，還能仲裁糾紛，可說是民生經濟都掌握
在郊商手中；具有宗教功能，郊商團體大多是艋舺寺廟的主
要祭祀團體，如龍山寺的創建董事黃典謨也是當時的郊商；
具有文化功能，學海書院的建立就與郊商有大的關係；具有
社會功能，艋舺最早的社會福利機構育嬰堂，就是在郊商的
協助下才得以維持。對於萬華的發展，郊商具有功不可沒的
地位，對社會的影響極大。

北投人文采風錄

台師大國研所博一　**簡彥姈**

一、前言

　　當有人問我是哪裡人時，我會毫不遲疑地回答：「北投人！」這無關乎省籍情結或族群意識，畢竟對一個在北投居住將近三十年的人而言，說自己是北投人，是多麼理所當然的一件事！雖然我不在這裡出生，但父母為了工作需要遷來定居，我從念幼稚園起，小學、國中都在北投度過；後來到市區讀高中，仍住在家裡；大學四年，上陽明山中國文化大學讀書；畢業後，在出版社任職多年，直到重返校園求學至今，除了到外地出差、旅遊之外，我似乎不曾真正離開過北投，因此，雖然稱不上是道地的北投人，起碼可算是一個北投的在地人！

　　這次，邱老師提議要大家寫一篇「臺灣人文采風錄」的文章，以前文大碩士班同學蘇心一知道我是北投人，於是建議我做有關北投地區的采風錄；身為一個北投人，能運用文字和鏡頭，記錄自己所熟悉、所熱愛的鄉土，對我來說，格

外有意義！儘管資質愚鈍，仍舊勉力為之，但願不致辜負老師的苦心、心一的美意，及我的居住地——北投。

　　北投，這溫泉地熱、氤氳瀰漫的所在，相傳是盛產女巫的山陵，因此平埔族凱達格蘭人稱之為「Pataauw」，即「女巫」之意。在那遠遠的山頭上，早已開始硫磺礦的交易，從西班牙人、荷蘭人到清‧康熙年間的郁永河，這項製造火藥的原料，成為當地居民獲益的重要資源；汩汩湧出的溫熱泉源，被崇尚泡湯的日本人發現以後，公共浴場、溫泉旅館、「那卡西」音樂文化……，燈紅酒綠，笙歌宴舞，使溫泉之鄉一度染上溫柔鄉的脂粉習氣；自廢娼以來，北投地區日漸沒落，直到一九九○年代中期，隨著都市更新計畫、商業區的擴展，以及國人休閒品質的提升……，北投終於洗盡鉛華，重新再出發——今日的溫泉新故鄉，少了昔時紙醉金迷的奢華，增添幾許濃濃的懷舊風味。

二、數則北投人文采風錄

　　數年前，當我在編《福爾摩沙》雜誌時，曾做過「北投溫泉鄉」的系列報導，後來又一度奉總編之命，以「新北投野機車行」為題展開田野調查；時光荏苒，人事已非，如今再度提筆，唯一不變的，大概唯有那份屬於北投人的鄉土情懷吧！本文擬以「北投溫泉博物館」、「臺語片的好萊塢」、「摩托車『限時專送』」、「綠建築圖書館」，及「北投國小老樹」五則，作為此次北投人文采風錄的內容。

臺灣人文采風錄

㈠北投溫泉博物館

位於北投公園內的溫泉博物館，原爲日治時期「北投公共浴場」，一九一三年六月，臺北州廳仿日本靜岡縣伊豆山溫泉而建，是當時東亞最大的公共浴場；日本皇太子及國父孫中山先生皆曾到此一遊。光復後，由於管理單位屢次更換，而逐漸邁向傾頹、荒廢的命運。

一九九四年，北投國小師生因鄉土教學而發掘了這座塵封已久的浴場，後來經地方人士熱心奔走，終於在一九九七年二月由內政部核定公告爲第三級古蹟，並於一九九八年十月卅一日成立「北投溫泉博物館」。

春假期間，我與友人相約前往，並寫下一首〈泉鄉懷古〉，作爲參觀心得：

八投天地迸溫泉，夜夜笙歌未絕絃。
酒國群雄爭意氣，藝壇名媛 嬌妍。
尋芳問柳花安在？探祕懷幽情自憐。
洗盡鉛華何寂寞，深林雜樹空芊綿。

北投建築物之一

迎賓閣內景

(二)臺語片的好萊塢

早期的北投溫泉區旅館林立，風景優美，極富情調，儼然成為臺語片的天然攝影棚；除了旅舍的大廳、房間、玄關、前後院……，無一不可入鏡之外，還有北投公園、地熱谷等著名景點。無論是蜿蜒的巷弄、小橋流水、亭臺樓閣，可供拍攝浪漫的愛情文藝片；抑或蒼翠的林木、羊腸曲徑、岩石峻嶺，可拍攝精彩的武俠動作片……在這裡拍攝的電影不下百部，故素有「臺語片的好萊塢」之稱。

當年臺語片極盛時期，經常拍攝的景點包括：迎賓閣、華泉、碧瑤、玉川園、牡丹莊、新秀閣、鳳凰閣、新生莊、南國（現在的春天酒店）……；如《溫泉鄉的吉他》一片，就以玉川園為劇中的主要場景。至今物換星移，迎賓閣成為薇閣中學宿舍、碧瑤變成養老院、玉川園則新蓋了公寓大樓，牡丹莊也在二〇〇六年改建，僅存的新秀閣、鳳凰閣與

🎞 臺語片上演廣告

新生莊，亦不復當年模樣；唯有在臺語舊片中，才能重溫老北投的昔日風華。職是之故，我特地作〈溫柔鄉頌〉，以記其盛：

> 昔日神仙境，氤氳含醉妝。
> 碧瑤歌宛轉，鳳閣舞芬芳。
> 縹緲煙花夢，朦朧明月光。
> 腰纏數十萬，暫宿溫柔鄉。

㈢摩托車「限時專送」

摩托車「限時專送」是北投地區特有的服務業。從前他們負責接送溫泉旅館的小姐和「媽媽桑」上下班，或小姐心情不好時載她們去兜風，甚至受商家委託代購日用品、幫忙送貨等；據說全盛時期，穿梭於大街小巷作生意的摩托車，多達兩百餘臺，成為北投溫柔鄉的特殊景象。

政府廢娼之後，只剩一些機車行和個人在當地繼續營業。他們的摩托車雖然沒有明顯的標誌，但北投人一眼就可以認出：上了年紀的阿伯騎著舊型機車，前裝有大片擋風玻璃，後座貼心地加上坐墊（毛巾或皮製品），還會附上與駕駛同款式的安全帽……；只要一通電話，隨傳隨到，無論是接送通勤族上下班、護送小孩子上下學，抑或協助居民購物、拿藥、代繳水電費……，他們大多樂意效勞，而且都能達成使命，因此成為民眾日常生活的好幫手！二〇〇三年二月，我採訪新北投中和街上的機車行，曾耳聞老伯當年與酒家小姐的一段浪漫邂逅，而寫下〈贈老騎士〉詩，云：

老大鬢毛摧，奔波車馬隙。

林花空幻夢，往事日塵埃。

淺笑顏如玉，深情心似灰。

煢煢孤獨影，夜夜起徘徊。

名誠◎攝於二○○三年二月廿二日

㈣綠建築圖書館

　　臺北市立圖書館北投分館是臺灣首座綠建築圖書館；所謂「綠建築」，涵蓋了舒適、節能與健康的概念。該館利用太陽能發電、木造外型及雨水回收系統，充分利用陽光、空氣和水等自然資源，耗資一億二千萬元興建而成，是一座地下一層、地上二層，總面積六百五十坪的圖書館。

　　北投分館座落於林木茂密、生態豐富的北投公園內，和溫泉博物館比鄰而居，整棟建築採大片落地窗設計，並善用南向公園、北面臨溪的地理景觀，採集大量自然光線，巧妙

地向周遭借景，故能與自然環境相融無間。

　　綠意盎然的北投圖書館，宛如一座大型樹屋，遠看似乎不太出色，走近一瞧，卻令人眼睛為之一亮；從各個角度看都有不同的風貌，有人說像一艘船，也有人說像森林裡的木屋；總之，就是不像圖書館！──或許正因為不像圖書館，每逢假日，來訪的遊客絡繹不絕，這裡反而成為觀光勝景。課餘閒暇，窩在圖書館裡看書、查資料，已成為北投學子的最佳去處；我也不例外，自新館落成以來，那明亮寬敞的閱覽室，幾乎成了我的第二個書房，伴我度過無數燈下苦讀的日子，故撰〈館中讀書〉二首，藉以抒懷：

　其一
　　入座臺前景趣新，庭中草色碧如茵。
　　《三墳》《五典》神遊遍，忘卻人間寵辱身。

　 北投圖書館外觀

其二

仰望青山景行高，案前隻影伴松濤。

吾人立得平生志，暮雨春寒賦《楚騷》。

(五)北投國小老樹

在北投國小裡，有一棵比學校年紀還大的百年老樹——刺桐，它樹形優美，雄偉壯碩，是校園中唯一可以蓋樹屋的樹木；儘管沒有搭建樹屋，夏日午后，爬到粗大的枝椏分叉處，舒服地躺下來打個盹，也不失為一種難得的享受！

刺桐，原產於印度、馬來西亞一帶，因樹幹有瘤狀黑刺、樹枝上也有細刺而得名；它的花期在每年二至六

❀國小老樹

月間，開出的花朵就像公雞頭上的雞冠一般，鮮紅欲滴，令人驚豔，因此又有「雞公樹」之稱。

每年當刺桐花染紅天邊時，族人為之欣喜若狂，因為他們一見到樹上花團錦簇，豔麗無比，就知道期待已久的春天來了！我前往拍攝之際，心血來潮，信手寫下二首〈百年老樹〉：

其一

翠綠剌桐葉，經霜分外榮。

欣欣伴學子，百歲笑相迎。

其二

翁鬱雞公樹，嬌紅枝上花。

族人心雀躍，播種忙千家。

三、結語

今日的北投，褪去溫柔鄉的神祕面紗，而以溫泉故鄉之姿，一新耳目；至於日治時期的泡湯文化，則被保留在溫泉博物館中，點滴往事，在在勾起了人們的懷舊之情；屬於北投的繁華盛況，儘管已物換星移、人事全非，然在臺語老片中，仍可一睹當年溫泉區的迷人丰采；尋花問柳、偎紅倚翠的夜北投，早已銷聲匿跡，在老騎士「限時專送」的機車上，再也嗅不出溫柔鄉特有的脂粉氣息，取而代之的是濃厚的在地人情味……

蛻變後的北投，猶如鳳凰般浴火重生，再展絕代風華，泉水氤氳之地，綠意盎然之區，人文薈萃，書香瀰漫，在綠建築圖書館中，盡情展讀北投的新扉頁：它走過了漫長的歲月，由繁極一時至沒落式微，再從衰頹中逐漸振興……；可惜人生苦短，即使一個道地的北投人也無法親眼目睹這一切，唯有北投國小的剌桐樹，屹立百年之久，彷彿見證了一部北投的興衰史。

新北投人文采風錄

文大中研所碩一　**方兆敏**

一個優雅的靈魂新北投，是日系，氧氣，輕熟女的寫照。

新北投

  北投公園

  女巫是凱達格蘭族對我的象印

  北投是他們喚我的名

  而我的靈

  源自上個世紀

  脈動在這一片綠地

  幻化在溫泉的煙裡

  井村大吉

  解開我沉睡的謎

  甦醒

  在一九一一

㈠北投公園

北投公園，建於成於1913年，時值日本大正3年，日據

時代，由當時的台北廳州長井村大吉先生，為了增進北投的繁榮所建立，建築依東京的上野公園為草圖，同時也邀請了，當時由歐洲留學歸國的青年才駿，一同打造出這個雅緻的北投公園。於北投公園建成後的3年，現在的新北投火車站也開始營運；故事也由此開展。

一棵又一棵的樹，就像是一位又一位的綠色精靈，靜靜的以它們的方式，守護著這一個地區，綠精靈們是北投的風景，也是精神，總是以最開懷的姿態，用作清新的面貌，迎接我們。

㈡木屐，小階梯

公園中位在第一個噴水池後的第一個小石階梯，有著和一般階梯不同的比例，階格比一般要小，當初建造時，是為了使穿著木屐的日本泡湯客人，行走方便，所以形成特殊的比例階梯，別有一番不同的趣味。

㈢凱達格蘭博物館

凱達格蘭族，為本平埔族，座落在北投公園旁，建築外觀呈半拱弧形，正方建築面以大型陶壺圖樣，表現文化生命力，在館中除了凱達格蘭族外，還有臺灣各族的詳細介紹，和文物的展覽。館旁邊的牆上有圖騰，以及牽手木型欄，展現十足的親和

凱達格蘭博物館牆上圖騰

力和醇厚的童趣。星期六、日也會不定期的舉辦活動，有時
載歌，有時載舞，充分體現原住民文化之美。出了館，對面
的石拱橋，自日據時代建留至今，是現存唯一的珍貴拱橋，
年代已久矣。

(四)銅像

　　位在梅花形狀鴨池旁。靜靜佇立在一角的銅像，這個銅
像原本建於昭和9年，4月7日，是北投人民感念於井村先生
對於北投的貢獻而建造的。光復以後，在民國五十四年，也
是國父的百年誕成時，由陽明山管理局負責設立的，但是
下面的基座依然是昭和時期的遺跡，但上半部卻是國父的銅
像。在基座的後面，還載有當時潘其武先生書記的敬文。從
基座的建造型式上可以嗅出不一樣的感覺，很有歷史的味道
和意義。

　　下圖左手邊是梅花形狀的鴨池，仍留有從前的面貌；右
手邊的噴水池是電影「向左走　向右走」的拍攝場景之一。

(五)噴水池

向左走　向右走

在幾米的繪本中，和電影「向左走　向右走」中的場景

🐾新北投噴水池

水池，除了是電影拍攝的小景點外，在從前，它可是肩具著調節著北投居民自來水管線的作用，因為必須釋放水道過大的壓力，所以在自來水道興建之初便同時造了三座噴水池，由是成為了今天所見到的三座別具風味的噴水池。水池旁高聳的古木，從池椿仰天而望，有一種讓人橫跨時空的通透感。除了這個噴水池，園中的許多景點，也成為許多新人喜愛的婚紗景點。

㈥95度c的圖書館

新的圖書館就像是精心碳培過，歷九蒸九曝而來的一杯新茶，清新而自然，色、香、味，俱全。

之前的圖書館因為是海砂屋而被拆卸，新成的圖書館落成在2006年尾，在舊館的園地上，以新的，綠色的，環保的，基礎概念建立而來，全館以木式的建築而成，採太陽能發電。進入館中，迎面而來的除了滿滿的綠意，還有濃濃的木香味，木精濃度，我想有百分之95度c，像是被森林環抱般，很舒適，很溫馨；但是更令人

台北市立圖書館北投分館外觀

精的洗禮，像被擁抱在大樹的懷中，有濃濃的綠意；館中的椅子也利用昆蟲的圖案做成椅背，別具巧思。

閱讀北投北投閱讀

圖書館不定時也會舉辦藝文活動。

當天有許多的文學家，一起來共襄盛舉。

活動由早上，延續至晚上，當活動尾聲時，參與盛宴的每一個人點上一盞盞的燭火，象徵閱讀的延續，和持續閱讀的希望與理想。

> 您駐足的腳步，
> 將是　我　翱翔的翅膀。
> 伴我　翱翔風雨　風雨翱翔。

(七)溫泉史的第一頁
湯煙天狗遺址碑

> 曾以為　是個過客
> 卻意外成為歸人

臺灣人文采風錄

△北投圖書館內觀

隆隆的馬達聲
是歸人　不是過客。

　　天狗庵是北投的第一間溫泉，其遺址本位在公園對街，
不過遺址碑的設立是靜默在第一瀧（小瀑布）日式涼亭的前
邊，當時平田源吾先生，本是來這裡休憩養生，卻在1896年
建立了北投第一間溫泉，從此寫下了北投溫泉史的第一頁。

㈧北投溫泉博物館
時空　嬗遞
單位　更迭
漸衰的容顏　頹廢
不衣裝　也不掃眉
沉默　變成　唯一　語言
就讓它擴大　在唇邊
直到　大過了　這世界

　　日治時期，北投的溫泉旅館多為高消費型態，非一般大
眾所能負擔，因此1913年6月臺北州廳仿造日本靜岡縣伊豆
山溫泉的方式，興建北投溫泉公共浴池，號稱為東亞規模最
大的公共浴場。經歷時空的遞轉、管理單位的更換，逐漸傾
頹，而被遺忘在路上的一隅。

那天　陽光　半碟
輕灑再我眼瞼

喚我　照見
流光　從前
於是我
起身　輕掃娥眉
劃一段
新　黃金歲月

　　1994年，一群北投國小師生因鄉土教學而發現了這座與北投地緣、文化與歷史關係密切的浴場，經地方人士陳情奔走，於1977年2月20日經內政部核定公告爲第三級古蹟，之後經修護及古蹟再利用，於1998年10月31日成立「北投溫泉博物館」。

　　溫泉博物館的建立，和北投公園同時，在當時號稱是東南亞最大的公共浴池，以英式鄉村的建築外觀，和內部羅馬式的大浴池，寫下了跨越400年的風情，和一個又一個的故事，現在正要向所有到訪的旅客，告白。用這一波又一的煙韻，以最溫熱的形式，向你擁抱，這最溫暖的歷史。

　　因是依舊形貌修建，又列爲三級古蹟，於入館的時候有人數限制，每次入館人數爲一百人，以避免木式建築無法負

臺灣人文采風錄

︿北投溫泉博物館風貌

載過多的力量。

(九)臺語片的好萊塢

從前的臺語片，很多場景在北投拍攝，所以有此一稱號。在溫泉博物館中有介紹和放映當時的臺語片。

圖中的橋是溫泉鄉吉他拍攝時，男主角所在的拍攝場景，現仍保留原貌。

溫泉博物館位於北投溪上，就在熱海飯店的斜前方。當時正值臺語片發展的時期，像是吟松閣，地熱谷等常有剛好有適合的場景。

(十)北投石與硫磺

在博物館中，還有北投石的歷史。

由岡本要八郎先生首先發現了北投石，北投石中含有豐富珍貴的微量元素，產於北投溪，由是命名；但是近年來，北投的生態在改變，北投石目前處於休生養息的積極復育狀態，而館中蘊藏有此珍貴的北投石，以及岡本先生研究北投石的論文微卷文獻。書中存有當時北投的風貌，以及北投溪的生態，和北投石的記錄與價值。而中研院院長，李遠哲先生的碩士論文也是以北投石為研究主題。在關中也可以看到論文封面的影本。

除了北投石還有溫泉的命脈，硫磺。在館中也可以看到，還可見到粗礦的硫磺管已及溫泉的歷史與開展和大型的羅馬浴池。除了與溫泉相關外，這裡現在也是許多新人婚紗拍照的場景之一，我想這不只代言了溫泉的歷史，也可以象

徵愛情的恆久遠。

(十一)千禧湯

參觀完溫泉博物館，如果想要體驗泡湯的趣味，往前走就是千禧湯。

興建於2000年，於千禧年的時候落成完工，所以名爲千禧湯，是露天的溫泉，風景宜人，湯內共有六個池，由溫泉出水口下來流經四個階梯池，由上往下最高池水溫40±2℃，另有兩池是冷水池。在旁邊是于右任先生的梅庭，可以看見于先生所提的梅庭2字。建成的時間歷史也是很早，但現在尚未開放。

(十二)瀧乃湯

瀧乃湯是現存在北投歷史最久的一家溫泉。分男湯與女湯，其建築由以前至現今都沒有大的改變，在院子中，有著當年日本裕仁太子到訪的紀念

瀧乃湯部分景觀

碑，「皇太子殿下御渉渡紀念」，在溫泉史寫下另一篇紀念。

機車，文化
　　18128913181
　　248828912488
　　兩條電話線，牽起了北投的網絡
　　以次計費，每趟40元
　　這是北投特別的宅急便文化
　　只要是北投以內的範圍
　　絕對使命必達
　　載人載物
　　也載起了北投的人文與風情
（註181/2488是其名稱，以臺語發音，取電話號碼的末
3碼，與末4碼為命名）

地標溫泉
　　新北投捷運一出站，就可以看到各家溫泉的招牌，本來
招牌只到三樓，現在已經幾乎整棟都是招牌，名符其實的溫
泉地標。

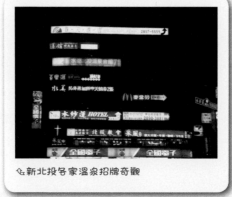
新北投各家溫泉招牌奇觀

淡水人文采風錄㈠

台師大國研所博二　張榮焜

一、前言

　　二百八十萬年前大屯火山群噴發，流向淡水這一面的熔岩凝結後形成了五條如手指般的丘陵，一般稱為「五虎崗」。淡水的五虎崗雖然不高，但因位於淡水河邊，具有居高臨下的地形優勢，自然成為極具軍事價值的重要據點；淡水位於臺灣北部重要民生經濟動脈淡水河的出海口，早年不論臺灣本島或海外的貨物都須經由此地進出臺北城，使淡水成為一個物資繁盛、人口匯集的重要貿易河港和國際大門，其經濟價值不言可喻，自然也成為外國勢力積極進駐的重要據點；另一方面五虎崗丘陵一直延伸到海邊，使淡水沿岸平地面積非常狹小，居民只好往山丘和谷地發展，產生非常具有空間變化的聚落形態和層次多元的自然生態，使淡水極具自然、人文景觀之美，素有「東方威尼斯」和「東方拿坡里」的美稱，吸引許多文人畫家前來定居，使淡水成為人文薈萃之地。淡水這樣特殊的地理位置、重要形勢和天然美

景，使其在軍事、經濟和人文歷史發展上十分多元，留下一頁頁輝煌的歷史，更留給後人許多豐富多樣的文化資產。

本文將以田野調查的方式，帶領讀者參訪淡水發展過程中的幾處歷史軌跡，除了見證歷史發展之外，也讓大家從不同的角度來看一看淡水的多樣風貌。

二、數則淡水人文采風錄

㈠媽祖石

二百八十萬年前大屯火山的熔岩形成了淡水的「五虎崗」，也形成淡水特殊的地形景觀。火山流下的安山岩，經過幾萬年的風化，已經難見當年的樣貌，而媽祖石則是少數留下來火山遺跡的見證。

「媽祖石」是安山岩，位於關渡竹圍國小自強分校校園操場上，高度223公分，約是籃球架的高度，寬度350公分，周長有15.8公尺，十分巨大，學校的小朋友常用來作攀岩用。

媽祖石名稱的由來有一個傳說：

相傳媽祖石最先的擁有者是陳悅記商行的開臺祖先陳文瀾，他在嘉慶初年（1800年左右）向當地平埔族買下媽祖石一帶的土地，準備在此地蓋祖宅。後因聽從風水師的建議，改將祖宅祖蓋在臺北市的大龍峒，也就是後來出了舉人陳維英，人稱「老師府」的宅第，據陳悅記後代陳應英先生的口述，他們祖先後來將這塊地捐獻出來做義塚和蓋學堂。在大正二年（1913）時相傳修路時有人想要移動這塊大石頭，

卻驚動了關渡宮奉祀的媽祖。於是當時關渡宮的董事林大春以七十大元向陳悅記賣下這塊石頭，並刻石立契，要永久保存，因而被稱為媽祖石，石上所刻即是當時買賣的約定。後來媽祖石缺乏管理，在民國五十年代要設立自強分校時，政府也曾想將媽祖石移走，但因鑿石工人皆患重病或甚至死亡，因而無人敢動，媽祖石才能保留至今。

媽祖石是全臺唯一刻有買賣契約的古蹟，刻文為：

> 關渡祖宮天上聖母董事林大春向與大龍峒陳悅記管理人陳日仁買出此石址在和尚墓湖山頂馬路邊，價值金並什費工資金一切計七十大元以為永遠保存管理人林大春大正二年（西元1913年）癸丑四月二十七日立

石頭上留有54個相距約3公分，長寬各約5公分，深11公分，總長443公分的方形鑿痕，應該是當時想敲碎石頭的工人所留下的。這塊石頭，述說著淡水的地質形成歷史，而十分罕見的八十三字買賣契約碑文更見證了

臺灣人文采風錄

☙關渡媽祖石因關渡宮媽祖而得名

☙全臺唯一刻有「買賣契約」的古蹟

大龍峒陳家和關渡宮的一樁高價交易（當時臺北市一間房子約200大元），也為關渡宮和陳家的發展留下可貴的記錄，從碑文知道當年從臺北到淡水的公路是經過此地的，這也可以為臺北、淡水間的公路開發留下了歷史的寶貴記錄。

㈡重造公司田橋碑記

公司田溪是流經淡水西北方的第一大溪，在現在淡水新市鎮與三芝交界處還能看到殘留的堤防遺跡。荷蘭人在北臺灣殖民時期，當時的「荷蘭東印度公司」擁有淡水地區廣大的田地，因此將流經該公司田地的河流命名為「公司田溪」。清代漢人大量移居到河流附近開墾，為了交通上的便利陸續在河上建造便橋，是淡水往來三芝之間的重要通道。

公司田溪古橋的最早記錄見於同治10年的淡水廳誌：「公司田橋，原係柴橋，嘉慶17年（1812）業戶何錦堂等修換，同治二年改造。」

可知原是木橋，因颱風或大雨，木橋常被沖走，居民常感不便，才由吳際青等地方富戶號召捐資建造石橋，而石橋於同治元年（1862）建造完成，並刻重造碑記作為紀念。

從殘留的碑文可以看到：除了淡水本地人外，龍山寺洪雨記、關渡媽祖

▲同治二年重造公司田橋碑記

宮黃興遠等寺廟和大龍峒陳悅記、板橋林本源、艋舺黃龍安等商號都共襄建橋盛舉，相對於林本源在樹林太平橋捐資銀六元而在此地捐款二十四元來看，公司田橋的規模和重要性可見一斑，顯示其為北臺交通要道的地位。從這些資料也可以見到當時淡水和許多城市往來密切，文史工作者蘇文魁先生亦指出，一般人以為淡水為泉州人墾闢的說法應該是要修正的，因為何錦堂就是漳州人，而更早在嘉慶元年（1796）建造現在位於老街上的福佑宮時，即有霞彰、南靖人參與三川兩廊的建蓋，何錦堂同時也在八芝蘭捐建慈誠宮❶。

學者研究公司田橋附近五千年前就有史前人類居住，並留有大坌坑文化的繩紋和石錛、石鎚等遺跡，而1884年中法戰爭的清營殘址和死亡的清軍墳場也在附近。民國八十三年國建六年計畫闢建「淡海新市鎮工程」時將這些遺跡都破壞殆盡，公司田溪橋重造碑記也是在有心的地方人士努力下才保存下來的，最後並爭取到列為古蹟保護，並在當年所在位置重建公司田溪橋時將之回歸橋畔塑立，並將當年建橋時置於橋上的石板放置在橋上保存。

⊜馬偕在淡水

說到淡水的開發甚至北臺灣的發展，是不能不提到馬偕的。出生於加拿大的馬偕在1872年3月9日抵淡水開始傳教。當時還不到三十歲的馬偕，一眼就喜愛上秀麗的淡水，而決

臺灣人文采風錄

---

❶見淡水文史工作室網站〈搶救公司田橋〉，http://chwk.huwei.com.tw/p4.htm。

定在此地定居。

　　最早馬偕在淡水教會附近租屋傳道，以醫療和教育服務百姓，並在自宅醫療診病，之後民眾求醫日眾，馬偕只好另租民房作為醫館。

　　1975年馬偕和五股坑女子張聰明結婚，在現在的淡江中學建造住家居住，馬偕故居現為淡江中學的校友會館和校史館，館內仍掛著馬偕的照片和展示當年他在北臺灣傳教醫療的文物。

　　1879年馬偕籌建滬尾偕醫館，作為醫療的專用處所，並設有開刀房，這就是臺北馬偕醫院的前身。1880年馬偕第一次回加拿大述職，故鄉人聽到了他八年的成果，卻不忍聽到他訓練學生是「在大榕樹下，蒼空為屋頂」的簡陋。在地方報紙的呼籲下，牛津鎮的鄉親們共捐6215元加幣，囑附馬偕回臺後興建一所現代化學校，這所學校就是位於真理大學內以馬偕故鄉牛津命名的牛津學堂。「牛津學堂」英文名「OxfordCollege」，中文又稱「理學院大書院」。在這裡馬偕除了教授青年們教義之外，也傳授中國歷史和現代科學知

馬偕故居

故居內展示馬偕當年的文物

牛津學堂以馬偕故鄉命名

識，是現代高等教育的啓蒙地。

1883年馬偕創建了全臺第一間女子學校「女學堂」，是現代女子教育的啓蒙，但由於民智未開，並不是很成功，但是他的眼光和見識已令人敬佩。1901年馬偕逝世後就葬在現在的淡江中學內。

總計馬偕在淡水三十年，可以說一輩子都奉獻給淡水，爲感念他的貢

馬偕頌詩

馬偕頭像

獻，淡水人特地在老街馬偕街的入口處塑立了馬偕的頭像作爲紀念，現在馬偕仍每天佇立在他最愛的淡水街頭，看著淡水的發展呢！

(四)忠寮李氏古厝群

淡水山明水秀自然也是地靈人傑了。三百多年來淡水就一直

有著「詩港畫鄉」的美譽，留下爲數不少的歌詠佳作，尤其清朝同治、光緒年間，淡水地區產生了好幾位的舉人、秀才，淡水後山一帶的李氏燕樓可爲淡水的文風作了最好的見證。

李氏的燕樓座落在淡水北投里淡江農場附近，建於乾隆年間，原來只是草廬，後來李家後代在光緒11年出了李祥奎和李應東在兩個武舉人，而且是叔叔和姪兒同時中舉，被譽爲「叔姪同榜」，另外李應辰則是光緒17年的文舉人，古制舉人宅前可矗立旗杆，屋脊也可燕尾起翹，李家居宅才改建爲旗杆厝。

李家的宗祠位於現今淡江農場附近，是目前維修保存最好的建築，屋脊翹起的燕尾在青翠山林掩映下，更顯其別具一格。李家子孫則聚居在忠寮一帶，竹圍仔八號是地方上俗稱的「旗杆厝」，建於光緒19年（1893），爲二進雙護龍四合院格局，多燕尾屋脊，依山坡而建，但受地形限制，外埕並不寬敞，宅前曾設有兩座旗杆，正廳中留有一塊匾額，題有「歲魁」兩字，額兩旁有細字落款爲：「欽命布政使司銜命福建兼提督學政臺澎兵備道夏獻綸爲光緒巳卯補考戊寅科歲貢生李花霖立」，這間舉人宅不論是建築工法或雕飾水準，都是十分高水準罕見的古蹟，也是臺灣最北的舉人宅第。

忠寮竹圍子8號的李氏舉人宅

᪑忠寮竹圍子10號的燕樓派衍　　　　　᪑燕樓派衍旁畫家李永沱住宅

　　李家子弟除了科舉榜上的耀眼的成績外，在日後還出了專蓋磚石民居大厝的所謂的「燕樓匠派」，其別樹一格的建築手法與熟練紮實的建築技術，在大屯山四周包括淡水、三芝、北投及士林等地蓋了上百座的屋宅。竹圍仔10號的李氏古厝為「燕樓衍派」，就是一系列的居宅，雖非舉人宅第，但其建築手法和雕塑技術亦都十分純熟精緻。當然經過百年，這些古厝多半已有破損，甚至有些已不適合居住，但仍可以想見到當前的華麗氣派。到忠寮可以看到許多精彩的建築作品，除了李氏古厝群外，還有許多精彩的宅第令人眼睛為之一亮，如竹圍仔11號李家後代畫家李永沱所建的居宅就十分具有特色，李氏古厝群在這裡呈現的又是一頁不同的淡水發展史。

㈤淡水河邊

　　時至今日，淡水河邊和老街是遊客最多的景點。一般人到淡水大多會沿著河邊散步，走到盡頭後，迴轉向右沿著老街回程到捷運站。這一路上有河岸風光，漁舟唱晚，自然也

臺灣人文采風錄

少不了各式海產和特色小吃。走累了，可以在岸邊石階上找個地方坐下來，一邊品嚐著風味特殊的魚酥、鐵蛋，一邊還看看對岸觀音山、八里左岸的美景。若是在黃昏，可以欣賞夕陽灑在河面上的無數金光，和落在海平面前後色彩的變幻，和大家一起發出對大自然神奇的讚嘆。

　　沿途可以看到許多有特色小店，不管是富有本土色彩的農工產品，具有歷史意義的各式文物，來自各國的民俗特產，應有盡有，當年這一帶就是貨物集散地，雖然形式改變了，但是先民貨品交易的情景，仍持續的在這裡進行著。更可貴的是，這裡處處可以發現商家布置的巧思，學子精心的創作，藝術家獨特的品味，在在都讓人驚豔不已，處處散發著藝術風情，不管你是好奇或懷舊，實利或唯美，都可以在這裡得到滿足。

　　若是時間夠，還可以走遠一點，紅毛城、滬尾炮臺、嘉士洋行、殼牌油品倉庫都離老街不遠，這些古蹟都有大家耳熟能詳的動人故事，尤其是紅毛城，曾經是西班牙人、荷蘭人、英國人在臺灣重要的據點，站在淡水河口看盡淡水幾百

河岸的夕陽美景是許多人共同的記憶

紅毛城為淡水的軍事經濟作了最佳見證

年的勝景風華，文人墨客更有不少歌詠的詩篇，在英國領事館中有相關的史蹟文物介紹，就不勞筆者贅言了。若有遊興，也可以搭渡輪到八里逛逛，大啖八里特產孔雀蛤或是特殊造型的雙胞胎，當然也可以搭船到新興的景點——漁人碼頭，吹吹海風，走走木棧道，品嚐景觀咖啡，讓人嘴巴、心裡都得到滿足，遊在淡水，吃在淡水是從不會讓人失望。

三、結語

從第一次到淡水到現在已近三十年了，那時淡水還是個十分淳樸的小鎮，除了夕陽留給我難以抹滅的鮮明記憶外，那濃濃的歷史人文情懷也給我留下深刻的好感。捷運通車後，淡水的風貌起了很大的改變，尤其假日，遊客幾乎塞滿了老街和河邊，但是那股特有的人文風情似乎並未稍減，這也是我一直喜歡這裡的原因。本文選擇大家可能較不熟悉的一些歷史人文古蹟，希望大家下次到淡水時可以走出河邊、老街，多去認識這些歷史人文景觀，領略淡水不同的風貌，相信對淡水多一分了解，對她的情感就會更深一些。

創立滬江吟社的鄭水龍有詩曰：

青天碧海共悠悠，
淡水風光夏更幽；
縱目大屯山突峙，
溯源關渡水爭流！
飛帆沙鳥晴如畫，

清早疏簾畫若秋；

洛後身閒忘俗慮，

高歌人與鷺鷗儔！

　　這樣一個風光明媚的小鎮，這麼多歷史故事的淡水，誰
能不愛！最後筆者願以一首小詩作結：

不用濃妝艷抹

自有迷人風情

不需刻骨銘心

卻總會在不經意間想起

一如

君子與君子間

淡而雋永的

友誼

淡水人文采風錄(二)

文大中研所碩二　**宋鈺珍**

一、前言

　　淡水，這個具有濃厚人文氣息與浪漫異國風情的地方，自從捷運開通以來，便成了臺北人閒暇時的最佳去處。由於淡水的發展與臺灣歷史極具關聯，因此在探訪淡水時，除了品嚐老街小吃之外，更應帶著好奇心，來一窺富饒的古蹟文化。

　　在展開該采風錄之前，筆者預先查覽了相關的書籍資料，作爲行前的準備，屆時將有助於了解各個古蹟的由來與涵義；亦因需要走訪的地點較多，而將行程分爲兩天進行，以按圖索驥的方法，到達每個景點之後，細心觀察與詳實記錄，不僅從中增廣見聞，也能欣賞大自然的愜意美好。

　　以下將以文字搭配圖片的方式，按照古蹟等級順序排列，並參照當地所附的古蹟解說，介紹淡水地區幾個著名的古蹟景點，作爲該人文采風錄之內容。

二、數則淡水人文采風錄

㈠紅毛城古蹟區

　　明崇禎15年荷蘭人登陸基隆，將西班牙人擊退之後便接管了淡水。事隔兩年，在聖多明哥城原址重新築城，就是現今的「紅毛城」，而原有東西兩大門與南北兩小門，今僅存南門。

　　所謂的紅毛城古蹟區，包括紅毛城主樓、英國領事館與南門三個部分。該建築屬於第一級古蹟，具有相當的歷史意義。紅毛城位於淡水河口的山崗上，站在此地可以望見美麗的淡水景致。主堡建築成正方形，上下兩層主結構的穹窿分別朝不同的方向。地面層為監牢，二樓則有四間領事辦公室，南側增加一個入口，屋頂上加蓋了雉堞與小型的角樓；旁邊的一棟紅磚建築是英國領事館，兩層式的洋樓具有英國殖民式的風格，迴廊採弧拱與圓拱狀，中央正面的入口處則為雙柱結構，柱上的精緻磚雕

　紅毛城之一

　紅毛城之二

刻有薔薇圖案與代表維多利亞時代的「VR1891」標記。

㈡淡水鄞山寺

又稱為汀州會館，為第二級古蹟。寺廟內所供奉的是閩西汀州一帶的守護神「定光古佛」。清道光2年，閩西汀州永定縣金沙地方的移民羅可斌、羅可榮兩兄弟捐獻土地，再由

淡水鄞山寺

粵東的張明崗募款集資，於滬尾街東郊建造此廟。整座建築倚山坡而建，主要格局為二殿二廊二護室，廟前有半月型水池，廟後則有兩口水井，而在風水上有「蛤蟆穴」的傳說。寺中的木雕、石刻、剪黏與泥塑都是該建築的特色。

㈢理學堂大書院

又稱牛津學堂，該建築位於真理大學內，屬於第二級古蹟。清同治11年，馬偕博士來淡水傳教，八年後返回加拿大向牛津郡的鄉親講述宣教情形，鄉親們感動之餘，紛紛捐獻資金供馬偕博士興學之用。於是，在清光緒8年，建立了全臺第一所新式教育的學校。理學堂大書院為正中間主棟帶有左右兩間房的建築，均為單瘠斜式的紅瓦屋頂，搭配拱形窗，頗有中西合併的特色。

㈣滬尾砲臺

滬尾砲臺是中法戰爭後，於清光緒12年（1886），當時臺灣巡撫劉銘傳聘請德國技師巴恩士，以西洋砲臺爲範本，建造了該砲臺，爲第二級古蹟。劉銘傳則親題「北門鎖鑰」的門額。砲臺座北朝南，爲一隱蔽性的暗砲臺。形狀是矩形，由外而內有：土垣、壕溝、子牆、砲座、被覆、甬道及廣場。砲座與子牆都是以進口鐵水泥灌鑄而成，光緒15年時大砲安裝完竣，工程浩大，爲重要的海防措施，可惜的是目前8至12英寸的四座砲臺皆已不存。

㈤淡水龍山寺

位於市場巷內的淡水龍山寺，爲第三級古蹟，是清代臺灣五大龍山寺之一。因受震災，而在清咸豐8年重建。該廟主要的祭祀對象爲觀音佛祖，是當時福建泉州的晉江、南安與惠安等三個移民後裔的信仰中心。

本寺的石雕相當精美繁複，原先的前廣場與後花園現皆被市集攤位之用，但內部中殿仍保有寺廟的靜謐。

㈥淡水福佑宮

位於中正路上的淡水福佑宮，屬於第三級古蹟。隔著淡水河，與觀音山遙遙相望，以座東北面西南的姿態，展現早期淡水地區的風華。

該寺廟主祀天上聖母，據史料記載，可能奠基於清乾隆47年（1782），到嘉慶元年（1796）才完工。雖然之後經過多次修繕，但仍保持昔日原有格局。在建築上，福佑宮爲

雙殿雙廊式的閩南泉州風格，最出色的是石雕與磚雕。另外，像是石碑、匾額和門柱楹聯，都與在地的民間風俗有所關聯，也是研究淡水歷史不可或缺的文獻資料。

◔福佑宮

(七)馬偕墓與淡水外僑墓園

馬偕墓與淡水外僑墓園均位於淡江中學內，前者屬第三級古蹟，後者為縣定古蹟。馬偕墓建於清光緒27年（1901），是紀念來臺傳教的馬偕博士，他不僅是基督教長老教會的創始者，也是對當時臺灣教育與醫療具有貢獻的偉大人物。而一旁的淡水外僑墓園，主要安葬的是不同國籍與職業的外國人士，建於清同治6年（1867）。

(八)滬尾偕醫館

位於馬偕街內的滬尾偕醫館，建於清光緒5年（1879），為縣定古蹟。當時馬偕博士在此開設診所並宣揚福音，即為今日馬偕醫院的前身。

該館仍保留當初建造時的閩南式建築，位於一個臺基上，屋頂以紅瓦鋪成，牆身為白灰色，正門則是淡藍色，整體呈現出西洋風格。

(九)淡水禮拜堂

同樣位於馬偕街的淡水禮拜堂，屬於縣定古蹟。建於清同治11年（1872），後來因不敷使用，同時也為紀念設教60年，於1932年重建。這棟仿哥德式教堂是出自名匠黃阿樹之手，以極好的紅磚與精湛的磚工堆砌出變化有序的壁面，加上尖拱形窗戶、彩繪玻璃、飛扶壁、小帽尖與鐘樓等，更增添該禮拜堂典雅優美之風情。

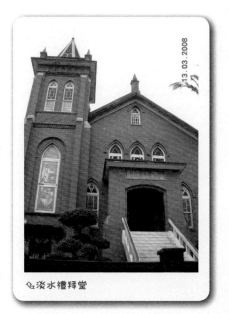

13.03.2008

淡水禮拜堂

三、結語

筆者透過這趟淡水知性之旅，獲得不同於以往純粹遊覽的感受，更深刻體會「行萬里路勝讀萬卷書」的道理。同時，亦發覺民間文學中蘊含了豐富的珍藏，歷史人文的真善美也盡在我們身邊，只待我們慢下腳步，留心觀察就能拾得。

在此感謝邱燮友老師，讓筆者有機會將文學應用於生活之中，藉由這次淡水人文采風錄，開拓視野；也特別感謝兩位大學時代好友——劉昕霓、盧玟伶，抽空陪伴我走訪各個景點，協助拍攝，順利完成此次淡水之行。

九份人文采風錄

台師大國研所碩二 **陳正賢**

　　九份地處臺灣東北部，位於瑞芳與金瓜石之間，行政區域屬瑞芳鎮。「九份」並非一個正式的地名，根據《臺灣縣誌》的記載，在清領時代初期，這地方的村落住了九戶人家，在陸路尚未開通前，日常用品的補給皆從遠方運至海濱，再轉送上山，每次要備妥九份，後來「九份」就成了這村落的地名，一直沿用至今。❶據清代諸羅縣令季麒光《臺灣雜記》載：「金山，在雞籠三朝溪後，山土產金，山下水中砂金碎如屑……。❷」清光緒十年（1884）九份已經有人開始進行金礦的開採；光緒十六年

ᐸ九份山區

---

❶參考維基百科：http://zh.wikipedia.org/w/index.php?title=%E4%B9%9D%E4%BB%BD&variant=zh-tw

❷【清】季麒光、徐懷祖等撰：《臺灣雜記》，臺北：成文，1983年。

臺灣人文采風錄

△九份夜景

（1890）在基隆河發現砂金；光緒十九年（1893）九份山區發現小金瓜黃金露頭；光緒二十年（1894）清廷設金砂局，並新設分局於九份，從此開啓九份的鎏金歲月。

　　九份北距海約三公里，東北有基隆山，正前方爲一海灣。基隆山東邊即著名的陰陽海海灣。陰陽海的正式名稱叫「濂洞灣」。陰陽海之所以在海面形成奇特的色澤，是因爲金瓜石礦區岩石中，含硫磺成分過高，加上東北季風之大量冬雨滲入礦坑，使硫化鐵遇雨水而成硫酸鐵，並接觸空氣後形成氫氧化鐵的金黃沈澱物而排入海中，造成海水表面1-2公尺之金黃色膠狀體，而有此景觀的形成❸。基隆山因從正面看像個雞籠，故稱爲「雞籠山」；從側面看則像個孕婦，故又稱爲「大肚美人山」。從山頂上可眺望基隆嶼、基隆市區、八斗子、鼻頭角等地的景色。

　　九份位於東北季風的風口位置，夏季吹西南季風，受到陽光照射及輻射散熱的溫差影響，白天風由陸地吹往海洋，晚上則吹海風。冬季因位於東北季風風口，時常感受到凜冽的強風。九份位於臺灣的多雨區，年平均雨量約五千公

❸見九份商圈聯誼會：http://www.9sale.org/scenic3.php

鰲，冬季為東北季風迎風坡，更是以綿密的陰雨聞名。夏季的雨水來源主要是颱風、梅雨、雷雨及鋒面雨。因九份時常下雨，當地人便有兩句俗諺用以形容九份的天氣：「落到棕簑生青苔，落到棕簑生蝨母。」另外，「春天看

↖小上海

海港，夏天看山頭」，便是說在晴天時，從基隆山可以看到海港；但基隆山如果雲層蓋頂，只看到露出的一點山頭，則表示即將下雨了。

九份的發展，與採金是脫不了關係的。日治時期以後，民營公司、株式會社接手採礦事業，隨著採礦事業的發展，淘金人潮湧入九份這個小山城，九份由一個人煙罕至、沒沒無名的村落，成為熱鬧繁華、人聲鼎沸的山城。採金事業不但吸引了許多淘金客前來九份發展，為因應人潮湧入的商機，各行各業的商人也來到了九份，成立了各式各樣的娛樂場所。當時有一些從大陸來的人將九份的繁華榮景比擬為上海，因此而有「小上海」的外號。

當時商業行為極為鼎盛，採金工人又因每日在礦坑中採礦，工作環境的危險令他們產生了今朝有酒今朝醉的奢靡狂歡心態，因而有「三更窮，四更富，五更起大厝」這樣的俗諺，講的是採礦工人們一夜致富的心態。而在採金的鼎盛時

期，九份的豎崎路、輕便路更是萬頭鑽動、人潮洶湧，各種行業的店家生意也都人來人往，絡繹不絕。有許多的茶館、酒家聚集在此街道。到了夜晚更是燈火通明，夜夜笙歌，礦工們總是上酒家飲酒作樂、或是上戲院看電影，全臺首家戲院——昇平戲院，便是在此時建於九份。同於，從戲院名稱也可看出當時九份一片歌舞昇平的氣象。當時採金的礦工們，白天在陰暗密不通風的礦坑裡工作，穿的是舊衣服；到了晚上下工，便換上漂亮的衣服，上酒樓、戲院作樂，因此當時流行著一句俗諺：「日時攏乞食，暗時全紳士」指的是這些礦工，白天工作時看起來像個乞丐，但到了晚上卻又搖身一變成為有錢的紳士。

九份街景之一

九份街景之二

九份興盛時期所殘留下來的商店、茶館，現在都普遍縮小經營規模。民國七十八年，侯孝賢導演執導的《悲情城市》上映後，九份以其獨特的懷舊景觀與地方風情，吸引了國內外的注目，在採金熱潮退

去後，為九份帶來新的生機，成為極受歡迎的觀光景點。之後為吸引觀光客來到九份消費，紛紛成立了一些新興的觀景茶館、民宿、咖啡廳等消費場所。這些商家主要聚集在基山街、豎崎路及輕便路等街道，到了假日便出現絡繹不絕的人潮。隨著幾支在九份拍攝的咖啡廣告，以及民國八十一年電影《無言的山丘》的上映，形成今日遊客大量湧入及消費場所崛起的局面。

九份傍山建築之風貌

臺北大龍峒保安宮采風錄
──保安宮與臺灣民間信仰宗教藝術

文大中研所博二　**黃美惠**

　　保安宮位於大龍峒，淡水河與基隆河會流地帶，原爲平埔族所在地。相傳於乾隆七年（1742）有泉州同安先民，從家鄉白礁鄉慈濟宮保生大帝乞靈分火來臺奉祀，又據《臺灣文化志》載：「保安宮係居住大龍峒同安人，嘉慶十年（1805）所捐建，道光十年（1830）完成。」保安宮落成之後，大龍峒四十四坎富家王、鄭、高、陳等四家，集資建造完全相同的四十四家店舖，分立兩側，成爲當時商業中心。

　　保安宮主祀保生大帝，姓吳諱本，泉州府同安縣白礁鄉

大龍峒保安宮

人，出生太平興國四年（979）三月十五日，精研醫道，濟眾生無數，據載保生大帝於「季春十五晨感紫微星而降，仲夏初二乘白鶴馭以昇」，世人感受其恩德，祀奉歷千年不衰。保安宮亦祀神農大帝、孔聖夫子、玉皇大帝、釋迦牟尼佛、關聖帝君、玄天大帝、天上聖母、註生娘娘、福德正神、田元帥戲曲之神等。為臺灣北部宗教信仰重地，與艋舺龍山寺、艋舺清水巖，鼎足而立，合稱臺北三大廟門。每年保生大帝誕辰，並舉辦「保生文化祭」盛會，其融合傳統祭典、民俗技藝、文史研習，表現出宗教與藝術文化的結合。

從農曆三月十五日至五月二日舉辦的儀式慶典，充滿文人文藝氣息，使保安宮不同於其他傳統道教寺廟的禮俗，薪傳臺灣民間信仰文化。而保安宮的建築與裝飾更典藏臺灣的宗教藝術，至今已有二百六十六年的歷史。

一、臺灣民間信仰文化

臺灣民間最主要信奉道教，隨著閩粵移民，將他們家鄉信奉的神明，以及信仰的習俗觀念移到臺灣來，以為求生奮鬥的精神寄託。閭山教派為臺灣民間信仰的主流，尤其南部鄉村更為普遍，供奉許眞君為法王，又分三奶派與法主公兩派，以三奶派最盛。臺灣民間的宗教，可從三個重要觀念來說如：

㈠萬物有靈說

　　即一草一木的自然崇
拜，與在世的濟世、忠貞、
身懷絕技者的靈魂崇拜，轉
化爲後人祭祀的神。例如宋
代名醫吳本的靈魂爲保生大
帝（即大道公），三國關羽
的靈魂爲關聖帝君（即關
公），五代聖女林默娘的靈
魂爲天上聖母（即媽祖），
唐代聖女陳靖姑的靈魂爲臨
水夫人，又如神農氏爲藥王
大帝，漢唐的忠臣烈士的靈
魂爲王爺，其他道教方士神

↖關帝君像

仙或佛教中民間通俗的高僧，也轉化爲神格，如清水祖師、
許眞君、太子爺等等。

㈡陰陽五行說

　　道教的陰陽五行說，爲民間信仰的基礎，乃統攝天地、
鬼神、物象的與人神之共同原則爲「道」，《易繫辭》有
云：「易有太極，是生兩儀，兩儀生四象」之說，北宋周
子之《太極圖說》云：「無極而太極，動極而生陽。動極而
靜，靜極生陰，靜極復動，一動一靜，互爲其根，分陰分
陽，兩極立焉。陰變陽合，而生水火土木金，五氣順布，四

處時行焉。」道教將陰陽五行說再演化爲八卦、十天干、十二地支、六十花甲、與二十八星宿。將天運時氣解釋於天、神、人、鬼觀念，以解釋人事物象。

陰陽五行說滲入各地域性道士法師的巫術咒語，以符咒的圖騰符號來提升精神，如齋醮告天，祈禱天神或符咒以驅邪押煞等觀念。也就是將陰陽五行與萬物有靈融會貫通，構成一種多神而又神秘，原始而有宗教意念的信仰觀念。

(三)儒、釋、道三教合一

臺灣的民間信仰，是入世的修養，如現世積善，有理想的追求。注重今生今世的生活倫理，有個人思想、慾望，但更重視家族、團體的犧牲。因爲三教合一的信念，成爲和諧、天人合一的社會思想，是生活行爲的規範、現實物質的典章，例如對糧食的珍視、生活器具製作的形式與擺設等，均爲民間信仰的一部分。

幾百年以來，臺灣的民間信仰轉化爲社會、生活規範和習俗，宗教轉化爲現實生活，維繫了社會、宗族、家族與個人，三者之間秩序，眞正的把人溶入天、神、人、物一體的自然觀。所謂十年風水輪流轉，在說個人的財富是這一體系的部分，陰、陽兩間有著相同體系規範，自然使人們在日常生活中積陰德，表現與民間宗教信仰一致的行爲，這種行爲就是對神的敬仰與禮拜。

民間信仰是平日生活的重要部分，各鄉村有大小廟宇，祭祀著各種不同的神明，每一家還有守護神，每天清晨點香祭拜。每逢神明的生日，隆重的要到廟裡備三牲大祭拜

一番，簡單的也要備香花水果祭品，燒金燃銀的。由於神明多、生日也多，這種不厭其詳的信仰活動，並非膚淺的偶像崇拜，他們之能把信仰融入每天生活中，是因爲在信仰的內涵中，與民間倫理道德意識的演化，而成爲生活的一部分，是有深入的行爲意義。

二、臺灣宗教藝術

敬奉神明是一種善事，爲神明建造盡善盡美的寺廟；將人間美好的藝術裝飾在神的身旁，因而留下無數古老而美好的寺廟。保安宮就是其中的典範，保存有完美而豐富的臺灣宗教藝術典藏，可以臺灣宗教藝術的內容來分述之，如神像雕塑美、道士與符咒藝術、廟宇建築中的各種藝術裝飾三大部分：

保生大帝造像

龕聯題「季春十五晨感紫微星而降，仲夏初二乘白鶴馭以昇」題於光緒元年

㈠神像雕塑美，以寫實為基礎，流露出人間喜、怒、愛、樂、威等內在的感性，是臺灣古老神像最珍貴的表現。忠厚而溫和的保生大帝的神像擬人化，安奉於保安宮的神龕中，龕聯有「季春十五晨感紫微星而降，仲夏初二乘白鶴馭以昇」題於光緒元年，神像雕塑美也是天、神、人合一的民間信念。

㈡道士服飾、作法儀式，原始而純真，具有樸實民間宗教藝術的元素。驅邪押煞符畫，是真正書法線條造形的表現藝術，線條強韌而可塑性，有狂草的氣概，千鈞萬馬震撼之勢，它能帶來啟示。

㈢廟宇建築中的各種藝術裝飾，包括木雕、石雕、剪黏、交趾陶、壁畫、書法等。包括保安宮等的所有寺廟，繪畫都主要在門神彩繪、窗柱、樑間、以及牆壁上。保安宮中壁畫，為臺南潘麗水作於癸丑季秋月，主題在宣導教化，為

✍宮內龍虎畫像

理義孝悌敦親睦族類的民間傳奇。設色絢麗，以大紅為主色
調，含有正義大吉的意義。由於潮濕氣候的影響，大約五十
年必須整修一次，往往會破壞掉許多的古老裝飾藝術。保安
宮中除壁畫仍舊，其他如拍攝於1995年的圖示之匾額、交趾
陶等，現在已移位寶藏，為未來子子孫孫保存歷史見證。

臺南潘麗水作於癸丑季秋月

匾額、石柱楹聯之題字，可概分兩類：
一類是清朝渡海來到本地之書家，為創廟時所遺留下
來；一類是民國三十八年隨國民政府來臺之書家，後修建時
所豎。大抵言之，清朝時期之書家，篤守帖派傳統，日據時
期引入六朝碑風，至政府遷臺後南北交會而頻生精彩，無論
何期，皆引出色之名家管領風騷，繕寫辭句，完全是一片教
化之誠。
保安宮的殿宇以雕鑿細膩見稱，坐北朝南，平面呈回字
形，計由前殿、後殿等三進及左右護龍組成，面積計十一開
間。中央正面牆堵全用石材，以嘉慶年間所雕的石獅，刀法

🔖 原創建時期的匾額

🔖 創建時期的原物：擎蟠龍的外柱

犀利，神韻逼眞，以及八腳蟠龍檐柱製作最精美。前殿明間
後檐柱有罕見的花鳥柱一對，面向中央一側浮雕花鳥，
　正面安蟠龍四根，雙蟠龍的內柱爲日治大正七年

臺灣人文采風錄

（1918）所刻，單蟠龍的外柱則爲創建時期的原物，其他三面均爲素平。左右護龍，由前殿連通後殿，形成對內埕及正殿開敞的迴廊。迴廊圍繞的廟埕，實現「助人教，敦教化」思想性建築的秩序感。

保安宮中央正殿的重簷歇山屋頂上，以及屋簷下，廟裡的牆壁上，花花綠綠飾滿各式，用磁片色彩的剪黏造形，以增加光彩與熱鬧。建築裝飾無論是殿堂內的天花柱頭、神龕、或殿堂屋頂的脊飾、格扇裙板等門窗裝飾，均美不勝收，尤其可貴的是匾額、石柱楹聯皆出自名家。以文學環境點綴建築增強啓發性，用偶像以增進誘導作用。因此保安宮在磚、木、石三雕技藝的應用上，保存了裝飾性的具象藝術。

最耀眼的莫過於每年保生大帝誕辰慶典，傳統戲曲匯演，率先登場的是家姓戲，早期農業社會由各姓氏輪流主辦野臺戲，以感謝上天保佑，演出歌仔戲、掌中戲、北管等戲曲。現年與國立傳統藝術中心共同主辦，徵選脫穎而出的專業戲團，兩個月內每晚接力演出，而開鑼大戲則由重量級戲團擔綱演出，特別安排兩次以上「對場戲」、「雙拼戲」及「三場拼」，以拼戲的方式競演，致力於廟口戲曲文化的薪傳發展，使保安宮成爲戲劇重鎮。

最高潮的是保安宮民俗廟會活動，遶境出巡大同區，隊伍回保安宮後，早年原本於廟埕燒起十公尺的火龍，龍身由無數個炭火堆積而成，當一桶桶鹽撲上火龍後，頓起滿天煙霧。打赤足的抬輿乩童，毫不猶豫走進滾滾濃煙的炭灰中，完成神輿過火儀式。之後，人們紛取灰燼旁未燒完的木炭，

⌗前殿右護龍

臺灣人文采風錄

據說木炭有神明的靈氣，服用可治百病。現今改以晚間「施放火獅」，火獅腹內裝有二十餘種各型蜂炮火數萬支，在萬箭齊發、奔竄迸射技藝的火樹銀花中及蜂鳴聲，都是文化祭重頭戲之一。

保安宮中還有人們最關切的《保生大帝藥籤》，是保生大帝精研醫道，濟眾生無數，所保存兩百餘年歷史的醫帖。經專家查證，有些出自中國古代醫書，如《傷寒論》、《金匱要略》、《濟生方》、《丹溪心法》、《小兒藥證直訣》等，有些則是先人親自嘗試的經驗方。

三、結語

保安宮作為一個信仰中心，它是現世人們的精神依托，而作為歷史重地，它又與我們密不可分，在在都使保安宮有著不可磨滅的價值。恭逢二○○八年保安宮保生大帝誕辰，謹誌以此采風錄，感謝保安宮同意文字轉載，與攝影家莊明景先生提供保安宮攝影作品。

臺北大龍峒保安宮楹聯采風錄

台師大國文系講師　**張娣明**

一、前言

　　每當臺灣人民心中有困惑或希望之時，大部分人常會選擇前往寺廟，焚香祈禱，祈求上蒼保佑，祈求自己的願望都能實現，人世間的煩惱太多，於是求助於另一個世界的神明。隨著檀香裊裊升空，許多的困擾也隨之消散，眾多的心願也彷彿得到力量去勇敢追求。

↖保安宮為台北三大廟門之一（葉俊伯攝）

一走進保安宮，就會被典雅與精緻的擺設吸引。保安宮目前名列國家二級古蹟，人稱三大寺廟之一，與艋舺龍山寺、艋舺清水巖合稱臺北三大廟門，從嘉慶之後一共經過四次重修，共計三千八百四十二坪，建築用地達一半以上，成為北部首屈一指的古剎，廟宇的富麗堂皇，令人讚嘆。

保安宮建築規模龐大，造型宏偉，雕琢細膩，殿堂坐北朝南，平面成回字形，由前殿、正殿、後殿等三進式及左右護龍組成，總面寬計十一開間。後殿明間後檐柱有罕見花鳥柱一對，面向中央一側浮雕花鳥。左右護龍由前殿連通後殿，形成對內埕及正殿開敞的迴廊。

後殿後面，原是「天子門生府」遺址，昔時為了行賞乞丐們智退漳洲人，所設置安置眾乞的乞食寮。民國六十九年起建築落成為後宮凌霄寶殿四層樓新廈，佔地四百餘坪。迴廊圍繞的廟埕，中央是重檐燕尾歇山式屋頂的正殿，正面安置蟠龍柱四根，雙蟠龍的內柱為日治大正七年（1918）所刻，單蟠龍的外柱則為創建時期的原物。廊內設五大門，享天子之尊制。

一到廟門，三川殿門前分立了左雄右雌兩

從對街看保安宮前門（上）宮中牆壁上繪關公故事（下）（龔俊佃攝）

隻石獅，但其型態較為特殊，不同於眞實世界之獅貌，據推因古人從未見過眞獅子，所以便塑造了此種大尾巨眼，捲鬃張口的走獸鎮於廟前，傳說一爲仁獸，一爲法獸，有昭示百姓行仁重法的寓意。

此外廟內的書卷竹節窗、姿態威武高大的門神，以及分峙保安宮左右的鐘、鼓樓，寓意爲點醒執迷，晨鐘暮鼓等，亦饒富美感，美輪美奐。正殿牆廊上的彩繪，取材自具有情節的神仙故事或歷史演義，如八仙大鬧東海、木蘭代父從軍等，圖色均佳，是國寶級彩繪大師之傑作。

二、保安宮正殿楹聯

有一副對聯位於正殿神龕兩側柱，所謂神龕，即是臺灣供奉神像、佛像的櫥櫃，此楹聯由張書紳撰：

公實生於宋代其活民比富范之仁救世秉岳韓之義
宜與宋代諸賢並垂不朽
神固籍乎同安然俎豆遍十閩之地聲靈週四海之天
自非同安一邑所得而私
（張書紳敬撰）

對聯內容描述臺灣保安宮供奉的主神：保生大帝，降生於宋代，救濟人民的恩德可以比美范仲淹的仁心，援助世人秉持著岳飛、韓世忠的忠義節操，可以與宋代諸位賢良一起永垂不朽；保生大帝固然籍貫隸屬於同安縣，然而十閩之地

皆一同虔誠祭祀，聲譽神蹟周遍四海各地，這些自然不是同安一縣可以自私擁有的！

　　此聯首句讚揚保生大帝功德仁心可以媲美范仲淹、岳飛、韓世忠等宋代諸賢。范仲淹（898～1052），宋吳縣人，仁宗時官至參知政事，因他的義田制，造福許多族人，故受到後世景仰。岳飛，字鵬舉，宋湯陰人，屢破金軍，宋高宗親題「精忠岳飛」四字做成旗子賜與他，尤以朱仙鎮一役，使金兵重挫，然而後被秦檜構陷，死時才三十九歲。孝宗時追封為鄂王，諡武穆。〈滿江紅〉一詞，忠肝義膽之風骨，凜然而現，成為我國民族精神代表作。韓世忠（1089～1151），宋延安人，字良臣，平定苗傅、劉正彥亂事，破金兀朮於黃天蕩，功績卓著。

　　次句說明保生大帝的籍貫和其祭祀的情況。「俎豆」是兩種祭器。全聯對偶工整，兩兩相對，字數相等，結構相似，詞性相當，句法相稱，平仄相對，其中「活民比富范之仁」、「救世秉岳韓之義」；「俎豆遍十閩之地」、「聲靈週四海之天」構成兩組句中對；而上下二句又形成長句對，更見巧妙。上下兩句形成皆是六八七十音節，節奏整齊。首句「活民」之活字，意為使民活，用字靈活，是轉品的修辭格。次句「俎豆」一詞以祭器代替祭祀，以部分代全體，為借代的運用。以范仲淹、岳飛、韓世忠等人和保生大帝相輝映，顯出大帝的功業重要，是為映襯。以上可知，作者運用文字功力之深厚。

　　保生大帝或稱吳真人，或稱大道公、吳真君、真人先師、大道真人、或英惠侯等。是一位醫術高明真元壽世的

神，爲周太王子泰伯後裔，武王克商封周太王玄曾孫周章爲吳子，遂以吳爲姓，後來子孫繁衍才分出一支遷居福建泉州。保生大帝姓吳，名本（音ㄊㄠ），字華基，號雲沖，生於宋太宗太平興國四年（歲次已卯，979）三月十五日辰時，卒於宋仁宗景祐三年（歲次丙子，1036）五月初二日午時，係福建泉州府同安縣積善里白礁鄉（今漳州市龍海縣角美鎮白礁村）人，業醫。

保生大帝吳眞人事蹟，散見《福建通志》（（清）金鋐、鄭開極纂修：《康熙福建通志》（北京市：書目文獻出版社，1988年），《泉漳兩郡志》及各地方縣志，惟多略而不詳，以馬巷通判黃家鼎據宋莊郡守夏之白礁鄉慈濟祖宮碑文、楊進士志之青礁鄉慈濟宮碑文等所做之考證最詳細。其事蹟據《閩書》舊志云：

略而不詳，以馬巷通判黃家鼎據宋莊郡守夏之白礁鄉

☙宮中楹聯傳遞著先人對保生大帝的尊敬（葉俊伯攝）

慈濟祖宮碑文、楊進士
志之青礁鄉慈濟宮碑文
等所做之考證最詳細。
其事蹟據《閩書》舊志
云：

ℳ 出巡時使用的路牌（蔡俊伯攝）

「吳本生太平興國四年，不茹葷，不受室，業醫，
濟人無貴賤，按病受藥，如矢破的或吸氣噓水以飲，雖
奇疾沈痾立癒。景祐年間卒，知者肖像供奉屬虔。賊猖
獗，居民詣像請命，未幾，賊酋喪死，人獲寧居，乃創
祠祀之。水旱疾疫款款謁如響，部吏以廟額請賜名「慈
濟」。慶元中，封忠顯侯。開禧三年，亢陽為沴，赤地
千里，獨漳泉來禱，歲以大熟。鄰郡草竊跳梁，界上忽
睹旗幟之異，遂洶懼卻走，邑人以聞，加封英惠侯❶。

保生大帝少時潛研岐黃醫道，相傳十七歲時得異人傳授
仙法，修道，二十四歲中舉人，受御史多年，退隱在泉州府
白礁鄉大雁東山，一心修身練道，調藥治病，濟世救人，故
與三國華陀先師齊名，民間同視為神醫。宋仁宗明道元年，
（1032），漳泉一帶飢荒，真人使法載米濟急，越年，又患
瘟疫，即施藥救助，痊民無數。除救人外，更曾療虎喉，醫
龍眼等。是一位悟道修真的聖人，其生平由人格轉化成神
格。宋仁宗景祐三年（1036）五月初二日，修練成就正果，

---

❶ （明）何喬遠編撰：《閩書》（福州市：福建人民出版社，1994年）

五十八歲仙逝乘鶴昇天。之後屢經歷代帝王誥封,身受全臺社會大眾的崇敬。

而療虎喉一事,即與虎神有關。民間信仰中的虎神,最初僅為土地公與保生大帝收伏的麾下大將,土地公麾下的稱虎爺,保生大帝旗下的稱黑虎將軍,土地公廟中常陪祀虎爺。後演變成任何一座廟皆奉有虎神,迎神賽會時即是前進的先鋒。保生大帝收虎神的傳說如下:最初有一黑虎吞了一位婦人,卻被婦人的頭簪梗在喉嚨,痛苦萬分,於是求保生大帝醫治,大帝要求取出頭簪後需隨其左右,並且不可為非作歹,黑虎答允,保生大帝才動手醫療,從此黑虎跟隨保生大帝,最後亦修道晉升成神。

相傳保生大帝曾露旛阻金兵,援救宋高宗。高宗紹興二十年(1150)頒詔建廟於白礁,奉祀保生大帝。理宗寶慶三年(1227),因鳴鑼賣麥芽膏,引進醫癒太后病症,增封康祐侯;而後鳴鑼賣麥芽膏者,據說即出此。嘉熙三年(1239),晉封正祐公,又封沖應真人,加妙道真君。至明代因在鄱陽湖顯聖救駕明太祖朱元璋,故於洪武五年(1372),敕封為昊天御史醫靈真君。

明成祖永樂年間,皇后乳房生癰(即乳癌),御醫束手無策,保生大帝顯化為道士入宮,以絲線過脈診察並灸乳,治癒了皇后,成

△保安宮中庭與正殿(葉俊伯攝)

祖大喜，欲封賜官爵財寶，大帝不受，成祖選了一頂最華麗的七星帽，心想有通天冠怎可無九龍袍，立即脫下龍袍給保生大帝穿，保生大帝固辭而將之脫下，皇后再給保生大帝穿上，並令內侍用鎖將衣領鎖著，現在神像上的龍袍衣領雕有鎖，即源於此，成祖於是敕封其爲保生大帝，並賜二位元帥和二位太監服侍保生大帝。皇子仁宗即位，在洪熙元年（西元一四二五年），晉封恩主昊天金闕御史慈濟醫靈妙道眞君萬壽無極保生大帝，重建慈濟宮。

此外也有人稱保生大帝爲吳猛或孫思邈，或爲唐代人，或爲宋代人不一而足，不過大抵都和醫術有密切關係，所以大道公被臺灣人視爲「醫神」。而今日保生大帝手持空劍鞘，和他看似儒雅斯文的相貌頗不搭調，原來與其陪祀官將有關：三十六官將是保安宮正殿的陪祀官將，相傳玄天上帝向保生大帝商借寶劍，意欲除妖，於是將侍神三十六官將留

三十六官將協助保生大帝除魔（左）保安宮將年香火鼎盛（右）（葉俊伯攝）

下作爲抵押，事後玄天上帝竟然食言不歸還，於是保生大帝從此僅存空鞘一把，而捉拿妖魔鬼怪一事就交由三十六官將協助。

臺灣昔爲瘴癘之地，醫藥不發達，移居臺灣先民爲了與大自然之各種疾病相抗衡而求生存，於是奉祀醫神保生大帝。因而從一地供奉保生大帝廟宇的數目多寡，就可窺知一地開發之早晚。大龍峒保安宮初建於清嘉慶十年（1850），主祀保生大帝，直接由大陸同安縣分靈來臺，當時這附近幾乎爲同安人地盤，大龍峒舊名大隆同，就是「盛大興隆同安人」之意。

保安宮每年農曆三月十五日，保生大帝聖誕，迎神賽會之盛，不亞於大稻埕霞海城隍爺，與艋舺青山王的祭典。林黎撰《蓬壺擷勝錄》載：

> 每逢三月十五日保生大帝誕辰，那賽會的盛大僅次於霞海城隍祭，……又從前每當賽會之後，保安宮必大放火獅，所謂火獅，也是煙火的一類，他是用薄竹做爲中心，上面纏縈了各色大砲，頭上裝了紙糊的獅子頭，所以人們管它叫做火獅，燃放的時候，砲聲隆隆，火箭四射，光耀奪目❷。

光復之後，火獅已不可見，祭典前一天的出巡遶境，仍

---

❷黎澤霖：《蓬壺擷勝錄》，（臺北市：自立晚報，1972年）。作者筆名林黎。

是臺北市區很盛大的迎神賽會，這項保生大帝出巡活動，最大特色是許多神明乘坐的已不是傳統大轎，而是彩裝成各式各樣的花車，諸如獅車、風火輪車、麒麟車等。臺灣保生大帝廟共有近三百座，在諸神信仰中排名第八位，最著名的廟宇，北部以大龍峒保安宮、永和保福宮，南部則以臺南縣學甲的慈濟宮、臺南市的廣濟宮為主。

三、保安宮後殿神農壇楹聯

在後殿神農壇左右後步柱柱聯：

保民無疆惟神開物成務肆於時夏
安人則惠若農服田力穡乃亦有秋
（趙雲石拜撰　龍峒弟子黃贊鈞敬書　戊午重修徵
聯第一　泉郡進士汪杏泉孝廉龔顯鶴評選）

內容謳歌：保育蒸民法力無邊，只有我們偉大的神啊！通曉萬物的道理，以此完成天下的事物，在夏季時竭力做好；安定人心對待黔首用最大的恩惠，就好像農民處理田中事物，極盡所能地收存穀物，也已經好幾個秋天了吧。

對聯內容在推崇神農大帝教民耕種之功，並且感激神明眷顧蒼生。首句的「肆」意義上為極盡、迅速、竭力。下句「則惠」的「則」字解做對待，似乎較為恰當。「服田」的「服」字應解做擔任、做事。穡字音ㄙㄜˋ，收穫儲存穀類之意。「有秋」的「有」字無義，名詞前做襯字用。裡面

臺灣人文采風錄

「肆於時夏」「乃亦有秋」，筆者以爲不可僅限於字面上解釋，兩句可解爲：不管何時，神農對民眾的功德和庇蔭，都隨行左右。另一方面也正好表現，務農者盛夏力作，秋天收成的情況。

全文對偶工整，其中保安對、神農對、夏秋對皆可見出用心。全聯爲戊午重修徵聯第一，泉郡進士汪杏泉、孝廉龔顯鶴評選，趙雲石拜撰，龍峒弟子黃贊鈞敬書。進士是指科舉時代會試考中的人。孝廉原是漢代時各郡推舉之人才，以後即指舉人。是一副經過文人推選的對聯。

保安宮後殿主奉神農大帝，大小神像鎮坐其中，身披樹葉，手執稻穗，儼然一副上古人類的裝束模樣，神眼炯然親切。神農大帝是三皇五帝時代的帝王之一，誕生在姜水地方，因此以姜爲姓，歷代史書記載極多，然而眾說紛紜，綜合來說如下：「因天時相地宜，始做耒耜，教民務農，故稱

保安宮後殿主祀神農大帝，代表我國務農傳統（葉俊伯攝）

神農，以火德王，亦稱炎帝；在位時，爲草木之滋，察寒溫之姓，嘗百草以治民疾，初都陳，後遷魯，立百二十年崩，葬於長沙。」

神農氏由於曾經教導人民耕種方法，直到今天，仍是三皇五帝中最享香火者，民間又稱爲：五穀先帝、開天炎帝、五穀王、粟母王、五谷仙帝、先帝爺、藥王大帝等。以上這麼多的別名是有典故的：由於傳說興於南方，也就是神農氏部族發展於江淮農業區域，於是被奉爲長江流域第一位古帝。曾做耒耜，是我民族農業的創始者，於是尊稱五穀先帝。又嘗百草，和藥濟人，因此奉做藥神。而定日中爲市，以物易物，製陶器，以利民用，故有其民族是紅陶文化發明者之說。這些傳說，說明了神農大帝歷代被全國農民、醫藥界尊崇的景況。

四、結語

臺灣地區的神農大帝祭典，分爲兩天舉行，臺北市保安宮後的神農殿，歷年都在農曆四月二十五日，由臺北市農會負責主辦莊嚴正統的三獻禮祭典。四月二十六日是神農大帝的神誕，臺灣各地神農廟，在這一天都有盛大祭祀活動，大部分寺廟更要舉行法會爲神農氏祝壽。

神農大帝是農神，爲農夫的守護神；保生大帝是醫神，在古代醫藥不發達的時代，祭拜保生大帝等於心理治療，求得全家的保健與平安。

254

臺灣人文采風錄

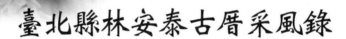

臺北縣林安泰古厝采風錄

文大中研所博二　　**黃世豪**

一、古厝歷史與遷建經過

　　林安泰古厝由祖籍福建安溪之林志能（林回公）所建，林志能之父林欽明（林堯公）於乾隆十九年，率領林氏一家人東渡來臺，先在淡水地區居住，後又遷至林口庄。林志能為林欽明的第四子，善於經商，在艋舺開設了「榮泰行」經營船頭行及雜貨店之生意，逐漸累積財富，後於現今四維路141號處建造古厝。古厝主體建築約完成於乾隆四十八年（1783）至乾隆五十年（1785）之間，而其左右護龍的工程也於道光二年（1822）至道光三年（1823）中陸續完工。古厝整體建築完竣後，林志能將其定名為「安泰厝」，取自故鄉福建泉州安溪之「安」與自己經營榮泰行之「泰」的合稱。古厝係坐北朝南，為一棟二進五間起四合院形制的宅第。

　　民國六十七年時，林安泰古厝因未被列入古蹟，且正好位於敦化南路拓寬用地的範圍內，在當時以都市計畫為優先考量的前提下，林安泰古厝遂遭到拆除的命運。幸而在

專家學者的建議和奔走下成立遷建計畫，依照計畫拆除時先拆裝飾及附屬物，再拆隔間，最後由屋頂向下拆。古厝的一磚一石一木，經丈量記錄、分類、編號，繪製成藍圖，做為日後施工時的依據。歷經五個月，拆卸和整理的工作完成，但是遷建的地點卻遲遲無法定案，所有建材在往後六年內輾轉暫放安和路及和平西路之倉庫及高架橋下，直到遷建地點確定後才得以重見天日。並在古厝拆除七年後，由臺北市工務局新建工程處負責在新生公園後門靠近濱江街處著手進行重建作業。民國七十五年十一月正式完工，並由公園路燈工程管理處負責管理維護，民國七十六年六月十七日正式對外開放，復於民國八十九年五月規劃為「林安泰古厝民俗文物館」。

二、古厝建築之美

由古厝大門進入，門後有一頂花轎陳設。隨後映入眼簾的是古厝正門的外埕廣場，外埕廣場中央是半圓形的月眉

⇲大門後的轎子

⇲外埕廣場有月眉池

池，水池周圍地上鋪設的磚石是紅普石，這種磚石的優點是不長青苔並具防滑效果。據說當時來臺的大陸商船為避免船身不穩，因此於船底放置紅普石以做壓艙之用，所以紅普石又稱為壓船石。水池為古厝提供了防火、供水及降溫的功能，池中魚群悠游水生植物之間，並有為數不少的小蝌蚪，頗令人驚喜。

　　古厝的屋脊結構，採用一條龍的單脊做法，屋脊的燕尾曲線自然柔和。大門的門枕石、門墩及門臼，係由整塊石頭雕刻而成。正門兩旁青斗石柱上的對聯刻著：「安宅惟仁知其所止，泰階有道奠厥攸居。」青斗石門檻、楹柱的雕花，甚至每扇門窗的圖案，刻工精細，栩栩如生，表達了忠孝傳家，祈求吉慶的寓意。門牆的左上方刻有花瓶、水果、煉丹爐等圖案，右上方刻有官印、令旗、盔甲等代表文武雙全。屋簷之下則雕有飛鳳雀替、垂花吊筒以及古琴和夔龍等吉祥象徵。

　　進入正門，抬頭一望，可見雕工精美的斗拱。在傳統建築中，斗拱的作用在於支撐屋頂的重量，藉以抵銷部分源自

一條龍式舉脊燕尾

飛鳳雀替、垂花吊筒

屋頂的壓力，延長建築物的壽命。其次，斗拱的精美雕刻也可做為裝飾，讓建築物更為美觀。

古厝屋身的建築，木材採用福州杉，而石材則採用觀音石。牆壁以紅磚、土磚、桂竹筋及蘆葦莖編織成體，再覆以泥土，並用石灰加以粉刷而成。屋體的結構大部分建材使用榫頭接合，加上斗拱的設計，可以減低地震的危害。

整個建築是以二進正廳為中軸線，是家族祭祀祖先重要場合。正廳中神龕的雕刻是古厝雕刻中最精華的部分，其上有「九牧傳芳」匾額，周圍刻有老萊子娛親、三羊開泰、堯請舜出仕、孫真人點龍睛、許真人醫虎喉等忠孝故事，下方則是以夔龍圖騰刻劃出的福、祿、壽、全。此外，神龕格扇上左右共有三百朵不同形狀的花朵，更是匠師巧妙呼應著「九牧傳芳」的靈巧。正廳內的對聯巧妙的運用「安」和「泰」開頭造句，是後代子孫祭祀祖先的處所，現今每年五月都會舉辦傳統祭祖大典。內埕內護龍板上刻有吉祥圖像，其中刻有「道光通寶」的字樣銅錢，是古厝建於道

↳斗拱

↳內部屋頂榫頭接合結構

臺灣人文采風錄

光年間的證明。

　　書房在古厝建築的右側，是從前林家子孫習文之處。書房內現擺設學生上課用之小桌椅，和黑板、電視等教學設備，猶如學校的教室，外觀雖仍為傳統建築，而內部擺設則多了現代感。在書房的右後方，有一座小小的土地祠，裡面供奉著一尊的小小的土地公，雖然已無香煙環繞，但土地祠後的竹子卻點綴著幾份清幽。

✍書房前門

✍書房後方的土地祠

✍右側護龍門廊

三、參觀後語

　　搬遷之後的林安泰古厝，已由相關單位負責管理維護，並開放參觀，使得這有二百餘年歷史的老建築能在現代生活之中重拾記憶。每逢假日，參觀人潮明顯多於平日，而除了可見一家老小相攜前來外，尚有學生的校外教學，以及情侶檔、夫妻檔的遊客駐足其中，常見的則是三三兩兩或結伴而來的攝影愛好者，也為古厝留下了各個不同角度的風貌。

　　古厝鄰近大佳河濱公園，在參觀完古厝的建築之美後，也可轉往河濱公園散散步，欣賞飛機的起降，度過知性而悠閒的一天。

臺灣人文采風錄

臺北西門町人文采風錄

文大中研所碩二　**任國緯**

一、前言

　　從小在西門鬧區長大的我，住的是鬧中取靜的房子，對於這塊年輕人聚集朝聖，流行元素川流不斷的繁華鬧區自然是比其他人多了份親切感。雖然目前已搬離此處，隨父母在桃園落籍而居，但每次回到這裡，腦海中的童年記憶自然浮現，西門鬧區裡的建築與景觀，對我來說是格外的熟悉。這次的期中作業，邱老師希望我們能寫出自己住家附近的人文采風，聽到主題的時刻，所出現在我腦中的，則是西門鬧區周邊的特色建築，當下我便決定從這塊區域出發，將周邊別具特色與意義的建築記錄下來，讓大家對於此處能有更進一步的認識。

↘西門紅樓的正面外觀

二、西門町人文采風兩則

㈠西門紅樓及其周邊廣場

　　西門紅樓位於臺北市萬華區的成都路上，緊鄰西門町徒步區。外觀兩層高的這座紅磚洋樓為1908年所建的三級古蹟，而該古蹟建築最獨特的地方，是其外觀為每正立面八公尺，也因此，該建築於日治時期通常被稱為「八角堂」。

　　八角堂主建築體後面連接著的是十字型一樓磚造樓房，結構不太相似的這兩棟建物合稱「西門市場」，紅樓則為市場的入口。日治晚期，該市場範圍拓展到以成都路、西寧南路、內江街所圍成的梯型區域，並維持此一格局至今。戰後，接收八角堂的滬商業者因建築的紅磚外觀，改名為「紅樓劇場」。1963年後，紅樓劇場放映電影，因此又被稱為紅

樓劇院，或簡稱紅樓，1997年臺灣內政部將紅樓列入第三級
古蹟，定名爲「西門紅樓」。

　　西門市場入口的兩層洋樓，即爲現今紅樓，因其外觀爲
八角形，因此被當地日人居民稱爲「八角堂」。八角堂從立
面可見有八面老虎窗，每立面外牆的女兒牆裝飾突出的三角
形的山頭，外牆則以洗石子仿造山石充作橫帶裝飾。在內部
方面，八角堂採用八角型樑柱系統爲鋼筋混凝土構造，上面
爲鋼鐵支架撐起的八角形屋頂，以空間論，約可包含二樓的
八角型大廳與一樓入口大廳與分居八角落的八間小店鋪。
1908年落成後，西門市場一直是臺北當地日本移民的主要消
費市場，除了充當傳統市場的十字形西門市場外，八角堂的
紅樓建築的一樓共八間小店鋪也分別販賣休閒文教用品與西
藥等用品，八角堂二樓則販售臺灣土產、明信片、日本土

八角樓的背面外貌

產。

　　今天我們所見到的西門紅樓，二樓部分仍採用劇場的經營模式，提供空間給藝文團體作爲表演場所，一樓的部分則是不定期的藝文主題展區以及紀念商品的販賣部門。而紅樓後方經重整改建後的舊市場，如今也是風貌丕變，小店鋪內所販售的都是極具想像力與個人巧思的個性商品，在店內當家做主的則是充滿熱情與活力的七年級年輕小老闆。至於紅樓外的廣場空間，以紅樓爲界，門前的區域是假日「創意市集」的聚集地，也可登記租借，當作發片歌手的簽唱會地點或是大型主題園遊會的舉辦場合。至於紅樓後方的廣場空間，在店家的規劃經營之下，如今已成爲異國料理及露天酒吧林立的新興天堂。這塊鬧中取靜的寶地，入夜之後，華燈初上，在絢爛華麗的霓虹燈光以及噴霧乾冰的催化之下，更是充滿了一股濃厚而神秘的臺北都會風情。

臺灣人文采風錄

早期的老舊市場今天是充滿創意的個性店鋪

☜紅樓前廣場的假日創意市集

㈡臺北天后宮

位於成都路上的臺北天后宮，夾雜在一排的服飾店和髮藝店之中，是西門商店街中一處鬧中取靜的清境之地。在人潮穿梭頻繁的成都路上，只要稍為的不留神，往往容易讓人經過而不自覺。

主祀聖母媽祖的臺北天后宮，正面所見到的是一棟三層樓高的老舊紅磚牆建築，門上楹柱雕有雙龍，門前四隻石獅雕像張口而立，加上各項的精緻石雕，突顯了佛門清境而莊重的氛圍。

天后宮的外觀是一棟三層樓高的建築，二樓以上是早期的圖書館，初入口在廟門的正後方。舊時圖書館內部沒有空調設備，常因通風不良而導致悶熱難耐，但來此處閱讀唸

書的學子仍未間斷，後
來雖然改善了通風的問
題，但廟方卻因不明的
原因，於十多年前停止
開放圖書館的使用。圖
書館的正面外牆掛有民
國四十六年時監察院副
院長周百鍊先生題贈的
「天后宮媽祖圖書館」

位於鬧區中的臺北天后宮

木製匾額一副，雖已歷經半世紀的歲月洗禮，木匾上的刻字
依然清晰可見。三樓的外觀有四支刻有圖案的石柱，中間兩
支石柱上更有「新宇仰聖儀溯昔崇功鈿七縣，興基祀母后而
今易址仍萬華」的對聯浮雕，從這些斑駁的磚牆，老舊的石
像、石雕，舊時的贈匾與浮雕之中，更能明顯的感受天后宮
所經歷的歲月。

　　目前坐落於成都路上的臺北天后宮，事實上卻已是經
歷過多次的遷宮與重建才有了如今的風貌。清乾隆十一年
（1746），天后宮建於艋舺直興街（今貴陽街與西園路交叉
口），當時名為「新興宮」，主祀天上聖母──媽祖。至民
國三十二年二次大戰末期，日本政府拓寬道路（今西園路）
強制拆除舊宮，聖母神像則暫奉於萬華龍山寺後殿供祀，民
國三十七年覓得「弘法寺」（即天后宮現址）作為新廟址，
於當年農曆六月初一入廟奉祀。民國四十一年更名為「天后
宮」，民國四十八年天上聖母一千年聖誕紀念日，由眾善信
士捐錢輸力，重建廟宇，之後陸續完成主殿、偏殿以及玉皇

🔖 陪伴天后宮成長的浮雕對聯

殿。

　　融合了舊宮拆卸的精緻石雕，弘法寺遺物及現代建築精細雕琢工法的天后宮，成功的結合了過去與現在，足以讓人神往。天后宮正殿供俸天上聖母，及其座下兩大神將──千里眼與順風耳。左龕恭拜觀音佛祖註生娘娘，右龕敬奉關聖帝君與文昌帝君，其他則有弘法大

🔖 遷址後的臺北天后宮

師、地藏王菩薩、玉皇大帝、三官大帝、福德正神，以及太陽、太陰神君等諸位神明菩薩。

　　值得一提的是，天后宮的鎮殿媽祖係由大陸奉迎而來，至今已有兩百多年歷史，觀音佛祖的神像，則是以古銅錢疊積塑成，而弘法大師的神像乃是前「弘法寺」神尊，每年日本高野山本寺皆派僧侶前來此誦經參拜。而廟方每年最盛大的活動，則是在農曆三月中旬媽祖的誕辰日所舉辦，不但有祈福點燈的誦經法會，周邊街上還有大批陣頭遊行的隊伍，就連廟方也會請來為期約兩個星期的歌仔戲表演，隆重的慶祝這每年一度的重要日子。

三、結語

　　西門鬧區的熱鬧繁華，為這塊空間注入了活力與商機，而藏身在鬧區中的西門紅樓與臺北天后宮，不光是臺灣各地來的遊客，就連初來乍到的外國觀光客也對它們備感興趣。希望這篇采風錄的描寫，用深入淺出的文字讓大家更了解這些建築在光鮮華麗的背後所滿載的過去歷史，在遊賞拍照的同時，能夠多認識關於西門商圈內鮮為人知的人文風情。

臺北濟南、徐州路人文采風錄

文大中研所博一　**蔡淑慧**

前言

　　從濟南路口下了公車，只見轉角濟南教會的那一株擎天樹，以幽雅的姿態，笑看紅塵，這是我每天必經的上學之路。

　　方圓八米裡，有百年歷史的成功中學校園左側花園內，佇立著「馬到成功」、「至聖先師孔子像」、「鄭成功紀念碑」三種印記。

　　如果妳經林森南路，由側門造訪臺大法商學院，沿著小椰林大道前行，舉目所見，皆是文藝復興式的古典建築。

　　穿過有著有池塘的日式圓形花園，妳就來到徐州路的市長官邸，完全和式風格的造景、屋瓦、庭園。讓妳忍不住流連再三。

　　這便是我的方圓八米「臺北濟南、徐州采風錄」。

成功中學校門

化作春泥

每次老朋友問起：「教學的日子可好？」我便會忍不住微微笑著，眼睛裡寫著的應該是「幸福」這兩個字吧！

我想我永遠不會忘記，和你們初識的秋，你們開始承續濟城學子的傳統。努力練習如何勇敢看著你們且不

▲成功中學校景

發抖，也是新鮮人的我，努力作你們的老師。次年春天，當我第一次看到了在校園裡漫天飛舞的紫藤花，就在鋪滿紫藤的花徑上，我感動的流下眼淚，我覺得已找到一個可以深深愛著的理由了。

然後，我們都升上二年級，你們更有自信，也多了些頑皮，有時候還挺放肆，尤其你們在球場上廝殺的豪氣率性，不扭捏，全校一起加油時，如排山倒海的喧鬧，充滿了生命力。廊廓隨風搖曳的紫色小花，四維樓前那兩株永不遲到的木棉，還有福利社轉角迎天的楓樹。這些聲音、氣味和顏色，將融疊成記憶的網，或許有一天午夜夢迴時，你們將憶起紅顏年少的珍貴。

常常我在很晚的時後，伴著星星踏上歸途，還看到一個個燈下苦讀的你們。是的，你們有場艱苦的戰仗，期能戰勝展翅高飛。十八歲的青春，是應該要盡情的奔恣，努力摘取

屬於你們的桂冠的。

一年春事都來幾？

這些日子，我常會想起，曾和你們相遇的那年春天。

三月微風的清晨，漫步紫藤花徑的我，看見花從天上飄過了牆，翻飛在風裡，輕拂過一生中有著最好看臉容、春衫逸逸的你們；然後，靜靜的飄落。

我安靜站著，看了許久。

是葛利格的a小調，第二樂章裡的花香漂浮著，當花隨風而逝，浮現出第三樂章鋼琴的末語。是的，如果能夠，在這般有著紫藤花樹的校園裡，同你們說說話，分享春天的秘密，一種非常美麗的相遇……。

爾後，我又驚喜的發現，站在高高的教室裡，看校園一隅的紫藤花樹，感覺也很美好。紫色的蝶衣，在風中欸款乃，考堂上的我，心早已緣窗飛了出去，依在淺紫的花香奢侈著。這時候，我真的很想叫你們放下筆，同我一起看花。

我想給你們蕭邦，和一點點的史克里亞賓，就跟著我，隨著花香，同音樂精靈漫舞。詩人陳黎以為：蕭邦第二號鋼琴協奏曲的第二樂章，可以找到幾多，像

成功中學

花一樣飄落，閃爍在夜空裡的紫色星星。我能同意的，地上的花是天上的星。蕭邦的弦音裡，你們一定可以聞到春天的花香，感覺到春天的溫柔，春雨的歡欣罷。而春天的雲，一如史克里亞賓的不安，你可以感知靈魂深處裡，如雲的自由。

所以當你們在我音樂的扉頁裡，碰觸到紫藤花瓣的魂，請不要苛責我的浪漫。

是因為春天，春天紫藤花開的緣故罷。

依依夢裡

猶記得當時春雨漫漫，不意行經石牆外的我，驚艷於校園紫藤落花，心想若能在如此美麗的花林任教，該是多浪漫的情事！

緣著這等想望，隔年秋，我竟如願能站在這校園，望見翻飛在風裡的紫藤。除了不准旁人將它裁剪，也經常撿拾以為珍愛，並端慎拍下在花間留連的身影置於案上，日日溫習。

只可惜自然有它的緣法，我如此在意的呵護著，洋紫荊還是氾濫到不見紫藤蹤影，從五月盼到起風，到年底終究放棄了。

紫藤在校園一隅，漫漫開了花，風吹過來的時候，我的心也彷彿從窗外飛了出去，想在淺紫的花香裡親吻著風。

就在這般奢侈的心情裡，走進教室，看花全謝了…，是雨後花落嗎？不見了紫的新色，只留下一般的綠，雖然綠還

是好的……

　　啊！紫藤已杳。

附錄

㈠濟南教會

教會設立到日據時期

　　荷蘭人於主後一六二四年（明末）由臺南安平港登陸佔領臺灣，建立「熱遮蘭城」（Castle Zeelandia）做為控制臺灣的據點，並開始向臺灣原住民傳佈基督教和使用荷蘭拼音羅馬字（俗稱白話字）。荷蘭人於一六六二年退出臺灣，基督教也隨之消逝，只留下荷蘭拼音羅馬字，成為臺灣推行羅馬字運動之珍貴資源。

　　一八六五年五月，英國長老教會宣教師馬雅各醫師（JamesLMaxwell,M.A.,M.D.）與助手陳子路、黃嘉智、吳文水來臺，六月正式在臺灣府開始工作，杜嘉德牧師（Rev. CarstairsDouglas）也一同渡臺佈教，基督教才再次傳到臺灣南部。一八七二年三月，加拿大長老教會宣教師馬偕牧師（Rev. George Leslie Mackay, D. D., 又稱偕叡理牧師）由英國長老教會宣教師李庥牧師（Rev. Hugh Ritchie）及德馬太醫師（Matthew Dickson, M. D.）陪同抵達淡水，開始在臺灣北部地區傳教。隨後基督教（長老教會）即逐步傳遍全臺灣。

　　一八八四年法國軍艦封鎖基隆淡水之前，臺灣人對外國人（宣教師）缺乏足夠信任，亦懷疑本地籍的傳道人和基

督徒與法國人串通聯合，乃百般虐待基督徒甚至折磨至死。雙方開火後，暴徒蜂湧將北部七所教堂燒燬，財物擄掠殆盡。許多基督徒遭殺害，這是臺灣教會自成立以來第一次受逼迫。

一八九五年四月滿清政府與日本簽訂馬關條約，將臺灣與澎湖列島割讓給日本。在五月日軍登陸臺灣之前，一些人懷疑基督徒串通日軍，許多基督徒慘遭嚴重

濟南教會

迫害。當日軍佔領臺灣，又誣指基督徒唆使暴徒反抗日軍，因此逮捕基督徒予以虐待殘殺，教堂被佔為駐軍之用，這是臺灣教會（長老教會）第二次受逼迫。所幸仍有不少鄉紳有識之士，當日軍於五月包圍臺南之時，敦請巴克禮牧師（Rev. Thomas Barclay, M. A, D. D.）和宋忠堅牧師（Rev. Duncan Ferguson, M. A.）以市民連名請願書往見乃木希典將軍，使日軍順利入城，免除一場浩劫。成為臺灣人與日軍之間的和平使者，建立互信基礎。

一八九三年九月六日馬偕牧師告假歸鄉加拿大，一八九五年十一月間馬偕牧師自加拿大返回臺灣，看見教會遇害甚重便往見日本總督乃木希典將軍，告以基督徒受害之狀，當時乃木將軍立即起立握住馬偕牧師之手，凝視片刻

說：「原來如此，余聞之也不忍心，抱歉！抱歉！除了道歉之外，沒其他可說了。現在行政已上軌道，治安漸趨平靜，希望你放心。」馬偕牧師聽了十分感激。臺灣南北基督長老教會遂與日本在臺的軍政府建立友善的關係。奠定日本基督教會（長老會）與臺灣長老教會之間往後長期合作關係的基礎。

一八九五年九月日本教會以慰勞軍人的名義，派日本基督教會（長老會）細川瀏牧師、浸信會士川龜牧師、美以美會武田芳三郎來臺。他們盡力與日軍駐軍司令聯繫，多方協助臺灣教會。細川瀏牧師更遍訪澎湖及臺灣南北各教會，最後於十二月四日晚上在艋舺教會與馬偕牧師見面，共同舉行日本人與臺灣人的聯合禮拜，以英語、日語及臺語主持禮拜、講道、勉勵、彼此交流，充滿喜樂。見證跨族群、跨文化的合一。

一八九六年五月日本基督教會傳道局感到臺灣傳道的緊急需要，派河合龜輔牧師來臺向日本人傳教，六月河合牧師抵臺，當時臺北已有少數日本基督徒不分教派組織「基督信徒一致會」，熱心研究聖經、祈禱、聚會、禮拜。河合牧師一來旋即倍受歡迎。七月四日馬偕牧師在艋舺教會禮拜堂與十餘位日本基督徒舉行親睦會歡迎河合牧師。並決議請河合牧師在臺北做日本人的牧師（因臺灣長老教會已經向漢人及原住民傳教三十年），委由河合牧師籌設教會從事對日本人傳道的工作。推薦田川大吉郎、長野源吉、水崎基一、萱場三郎、今井榮吉、山田新助等六位做委員。七、八兩個月借用臺灣人所使用的艋舺教會禮拜堂聚會做禮拜，第一次僅有

四位出席。當時雖語言不通，馬偕亦鼓勵臺灣人信徒參加。隨聚會次數的累積，出席人數有時增加到將近二十名，不久又得到李春生先生的協助將聚會場所改在新起街（即現在的西門町漢中街）所借房屋聚會。有時改至北門街的日本物產會社內，幾次變更聚會場所，直到九月承蒙馬偕牧師及李春生先生的好意，在新起街得到一個房屋，至此開始有自己固定的聚會場所（根據當時的記錄，出席禮拜者計有四十名左右，祈禱會十多名，慕道者十五、六名。），而在這個月的二十七日首次得到二位接受洗禮。

一八九六年十一月日本基督教會大會派遣傳道局長大儀見元一郎先生從日本來臺視察，即趁此機會，於該月二十二日協議決定正式成立「臺北日本基督教會」簡稱「臺北教會」，此即現今臺灣基督長老教會臺北濟南教會之前身。參加這次會議者計有四十名，同時推薦四名擔任長老，獲得推薦擔任教會最初長老的殊榮者是山田、萱場、森、山下等四位。當天晚上由馬偕牧師及臺灣南部長老教會宣教師宋忠堅牧師行按手禮就任。參加者有臺人及日人共兩百多名，在莊嚴肅穆中結束。

一八九七年，為了紀念日本基督教會二十五週年暨臺北教會一週年，舉行一星期連夜的佈道大會。一週間連夜開祈禱會懇求神的幫助，節目裡包括長野源吉、李春生、嚴清華牧師致詞、河合牧師的歷史演講及馬偕牧師的講道。根據記載參加者臺灣人一七○名，日本人一五○名。

一八九八年日本基督教會體認臺灣傳道工作的迫切需要，乃撥一五○○圓作為臺灣傳道費用，並為之募款。此

時，臺北教會出席人數漸增，座位有限，甚至有人要站在會堂外參加禮拜。於是河合牧師提議計畫建築會堂，決定募捐五千圓預算，先由婦女會計畫舉辦音樂會，在北門十字屋樓上舉行，當時兒玉源太郎總督也間接協助，德國領事及荷蘭領事館書記官，並以小提琴及風琴合奏會協助募款，並得各方面的支持，非常成功。募得一○八元四十六錢七厘。李春生先生先捐西門街外三百坪土地（西門街外三丁目新起街二丁目）及現金二千圓，馬偕牧師捐八十圓及吳威廉牧師（Rev. William Gauld, B. A., D. D.）捐五十圓爲首開始幕款，得到諸教會及信徒熱心奉獻四千四百餘圓，總計達六千餘圓，於一八九九年二月動工建築禮拜堂，並於一九○○年二月十日竣工，舉行獻堂感恩禮拜。隔日二月十一日舉行河合牧師就任典禮。

從此河合牧師率全體長執與信徒，大家誠心誠意的全力合作，傳福音的地方不限於臺北市，鄰近的基隆、淡水、南崁、臺中，有時也到花蓮、臺東、高雄等地去佈道，足跡遍及全臺灣。

九十年來（一九一六年～二○○六年），這座教堂雖然歷經大風暴雨及強烈地震與幾次戰亂，仍然屹立不移。擔任這個禮拜堂的設計師是井手薰先生，他也是總統府大廈的設計人，並由森山松之助先生擔任顧問，經由他們的精心設計及細心指導，才有這樣歷史性的建築，使在此出入聚會做禮拜的人，從心底表示崇高的敬意和感謝。濟南教會曾於一九八五年（民國七十四年）一月~六月大整修這座禮拜堂。

戰後日本人信徒陸續返國，當時其他各地日本教會的聚會都沒有人，大家都由各地聚集到臺北幸町教會，一批一批的回到日本。濟南教會成為在臺日人信徒最後唯一集會點，上與二郎牧師一家也於一九四七年回到東京，隨即以由臺返日的信徒為中心，創立「千歲教會」。

戰後太平町教會併入母會幸町教會，並移交會籍給長老教會北部大會的會友，有陳銘德、董大成、吳震春、林國煌、李柱、李杜、林宗義、盧俊祺、杜德和、高慈美、楊凌祥、楊忠實、徐千田、蘇錦雀、蔡月娘……等人。其中多人現仍參與在濟南教會中。

戰後「幸町教會」因地名變更，改名為「濟南街教會」，後再改名為「濟南路教會」，最後改名為「臺灣基督長老教會臺北濟南教會」簡稱「濟南教會」。

(二)成功中學

臺北市立成功高級中學，前身是日治時代的「臺北州立第二中學」，簡稱「北二中」是民國十一年以地方人士之倡議設校於萬華祖師廟，越二年，旋於今址創建校舍，翌年夏落成遷入啟用。

民國三十四年八月臺灣光復，在校之臺籍教師林景元先生偕耆宿魏清德先生共同接掌校務，於翌春奉令更名為「臺灣省立臺北第二中學」，後眾議定名為「臺灣省立臺北成功中學」，乃寓抗戰勝利建國成功之意，並以資紀念鄭成功驅荷開臺。三十五年秋教育部程督學時煃蒞校視察，亦藉此意，為本校譜製校歌歌詞。

民國三十五年二月，首任校長何敬燁承辦校政，督導州立二中原四年制第二十一屆畢業考試，將願留校肄業之應屆生收編入高二，原肄業三年制學生則編入高一，綜計高中部三班，初中部十一班，至是學生日增。

民國三十八年七月何校長卸職，省派左潞生接任，時逢南方資料館與行政專校假本校教室次第成立，左感於班及學生人數達於飽和，建築設施不敷使用，遂採非常之二部制教學。是年多增設平房教室十間，校舍乃得以勉強敷用。

民國三十九年五月左校長辭職，以教育廳專門委員張振宇攝之。七月正式委派校長之職潘振球，當時行政專校及南方資料館亦先後移徙，乃恢復全日上課。民國四十一年秋奉令施行生活中心教育實驗，試辦課程教育及訓導各層面之革新。冀矯正教育未能與生活結合之弊，是實驗至五十年奉令專辦高中教育時方告截止。

民國四十三年秋，奉令開辦夜間部，首設初中，高中延至五十三年方予增設，同年初中部停辦，至七十年夜間部停止招生，逐年結束。

民國四十四年一月，奉令疏散學生，先於桃園茄苳溪成立分班，七月復設立

成功中學孔子雕像

「臺北市五省中桃園縣聯合分部」，至四十八年春以規模漸趨成熟，奉令獨立設校，易名爲「臺灣省立武陵中學」。

民國四十五年夏，潘校長轉任省訓練團教育長職，由教務主任薛光祖陞任校長，積極推動教育改革方案，注重民族精神教育及充實科學教育，三樓圖書館一座於民國四十九年增設完畢，隨即籌設專科教室。

民國五十三年，潘前校長振球任省教育廳長，委薛校長主任秘書職，而由劉芳遠氏接任本校校長，奉令專辦高中，本校改隸於市府，正式命名爲「臺北市立成功高級中學」，研擬四年計劃，購回校內榴公圳地三百餘坪，建築體育館，科學館及四層教學大樓一棟。

民國六十二年春，劉校長任教育團體立法委員，由李大祥接任。李校長領導校務推廣，不遺餘力，在任期間，將原濟南路側舊校舍拆建爲五層教學暨行政大樓。

民國七十五年二月，李校長調掌建國中學，由中正高中于維魯校長調任本校。四年餘來，積極推動校舍設備汰舊更新，教學活動與行政業務之精緻化。學生表現優異，屢創佳績，校園充滿一片欣欣向榮，學生之發展與日俱進。

鄭成功紀念碑

民國七十九年八月，于校長退休，由士林高商李咸林校長調任本校，積極推動校舍設備汰舊更新，加強教師進修研究，提升教學效果，校園讀書風氣鼎盛，升學成績表現優異。期間首創高中網際網路之建立，學生參與國際資訊競賽連續數年獲得獎牌，為國爭光。

民國八十五年八月，李校長退休，由中正高中江清水校長調任接掌本校，繼續推動行政與教學結合，學校校務發展蒸蒸日上。教育部指定本校為圖書館重點發展學校。

民國八十八年八月，江校長退休，由松山高中鄭英敏校長調任，以人性化行政為核心，行政制度化、計畫前瞻化、過程民主化、方法科學化，提升教育品質，塑造優良學風。

民國九十五年八月，鄭校長退休，由永春高中朱燦煌校長調任，提出學生第一、受教優先、教師專業、卓越領航、行政效率、一流團隊、家長參與、多元永續治學理念，繼續帶領成功，邁向新里程。

八十餘年悠悠歲月中，本校歷經風雨，走過變革，成長茁壯，欣欣向榮，除學生素質優異，擁有高升學率外，尤其重視生活教育，及社團活動，以期培養身心健全，有禮守紀的好國民。在入二十一世紀，我們充滿信心，隨時迎接挑戰，締造更輝煌成績。

㈢臺大法商學院

1919～1946萌芽期

管理學院的開端——臺灣總督府高等商業學校民國八年臺灣總督府高等商業學校成立，因為時代的轉移，經歷多次

更名，分別是民國十五年八月十四日改爲「臺北高等商業學校」，民國三十三年十二月改爲「臺北經濟專門學校」，臺灣光復後改爲「臺灣省立臺北商業專科學校」，最後一次更名於民國三十五年二月奉臺灣省行政長官公署令改組爲「臺灣省立法商學院」。此一階段爲管理教育的萌芽期。

1947～1985成長期

與臺大法學院根脈相連—法學院商學系 民國三十六年省立法商學院併入臺大法學院，爲臺灣最早且唯一的管理教育學系，也成爲臺灣企業管理教育的濫觴。期間近四十年，歷經歷任商學系系主任的規劃，使商學系不斷擴展，從一個系擴展爲工商管理組、國際貿易組、會計銀行組等三組，其後又將原本爲一組的會計銀行組再分別成立會計組與銀行組兩組，商學系增爲四組。商學系同時兼管商學研究所及夜間部的商學系，因爲組織龐大，師生人數眾多，爲當時臺灣大學四大學系之一，民國七十四年商學系四組升格爲學系，完備的商學教育及師資爲管理學院的成立做好充分的準備，這個階段可以爲管理教育的成長期。

1987～迄今擴展期

承先啓後再造登峰民國七十四年，臺大前校長孫震教授積極籌備管理學院的成立，特別敦請工商管理學系楊超然主任與李長貴、陳雲中等多位教授會同總務處行政人員先行規劃管理學院成立事宜。並委請前法學院院長袁頌西教授（73.8-77.2）親赴新加坡與許士軍教授會晤，代爲傳達聘任許士軍教授爲管理學院院長的構想。民國七十六年八月一日管理學院成立，至此，臺大的商學管理教育體系完全建立，

管理學院成為臺大所設立的第七個學院，也是臺大在臺灣光
復後首次新增的學院。許士軍教授由孫震校長敦聘為管理學
院第一任院長，並於民國七十九年由全院教師遴選續任第二
任院長。民國八十二年管理學院通過院長推選辦法後，歷任
院長皆由教師推選出任院長一職。第三任院長為林煜宗教授
（82.8-85.7），第四任院長為張鴻章教授（85.8-88.7），第
五任院長為林能白教授（88.8-89.5），第六任院長柯承恩教
授（89.8-92.7），第七任院長洪茂蔚教授（93.2迄今）管理
學院在歷任院長的擘劃經營下，持續發展出管理學院獨特的
特色，不僅奠定管理學院在國內管理學界的聲望與地位，也
大幅提升管理學院於國內外的學術水準。歷經萌芽期與成長
期，此一階段管理教育體系已趨完整，可以說是臺灣商學管
理教育進入新的擴展期。

臺北縣三峽鎮人文采風錄

文大中研所博一　何永慶

一、三角湧

　　三峽鎮位於臺北盆地的西南隅，東與新店市爲鄰，西邊隔著大漢溪與鶯歌鎮和桃園縣的大溪鎮爲界，南接烏來鄉及桃園縣復興鄉，北連樹林和土城兩市，是臺北縣面積第二大的鄉鎮。三峽的地理環境多山少平原，是個山青水綠，景色宜人的山城，也是一個充滿人文馨香與藝術風華的小鎮。有人說，三峽的美，美在繁華褪盡後所延續保有歷史文物古蹟的淳樸悠閒風貌和鮮活生動的自然景觀。

　　三峽舊名「三角湧」，遠在漢人來此開墾之前，當地已有平埔族人活動的蹤跡。清康熙年間，泉州人開始入墾三峽，那時候漢人的祖先乘船至此，因看到此地大嵙崁溪（今大漢溪）、三角湧溪（今三峽河），及橫溪三川交匯，波浪翻湧的壯麗景觀，而且地形略呈三角形，所以稱此地爲「三角湧」，由於「三角湧」的閩南音和日語三峽的讀音（Sankiyou）相近，故日本人遂在1920年改稱爲三峽。

　　早年三峽河可航行中小型船隻，居民的交通以河運爲

主，輔以農事小徑，當時人們為了交通、取水及灌溉的便利，大都住在水邊，再加上染布業和山區產業日漸興盛，商店住家的街道就沿著三峽河發展起來，日後逐漸形成三角湧街聚落。三峽的河運發達與清代淡水的開港和淡水河系航運的興隆是密不可分的，日治時期，由於水利的過度開發，河道逐漸淤積，已不利航行船隻，陸路交通遂取而代之。如今公路運輸已四通八達，由北二高南下，從臺北到三峽也不過一小時左右的路程，站在長福橋上俯看三峽河，只餘一彎淺灘，實難以想像當年舟楫帆影的景象。

漫遊三峽鎮，不只歷史人文古蹟能引發思古之悠情，當地秀麗的山河美景亦叫人流連。如地理指標之一的鳶山自然步道，滿月圓森林遊樂區的清溪、楓香，東眼山的瀑布、雨林等等，再加上大豹溪、五寮溪的野鳥、怪石、綠水，在在都讓人有股滌淨俗慮的清新感。清同治三年，竹塹（今新

昔日的鎮公所，今日的歷史文物館

鳶山山頂的鐘樓

竹）的士紳林占梅遊經此地，就曾對三峽的自然人文之美發出歌詠，其〈三角湧山莊晚眺〉詩云：「戍樓絡繹似連營，入谷樵歌邪許聲。澗水倒懸林杪下，山雲斜掠市簷行。巖巔落水秋容瘦，溪上層巒夕照明。獨踞胡床空翠裡，雙峰如揖更生情。」

二、長福巖── 清水祖師廟

　　大部分人遊三峽的第一站可能都開始於清水祖師廟──長福巖，祖師廟創建於清乾隆34年（1769），供奉安溪人的守護神─清水祖師，這裡曾是過去當地的信仰、社會和經濟中心。祖師廟曾歷經三度的重建，第一次是道光13年（1833）大地震被毀後重建，第二次是因為廟堂遭日軍焚毀，於光緒25年（1899）重建，而規模最浩大，歷時也是最悠久的是，於1947年開始，由李梅樹主持的第三次重建。李梅樹是臺灣近代最傑出的美術家之一，他出身於當地的望族，平日熱心公益，再加上留學日本的學經歷，和連年獲獎的聲望，所以他返國不久後就積極投入地方的公共事務，歷任民意代表、農會理事長及創辦三峽祖師廟重建等工作。他以美、善的角度，將畢生歲月奉獻給他的家鄉，使得現在的三峽能發展成為藝術和觀光的勝地，實在功不可沒。

　　有個比喻說，李梅樹擘劃第三次修建祖師廟的工作，就如同米開朗基羅之於西斯汀教堂。他秉持藝術創作的精神，將寺廟建築及雕刻融入西方與東方的藝術風格，讓寺廟建築兼具民俗與學院之美。他把宗教信仰、保存傳統工藝、傳承

文化、藝術欣賞、美術教育、鄉土教育及發展觀光、繁榮地方等多種願景做為建廟的理想，希望不只是為祖師爺打造一座美輪美奐的居所，更重要的是建造一座能以美吸引及教化人群的殿堂。三峽祖師廟重建的過程完全探古法施工，負責建廟的匠師亦為正統流派的國寶級師傅，大木結構由當時一代宗師陳應彬系統陳田司綜理。在寺廟樣式上依循古制，其建築為南方系統，五門三殿式結構。以石為基，以木為頂樑，銅雕門神及雕像，浮雕壁飾，藻井雕花，石柱石堵，皆為匠師精心製作，氣象宏偉，加以壁面及柱上的對聯書畫，大都出自全臺名家手筆，在在呈現出精雕細琢的特色。而廟裡的石柱多達156根，堪稱全臺之冠。直至李先生1983年病逝，雖已歷時三十六年有餘，重建工作尚未完成，但祖師廟業已成為一座代表傳統文化的「雕刻博物館」，故有「東方藝術殿堂」之美譽。

長福巖——祖師廟廟埕

筆者首次到三峽，即是慕祖師廟之名而來，每次走進廟內，都好像在享受心靈和藝術的饗宴，煩擾的心緒得到美善的洗禮而靜淨。精美的建築工藝，令人目不暇給，百看不厭。

↖祖師廟右側過水亭的石柱

三、三峽老街

走出祖師廟，右轉大約50公尺，即可看見老街的牌坊。老街（今民權街）刻寫著三峽的興衰史，原名「三角湧街」，全長二百六十多公尺，共有一百多座街屋，是臺灣現有最長的一條老街。自清末至民初，因有三條河流經此地，而淡水河航運亦可經由三峽抵達大溪，因此三角湧街的店家就藉著舟楫之利，順水行舟，載運山產，諸如木材、染料、茶葉、樟腦、煤炭等豐富的農礦物資，都集中在此交易，商業活動非常繁榮，街市規模於焉形成。甲午戰後，三角湧街在日本政府剛接收臺灣時，曾因義勇軍在此重創日軍而遭日本人報復焚毀。然而今日所見老街的景觀，卻是在日人手中規劃完成，是1915年實施「市街改正」後的面貌。時任三角湧支廳長的達溪良太郎看到居民造屋毫無規劃，街道彎曲狹窄，缺乏排水設施，屋簷亦參差零亂，於是著手規劃重設，門窗面建起磚拱騎樓，和三拱式牌樓街面，在牌樓面的裝飾

上，則摻雜了西方「巴洛克式」的建築風格，和少數仿日本家紋的圖案。老街的街屋是臺灣傳統的長條形店鋪住宅，狹長的屋身兼具商業和居住的功能，內部空間的規劃和原先外在的「亭仔腳」、女兒牆都是源自閩南式的建築。這些當年富甲一方的商家，牌匾上大都刻著堂號、店號或姓氏，當中以刻有「染」字的染店最多，清代三峽染業的盛況可見一斑。

走過一世紀的繁華，老街見證三峽昔日的風光，民國80年（1991），三峽老街獲列三級古蹟，後卻因為居民和政府相關單位溝通不良，長年引發拆或不拆的紛爭，導致有些街屋看起來有一種荒涼的傾圮感。所幸近年在政府和民間的合作下，老街還是保留了下來，而且甫於去年整建完工，老街的風華再現世人眼前。每逢假日，「三角湧街」人滿為患，成了熱鬧滾滾的市集。也許應選擇一個非假日的午后，漫步在歷史的老街上，才能領略老街的恬靜閒適。古意盎然的巴

📷 三峽老街

📷 山牆

洛克建築,似乎正低迴訴說著二百多年來滄桑的歷史,先民辛勤墾拓所留下來的見證。街上除了傳統的建築可供欣賞,民間傳統工藝商行引人駐足,還可聞到空氣中洋溢著的茶香和金牛角的香味。

四、滿月圓

　　滿月圓森林遊區位於三峽鎮南邊的有木里,距三峽市區約21公里。這片山嶺是由雪山支稜插天山系所組成稜脈裡的一段,呈東北─西南走向,它是整個園區的依靠,也是貫穿園區主要溪流蚋仔溪的源頭,而高聳的山勢自然也就成為了由三峽平地進入滿月圓山區所看到最明顯的地標。

　　「滿月圓」名稱的由來,有一種由酸澀轉變成溫馨的故事。早在漢人上山墾拓以前,這裡原本是泰雅族人生活的樂園。清朝道光年間,三峽居民已開始到山上設置腦寮,砍伐樟樹來熬煉樟腦,隨著樟腦業的發展,漢人逐漸進入深山採樟,因而經常造成漢番之間的衝突,一直到劉銘傳擔任巡撫,開山撫番之後,衝突才稍見緩和。日治時期,日人仍繼續樟樹的開採,巨樟採完之後,換成採臺灣的肖楠和牛樟,一大片的原始森林在這般毫無節制的砍伐下,幾被破壞殆盡。到了五十、六十年代,為了疏伐日人先前伐木所種的柳杉林,木馬流籠,人聲鼎沸,臺車聲、斧鋸聲和吆喝聲,響徹整個蚋仔山谷。從民國初年日人在此經營林業以後,來此工作的從業人員,以新竹地區的客家人最多。當時交通不便,因此每次上山工作,總要等逢年過節,或一段工事做完

之後，才有機會回家。
而山區生活寂寥，每當
夜深人靜，離鄉背井的
樵夫見此山頭渾圓，好
像升起的滿月一般，倍
起思鄉之情，所以就將
它取名爲「滿月圓」，
希望花長好，月常圓，
人也可以平安常團圓。

滿月圓山

日後林務局開發此地做爲森林遊樂區時，就這個充滿詩意的
山名爲名。

　　園區內山脈綿延，溪谷縱深，兩岸夾峙，終年清澈湍急
的蚋仔溪貫穿全境，又有兩處綺麗壯闊，氣質各異的「滿月
圓」和「處女」瀑布，整齊的人造柳杉林，春夏之交，漫步
在幽靜的林間小徑，潺潺流水聲不絕於耳，白天可見到翩翩
飛舞的彩蝶，夜幕低垂之際，還有點點的螢光陪伴。滿月圓
的山明水秀，有如南朝吳均在〈與宋元思書〉中所描寫富陽
至桐廬一帶的景致一般：「水皆縹碧，千丈見底。游魚細
石，直視無礙」；「泉
水激石，泠泠作響；好
鳥相鳴，嚶嚶成韻」。
悠遊園區，頗有「望峰
息心」、「窺谷忘返」
的感動。

處女瀑布

臺北縣深坑人文采風錄

台師大國研所碩二　**余珊儀**

一、前言

　　茶，為古深坑帶來了財富與繁榮；豆腐，為新深坑引來了人潮與商機。走在深坑山間的茶道上、站在中正橋央望著下頭潺潺流動的景美溪水，讓鼻子跟著茶香去旅行。若是擠進人山人海的深坑老街，便會被四周充滿著各式傳統新變豆腐料理包圍，體驗懷古卻也同時嚐新。說到深坑的山林水色，那是自然的鬼斧神工；談到深坑的古厝廟宇，卻是此地歷史興衰的最佳見證。深坑仔的自然之美、人文之妙，都值得遊者品味再三。

　　春天，正是采風的好時光，微涼、無雨，縷縷陽光溫柔地催促著旅人的腳步。於是，從臺北市政府搭乘912號公車，搖盪前行，當公車自繁華市區駛向邊陲郊區，站牌的名稱變化倒也饒富興致，從市中心的市政府、消防局、興雅國中、信義行政中心一類，到漸入郊區的風動石、石壁坑、萬福橋、象頭墣、文和橋、草地尾以及萬順寮。有趣的各種地名將人們帶入了時光隧道，於是我便閉上眼睛，猜測起草創

先民的種種開墾活動。

　　約莫20分鐘的車程，便已然抵達深坑鄉──傳說中臺灣最早的茶鄉。深坑舊名「簪纓」，命名說法有三：其一，以為深坑街地形狹長，看似婦女綰髮之釵；其二，則以深坑街對面山形有如女子簪纓於頭，故名。其三，又有認為「簪纓」一詞，乃是從此地最早開墾者「許宗琴」姓名的閩南發音演變而來。後來改名「深坑」，則是取其形似「深陷之坑谷」的特色而訂。位於臺北盆地東南角的盆舷上的深坑境內有許多丘陵分布，北端可見土庫山的低平山勢、南端則仰視二格山的拉拔起伏，形成峰巒環繞的地形，也因此氣候方面與相距不遠的臺北盆地可說是大相逕庭，從悶熱的都會區來到此地，便會因為陰涼的溫度而感到欣喜。山區多雨潮濕，輔以山地特性，便適合做茶葉開墾。景美溪由東至西流貫其中，流水侵蝕下切之力，造成兩岸的崖面猶如坑底，使得群山環繞的地勢出現一凹槽，而得「深坑」之名，另一方面又是提供早期深坑的灌溉用水及重要的運輸水道，使得深坑迅速建立起茶鄉地位，繁盛一時。

　　而今，該如何品味深坑之民俗風情，筆者擬從先民故居黃氏永安居講起，再一路走上中正橋，行往阿柔洋，踏進茶鄉古道，感受古人足跡。最後返回深坑老街，體驗這個老鄉鎮的古意與新味。

二、古厝巡禮──永安居

　　「深坑」站牌的對面就是臺北縣第三級古蹟──永安

居。深坑的黃氏開基始祖黃世賢，於乾隆年間舉家自泉州安溪渡海來臺。黃世賢去世後，其五子便從三芝遷往深坑發展。永安居便是由黃世賢二房的四個孫子所合建，並於民國四年竣工完成。名為「永安居」，有祈求「子孫永久平安居住」之意。

　　永安居的紅磚外觀雄偉中帶有幾分古樸，內部設計則是精緻而富有詩意，即使外頭已是艷陽如炙，進到屋內，卻感覺清涼無比，應與其建築手法與建材有相當關係。此宅以木、磚作為主材，依山勢而建，房皆有窗、窗外有廊、廊外有院，建物以對稱的形式層層向外擴開，兼具美學價值與實用性。據其簡介刊物所載：當年的大木作師傅是唐山金城司派下的名匠，木料多用福州杉，石材則採自永安居對面山上的砂岩，用「木馬」運至黃宅進行細部的雕刻。開始時先建造正身、左右內護龍、左外護龍，內圍牆及入口門樓的部份。後來又加建右護龍、豬寮、廁所及外圍牆。民國二十年，因娶媳再增建一座二層樓仔，此樓亦具有鎗樓作用。經過多次的增建工程，才造就了今日所見壯闊之永安居。

臺灣人文采風錄

永安居之外貌

永安居之正門

走進永安居，首先會望見正殿入口上方精美的「永安居」泥塑剪黏匾額以及入口兩側的石刻文字，右上方寫著「紫氣」、左上方寫著「瑞雲」，又有對聯一副：上聯是「紫氣鍾文山家聲遠紹」，下聯為「雲祥聚淡水世澤長綿」，橫批「紫氣盈門見彩雲」。何謂「紫雲」？據聞黃氏先人黃守恭捐地建泉州開元寺，其大雄寶殿便名為「紫雲大殿」，黃氏後代子孫則延用「紫雲」作為堂號。正殿內供俸黃家先祖，兩壁上則刻有文字圖畫，寫著「孝悌、修身」等語，作為家訓警句。

離開正殿穿過子孫道，便能通向四間房：右前次間、右後次間、右前稍間和右後稍間，房門上都有精美

永安居之聯語

永安居大殿

大殿側門上刻「紫氣」

彩繪及楹聯，其內容則顯現出一種耕讀傳家的氛圍。

　　隨著時代流轉，永安居的存在更顯得重要。一方面展現出古人傳家的精神，一方面也映證了臺灣歲月的遞嬗。

三、探訪茶跡──溪水與古道

　　離開永安居後，往老街方向走，便能見到二線道的中正橋，指標寫著：

　　通往「阿柔洋」，橋上人車往來、絡繹不絕。橋頭有深坑橋石碑，記載著先民造橋開路的血淚歷史，碑文內容部分因年代久遠導致風化剝落難以辨識，大

中正橋

臺灣人文采風錄

深坑橋碑

木棉道

意約略如下：深坑至阿柔坑間，往昔只能靠渡船連絡兩岸交通，十分不便，官民於是募款數千日圓以興建深坑吊橋，於大正十四年（1925）興建完成。由深坑小學校長——川島濤江爲文誌以爲文。

霧裡薛溪，便是碑文中阻斷兩岸交通之禍首，溪名取自於泰雅族的一個社名，今日我們稱它作景美溪。站在橋上，俯視景美溪流，時光逆回，想起那段渡河歲月、造橋工程，以至於河運繁榮與熱鬧，貨物後門進、前門出的情形。深坑的部分茶販，便是經由這水路，將茶葉一路運往大稻埕。

通過中正橋，往阿柔洋方向前進，便會撞見一排木棉花道，三月，正是木棉花開季節，橘紅色的花朵慵懶地依附在枯老的枝頭上，形成一種特殊景致，熱鬧，卻又蒼涼。

再往前行，通過馬路，可見多條深坑的山間步道，有土庫岳步道、烏月步道、石媽祖古道、四龍步道以及通往貓空的炮子崙步道。從

深坑古道上之風光

加油站一旁的小路往上行，便可見到隱藏於花苗間的四龍步道。此條步道不用鋼筋水泥搭建，只在原路徑上採用較原始的枕木、碎石和原木鋪建而成。行走其間，與自然接觸零距離，很能體驗當時人們運送貨物的路途艱辛。

離開四龍步道，回到原路再往上行，便可看見石媽祖古道。此古道本為泥路，為方便信眾參拜石媽祖，由善心人士捐款鋪設石階，於1923年鋪路完成。步道通往鎮南宮，鎮南宮供奉的主神便是石媽祖。神像一非木雕、二非石雕，而是由自然風化後形成的一塊狀似媽祖的巨石。據聞一百多年前，有兩名放牛童跑到媽祖石附近玩耍，其中一個小孩在石頭上小便，沒想到回家後居然得了怪病。父母問了經過後，就帶著孩子回到石頭邊，赫然發現石頭與媽祖神像非常相似，

深坑古道入口

深坑古道石階

於是便向石頭祈求原諒，小孩的病竟也就此不藥而癒，於是媽祖顯靈的事蹟便傳了開來，才建起廟宇和修築了朝拜的步道。

四、遊覽人情──深坑老街

走訪過古厝與古道，使我了解深坑的過去面貌。進入深坑老街，則可以讓人發現深坑的今日風情。

豆腐味瀰漫了整條老街，無論是火紅湯底的麻辣豆腐、黑白二色的養生豆腐、焦味濃厚的烤豆腐還是新奇的豆腐冰淇淋，都用不同不方式挑逗著旅人的味蕾。大樹下，本是鄉人農後乘涼之所，如今卻成為深坑著名地標，是深坑老街的招牌及起點，看著遊客心滿意足地在大樹下大口咬下方才買下的燒烤臭豆腐，祭飽了五臟廟也共同經驗了「大樹」歷史。

老街中段，便是集順廟，是此地先民的信仰中心，除奉祀正神保儀大夫外，還協祀保儀尊王，並配祀關聖帝君、福德正神以及彰化、北港、斗南、新港等地分香而來的六尊媽祖。廟宇的創建，乃是因為當時此地常有原住民出草，安溪移民認為保儀大帝可保佑人民安全，便自景美集應廟分香至此。收取「丁口錢」為此廟最為特殊的民俗活動。男稱「丁」、女稱「口」，廟方在舉辦慶典時以深坑村為主，每人收取十元的丁口錢，可以用來分擔祭典開銷。今日的集順廟前，擺有許多圓桌，來此參拜後的人們，還可以順道在此享用道地的深坑豆腐料理。

老街裡頭還有一間奇特的巴洛克式風格建築「興德居」。由清朝光緒年間在朝爲官的黃澤所建。其雕花立面和彩色磁磚拼貼而成的壁面，都能迅速地吸引住遊人的目光。而今則爲「深坑文史工作室」的所在地，爲文化的傳遞繼續奉獻心力。

五、結語

　　深坑的山水古道、老街古厝與碑石廟宇，都涵藏了豐富的文化史料，透過行走的方式，深入查訪鄉鎮的民俗風情，

　深坑古道老街上之風貌

有助於保存史蹟、傳誦史蹟，讓居住於此的人們，更能深刻地了解先民墾荒的歷史與情懷。

　　雖是尋著豆腐香而來，帶走的卻是茶鄉歷史，古樸的城市保有更多的歷史記憶，卻也需要後人更盡心地進行保存史料資產的工作。

臺北縣九份與金瓜石人文采風錄

台師大國研所碩一　**簡汎純**

一、前言

　　九份與金瓜石是隸屬於臺北縣瑞芳鎮的山城聚落，曾經擁有東亞最大的金礦床，而今則成爲旅遊觀光的著名景點。回溯九份、金瓜石的採金歷史，可以分爲四個時期：一、聚落草創時期（1895年前），二、日本開採時期（1895～1918年），三、臺陽礦業時期（1918～1971），四、從沉寂到旅遊萌芽期（1971～1993）。最初在光緒十四年（1889），劉銘傳來臺建設臺北至基隆一段的鐵路，當時一名粵籍工人，因爲曾經在美國加州採金，有一次在基隆河邊清洗飯碗時，無意中發現沙礫中的金砂。消息傳出後，一群淘金客沿著七堵、八堵溯河而上，到了大粗坑發現了小金瓜露頭，於是開啓了瑞芳地區百年來的採金史。

　　西元1895年馬關條約簽訂，日本統治臺灣第二年，便以雞籠山（基隆山）山頂正南北線爲界，以東的金瓜石礦區由「田中組」取得，以西的九份礦區則交由「藤田組」開採。直到西元1913年，日本人認爲九份礦區無開採價值，加上盜

採風氣難以管理，便同意由臺籍包工顏雲年接管，正式成立
「臺陽礦業株式會社」。然而臺灣光復後，礦業急速衰退，
臺陽公司便在民國六十年結束開採，對九份、金瓜石造成重
大衝擊。直到80年代，隨著電影、社區建設及國民旅遊的興
起，九份與金瓜石的礦業資產得以保留，再次重現黃金山城
的繁華景象。

　　本文主要以文獻收集、田野調查的方式，整理九份、金
瓜石地區的人文采風記錄；文獻收集包括：臺灣採金歷史、
九份歷史與解說資料、黃金博物館園區收錄的導覽手冊……
等資料文獻，可以了解九份、金瓜石歷史發展的脈絡。其次
田野調查則是包含舊地圖、照片的收集，以及親自探訪、實
地考證各歷史遺跡。最後根據歷史資料及田野調查的拍照寫
真，完成人文採風的具體成果。

　　另外筆者也收錄九份、金瓜石地區的俚語、歌謠、傳
說、以及碑文、聯文。以下首先介紹當地流行的諺語、俚
語，接著描寫福山宮、頌德碑的歷史淵源，黃金博物館園區
的介紹，最後收錄幾則黃金山城的民俗歌謠。希望藉由這些
人文采風的記錄，不僅對於九份、金瓜石地區有更深層的文
化體驗，同時也展現居民的地方風情，以及民間文學的燦爛
光輝。

二、九份、金瓜石的俚語

　　關於九份與金瓜石地區的俚語、俗諺，本文主要根據
《九份口述歷史與解說資料彙編》、《黃金的故鄉：品味九

份、金瓜石》的收錄，及訪談當地耆老與文史工作室。這些俚語俗諺一方面反映出居民生活的真實寫照，包括了對氣候、自然環境的描寫、礦坑生活的甘苦，以及人民的人生觀；另一方面則希望藉由這些樸質的語言，勾勒出黃金山城的社會風貌。

（一）氣候、自然環境的描寫

1.「雞籠山戴帽子」：「雞籠山」是現在「基隆山」的舊地名，這裡指雞籠山頂雲霧籠罩，看似戴著帽子一般，表示天氣即將變壞了。

2.「侯硐風、九份雨、三貂嶺的路」：形容侯硐一帶風勢強大，九份地區則時常下雨，而三貂嶺山路崎嶇難行。

3.「春天看海面，熱天看山頭」：春天時海面如果清晰可見，表示天氣相當晴朗；夏天時雲霧籠罩基隆山，那麼就快下雨。這句話也可說為「春天看海港，夏天看山頭」。

4.「春濛曝死鬼，夏濛著做大水」：形容春天如果有霧天氣會很熱，夏天有霧則雨水很多。

5.「落到棕簑生青苔，落到棕簑生蝨母」：九份、金瓜石因為受東北季風影響，因為時常下雨，所以當地居民抱怨霪雨霏霏、氣候潮濕，連簑衣都長出青苔了。

6.「雷打蟄，重雨四十九日」：驚蟄若打雷，會連續下四十九天的雨。

7.「九月重陽若落雨，簑衣就得穿到生蝨母」：重陽節當天如果下雨，就會一連下多天雨，簑衣因為經常穿，無法保持乾燥而長出蝨子。

㈡礦工的生活

1. 描寫採礦的危險

⑴「入坑已經埋一半」：採礦容易發生坍塌、事故，因此好像一隻腳已經踏入棺材，形容生命朝不保夕。

⑵「初一到下去，十五才聽的到喊救命」：礦坑中通風用的豎井很深，一旦失足墜落，即使聽得到救命聲，也已經沒救了，故形容採礦的危險。

2. 一夕致富的發財夢

⑴「三更窮，四更富，五更起大厝」：三更還窮到快被鬼捉走，短時間挖到金礦，轉眼間就可以買樓蓋大房子了，形容一夕致富的可能。

⑵「尪富，某不知」：形容丈夫在礦坑挖到金礦，家中的太太還在擔心家中沒米煮飯，也是形容一夕致富。

⑶「笑我散，砲仔聲陳即會知」：這句話是說不要隨便瞧不起窮人，說不定馬上就挖到金礦，放鞭炮慶祝了，因為

黃金的故鄉金瓜山

九份山區夜景

人生「世事難料」。

(4)「落袋仔裝碰子」：形容人很窮，錢都花光了，只好再帶著炸藥去拼一拼，如果挖到金礦，就馬上致富了。

3. 挖礦失利

(1)「有幾年的朋友，無幾年的頭家」：這是指朋友關係是永遠的，但老闆卻當不久，如果投入資本卻挖不到金礦，那麼老闆馬上就變成受僱於別人的礦工了。

4. 礦區文化

(1)「好坑，壞坑」：如果含金量高的礦坑即指「好坑」，反之則只「壞坑」，現在閩南語中「好坑」形容「好事情」，「壞坑」形容「壞事情」，這是受採礦文化的用語影響。

(2)「日時攏乞丐，暗時攏紳士」：白天礦工髒兮兮像乞丐，到了晚上去酒家，打扮體面如同紳士般。以前九份的輕便路，三步一茶室，五步一酒家，礦工每天工作八小時，出坑後酒家、茶店變成為最佳的娛樂場所，當時夜夜笙歌，成為名副其實的「不夜城」。

(三)人生觀

1. 「顧身無顧面，顧嘴孔無顧頭鬃」：當時物資缺乏的年代，形容一個人重吃不重穿。

2. 「命著骨，銅刀削攏」：形容上天注定的命運，是無法改變的，反映悲苦的人生觀。

㈣社會型態

1.「上品輸九份,次品輸臺北」:當時臺灣品質最好的產品都先送到九份,賣剩的次級品才輸到臺北,可見當時九份地區的消費能力遠遠超過臺北。

2.「九份仔天三角」:形容九份地區龍蛇混雜,流氓特別多。

3.「賭間牛灶,何人便馬到」:賭場是礦區的娛樂場所之一,形容賭場像殺牛的地方,形形色色的人都有,相當的複雜。

三、福山宮

福山宮位於九份的欽賢國中附近,創建於道光二十八年(1848),當時為全臺最大的土地公廟,同時也擁有「廟中廟」的特殊建築。在九份地區開採的居民認為土地公是掌管土地資源的神祇,因此採礦就是採土地公的金,於是在此地設立最早的土地公廟,以求採礦出入平安。當時流行的諺語是「黃金是土地公錢」、「做金仔人──土地公嘸驚人無米」,這是說拜土地公拜久了,一定會保佑你「挖到金礦」,不怕沒米可吃,正可以印證當地居民的信仰。

福山宮「廟中廟」的景觀,據說在西元1935年,有位礦工因為挖到金礦想要還願,便徵求土地公的意願,想要拆除小廟,重建豪華的大廟。但是土地公卻不答應,於是礦工只好在原有石造小祠上再蓋一座大廟,因此成為「廟中廟」的奇景。福山宮的建築特色除了「廟中廟」之外,另外還有

「裸女天使」雕像，以及土地公的坐騎石雕，都是相當具有特色的建築。

日本統治臺灣時，一向反對臺灣人民的宗教信仰，因此一切大小慶典皆被禁止。但因爲日本人原先就有山神信仰，再加上想要攏絡礦工的心，因此日據時期，日本人也有參與福山宮的興建、祭祀；並且爲了矯正礦區的酒家文化，日本人特地在福安宮周圍種植許多櫻花樹，希望礦工能親近大自然。所以今日的福山宮，每年3、4月櫻花盛開時，就形成美麗的賞花去處。以下摘錄福山宮神苑重修紀念碑：

夫青山麗水，實地之風景依然；丹嶂高崖，神宮之雲旆尚在。此昔人所建之聖蹟，可資我輩重遊而我輩雖不能光大前人，亦應保其舊觀也。

本宮建自前清道光戊申年，其實爲發現礦藏之初，來山淘採黃金者，使建小型之宮，以供同仁參拜，後因日人割據臺灣，乃大開寶藏，因而人口日繁，叢爾山村，成爲富庶之境。至民國二年，居民又在擴建前後兩殿，及左右兩廂，本宮之巍峨，在當時可爲全國之冠。迨民國三十一年，日人島田利吉代捐贈櫻花苗百

福山宮全貌

臺灣人文采風錄

福山宮碑石

株，種植四圍，迄今以三十年矣。而花木已拱，種花之人亦老，礦山之黃金亦淘採殆盡矣。爲此花不因世事滄桑辯其青蒼之節，每屆春來，依舊花開似錦，惜當年未做防風設備，每值颱風，即有束株被損，殊可惜也。火旺有鑑於斯，不忍前人之手澤日漸煙淪，乃自爲發起人，又得本地居民沈錦春、簡瑞枝、林登發、劉祿、劉春、陳阿章、簡萬金、林燦庭諸善士，以義務勞捐獻，並聯合李氏義方居李建川、李建和、李儒聰、李儒侯諸先生共同捐款，重整此神苑及防風牆，以保護所有花木，俾不再受損於颱風，是所至望焉。

四、頌德碑

九份地區採礦的第三時期，日本藤田組因爲受到戰爭影響而採礦失利，因此決定退出在臺的事業。顏雲年最初擔任「巡查補」兼守備隊的工作，因了解九份礦脈的特性及臺灣礦工的習性，故在經營大、小粗坑有亮眼的成績，並且在西元1913年開始向日本人申請承租礦區；直到西元1920年正式

收購，成立「臺陽礦業株式會社」，取得九份金礦開採權。

　　顏雲年將九份礦區劃分成八個區域，再分租給八間小公司，而這些小公司又細分為一、兩百個礦區，層層包租給礦工開採。因為只要挖到金礦，礦工也能夠抽成，再加上「三級包租制」的催化下，使得九份地區的產金量大增，當地居民不但有利可圖，還有可能一夜致富，因此造成九份地區的繁榮。當時九份聚落儼然是個「不夜城」，於是便有「小香港」、「小上海」的稱號。

　　顏雲年是九份地區鼎鼎有名的大人物，一方面建立「三級包租制」，創造九份地區三、四萬人的就業機會、保障礦工的權益；另一方面，也熱心從事公益事業，包括闢建「輕便路」、成立「基隆博愛團」、學校寺廟的捐款……等。因此當地人為了感謝顏雲年的貢獻，特別成立「頌德公園」，公園內設立「頌德碑」以歌頌昔日顏雲年的偉績。在頌德公園旁有「五番坑口」，這是目前保存較完整的礦坑，可以見證當年開鑿隧道的遺跡。

五、黃金博物館園區

　　黃金博物館是金瓜石地區最熱門的景點，主要以金瓜石礦業歷史及黃金為主題所成立的生態博物館。包括：本山五坑、黃金博物館、環境館、太子賓館、四連棟、煉金樓、輕便車道、三毛菊次郎宅、日式宿舍區、黃金神社……等，透過文化資產保存與舊建築的維護，得以了解金瓜石地區礦業聚落的歷史，以及自然生態景觀。

　　「黃金博物館」是由早期臺灣金屬礦業公司的辦公室改建而成，館內主要說明金瓜石礦業的歷史、文化，同時展示礦工的工具、生活器具、臺灣金屬礦業公司的文物，以及全世界最大、重達220公斤的金磚。「太子賓館」建於西元1922年，當時為了迎接皇太子（後來的裕仁天皇）視察金瓜石礦業所興建的臨時行館。館內占地360坪，屬於檜木興建的日式高級建築，室內包含有貴賓房、餐廳、貴賓接待室、書房、起居室……等，室外則有造景優美的日式庭園，以及迷你高爾夫球場、射箭場。「四連棟」日式宿舍區，整修後現在稱為「生活美學體驗坊」，傳統的日式建築，館內呈現日治時期、光復初期兩種家居生活的樣貌。「黃金神社」又稱「山神社」，主要侍奉「天照大神」，因為久失維護，現今只剩石柱、地基供人憑弔。「本山五坑」利用本來的舊坑道，另外挖掘新坑道，總長180公尺，坑道內以真人模型擺設開採金礦的實際流程，也讓遊客能夠親身體驗礦工的生活。以下收錄「安全歌」，創作者是「苦雨」，這首歌謠是日治時期礦工哼唱的歌謠，同時也是礦區生活的真實反應。

↖金瓜石生態博物館外景

提了燈籠走進峒，先看燈光明不明；洋火隨時身邊帶，飯盒手巾要紮緊；

　　腳下踏實頭當心，轉彎抹角防身碰；大巷保壙人人責，見有斷裂報告明；

　　吊井梯道攀登難，切勿爭先恐後行；先拿石頭搞風管，打聽上邊有無人；

　　修井翻石等工作，聽到問訊宜暫停；要將工具搬上梯，最好能夠用吊繩；

　　工作面內工作苦，燥濕布調應提神；岩塵飛揚煙瀰漫，戴上口罩才衛生；

　　鬆岩浮石處處有，拿起燈來仔細尋；扦掉服食去鬆岩，為己為人公德心；

　　砲眼老孔多古怪，也許爆炸炮未鳴；切忌鐵扦去拖動，處理不甚易喪生；

　　大錘姐時與放炮，謹防碎石飛上身；溜槽抽砂防跳石，免使傷骨又傷筋；

　　孕婦身重行動笨，既不竭工得謹慎；晚一碰傷或跌倒，母體胎兒兩不幸。

臺灣人文采風錄

本山五坑礦道

坑中工人工作的實況

六、結語

　　從九份往金瓜石的路上，沿途可見搖曳的金色菅芒、蜿蜒的青翠山巒、陳舊的礦坑遺跡、優美的日式建築、以及獨特的各家民宿，這些景緻充分展現出九份地區的特殊風情。九份、金瓜石是歷史文化的最佳見證者，它歷經清朝統治、日治時期到國民政府來臺，從早期繁華的礦業山城，不僅沒有失去原先的色彩，更進而蛻變成今日的觀光小鎮，包括旅遊業、電影、電視、廣告，都曾經以九份、金瓜石為題材取景，可見其擁有豐富的人文歷史資源。

　　本文主要針對九份、金瓜石地區的俚語、歌謠、傳說、碑文、聯文……等，作為採風的主要材料，進而分析整理九份、金瓜石地區人民的生活型態、信仰與人生觀，一方面作為瑞芳地區歷史的旁證，另一方面可以保留當地珍貴的文學資料。藉由這次採風的機會，筆者希冀能夠更深度了解九份、金瓜石的歷史沿革，並且將風土人情帶入民間文學的版圖。

平溪支線鐵路人文采風錄

台師大國研所碩一　**黃百穗**

一、前言

平溪支線鐵路，是臺灣本島有名的支線鐵路，過去因礦業發展而興建，運載過半世紀因煤礦而起的繁榮，而今，淘金熱漸漸在季風輪替中冷卻，卻因旅遊而重見嶄新的生命力。在這裡，多少鐵道迷，年年月月返復地走在別具特色的鐵道上，又有多少的天燈，在元宵節，或是元宵以外的日子，向天述說多少人的期盼與夢想。

平溪支線鐵路，包括了大華、十分、望古、嶺腳、平溪、菁桐等數個火車站，尤其以十分天燈和平溪鐵道最具代表性，此篇文章以之為重點，記錄數則平溪支線鐵路的人文采風錄。

二、用光亮訴說夢想 —— 天燈

天燈即是所謂的「孔明燈」。傳說在三國時，孔明自觀星象，發現自己的本命星黯淡，為提振軍心，便製作「孔明

燈」施放，並告知下屬，以此安定民心和軍情。又有一說，天燈的形狀類似孔明所戴的帽子，方稱為「孔明燈」。孔明是中國智慧人物的典型，《三國演義》內的軍師形象深印人心，彷彿是蜀國社稷中的一盞明燈；而今日，習於將心願寫在天燈上，施放於天，也是期待天燈上達天聽，為自己點亮一盞明燈。另外，「天燈」音若「添丁」，故許多祈求子嗣的夫妻，也會藉著施放天燈以求子。

近年來，由於政府的旅遊推廣活動，讓許多人一提到「天燈」，多會聯想到平溪。然而，實際上回頭觀看天燈歷史，並非由平溪起始，而是十分。傳說在清朝道光年間至日本據臺時期（約為民國二十三年左右），十分地區土匪猖獗，每年歲末尤其嚴重，居民為了躲避盜匪，只能躲藏在山中不敢外出，而天燈就成為一種「信號」。大約元宵時節，年關已過，當天燈冉冉升起時，就知道災厄已過，可以返家了❶。因此天燈的習俗就這樣在十分地區傳承下來，由此地為中心點，漸漸向外發揚、傳播。近年來，由於臺灣努力發

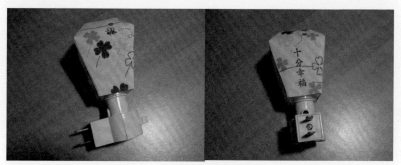

平溪小天燈

❶參見《平溪之美──天燈》，頁2-3。

展觀光旅遊，平溪、十分一帶，即以「天燈」做爲此處宣傳重點，至今甚至有了「北天燈，南蜂炮」之名，「天燈」也就如同蜂炮，同爲元宵節人們最愛的活動之一。

即使天燈僅僅只是不長明的燈火，但覆載了多少人心頭的願望，期待天燈點亮心內那一方幽暗的期待，天燈的意義已經不只是形式上的施放，還隱含著撫慰、鼓勵人心積極向上的治療功能。

三、時空沈澱後的淘金熱──煤礦

平溪以煤礦繁榮，盛極一時，產量和品質都是全臺之冠。《平溪鄉志》記載：「其中北翼地層以菁桐附近的煤層最安定，延長約三公里；南翼則有石底逆斷層、十分寮逆斷層、文山番仔坑及大溪墘等三條局部斷層。」擁有了得天獨厚的條件，在1918年煤礦正式獲得開挖❷後，小小的農村成

⌞採煤礦礦工群像

⌞輸送煤礦之通道

❷《一盞天燈一個希望—品味平溪》，頁34。

了煤礦重鎮，所產煤礦受稱譽爲「臺灣煤」。而此淘金熱中，默默打拚、努力的就屬礦工群了，礦工群就在平溪一帶聚爲群落，在求得一家溫飽的同時，也爲臺灣的經濟建設打下基礎。當然，煤礦帶來的繁榮非常人可預估，而當時礦工的一日薪資甚至相當於公教人員的一月所得，故當時臺灣流傳的一句俗諺「水流東，吃空」，即是說明平溪當時的淘金盛況。

但煤礦並非取之不盡，用之不竭的，當平溪一帶的煤礦淘盡，因煤礦開挖而形成的聚落，忽然的沒落，帶給初以礦工爲業的居民一陣的消沉，後有諺語「水流東，某飼尪」，即是說明以採礦爲業的男主人，在礦業沒落時的窘況。然而男主人在礦坑中爲了家庭出生入死了大半輩子，甚至爲了採礦造成如肺病的職業疾病，一生辛勞只爲了家，退休後能夠給女主人照顧，也是一種人間幸福。此諺語或可如平溪當地的文史工作者高文祿先生解釋：「歌頌的是每一個家庭背後的偉大女性，她們在『吃空』的時代，不但要照護一家老小的起居，想辦法籌措小孩子的教育費用，還要從老公的喝酒開銷之後的僅剩餘額，一點一滴積存，到最後竟然能夠『飼尪（養老公）』，那也是相當可觀的成就。」❸一個家庭的經營，男主人雖是傳統的主幹，但女主人的背後支持與辛勞，一樣令人感懷。

四、當柴油蜿蜒在鄉間 —— 鐵道

平溪鐵道的建造，是爲了方便煤礦的運輸。因山城偏

---

❸《一盞天燈一個希望 —— 品味平溪》，頁41。

僻、運輸不方便，爲了改善問題，需要投入大量的資本去建造鐵路，才能順利開挖煤礦。故平溪線鐵路以礦坑爲重點發展、延伸，煤礦的群落到哪，「招呼站」就在哪兒。例如第五號隧道附近的粗坑，早期並無設站，若有人至十分街上購物，經過的車長便會順道載送，行程這一帶特有的「招呼站」❹。

　　而今礦業盛況不再，平溪的鐵道卻成爲旅遊宣傳的重點，許許多多鐵道迷三五成群地聚集在這裡，濃濃的懷舊味在鐵道、吊橋、老街之間飄散。如十分車站附近，鐵道與老街緊鄰，火車進站而有的呼嘯風聲，居民彷彿已經納爲生活背景樂音之一。而十分車站到大華車站一段，正是許多觀光客喜愛步行的一段，一路上有吊橋，有瀑布，潺潺的水流與細碎的步履，走在蜿蜒而綿長的鐵道上，彷彿一段又一段的時空交錯，曾有的採礦呼喊與今日的旅客細語，重疊在此處，也許長駐的山靈聽聞了也不過是一陣唏噓或莞爾。特別的是，此處的火車將要入隧道前，會停止許久，等待步行旅客盡出山洞，才緩緩駛入，每每見到，總是讓人嗅到這裡濃濃的人情味，在此忙碌匆促的世代，有誰聽說過火車會「等人」的呢？而平溪的小火車，卻是在悠閒地行駛中，眞實地「經過」許多居民或遊客的生活中。可以聽見火車與鐵軌摩擦的聲響，可以聽見火車與風聲交錯的聲響，可以聽見自己與火車「對談」的聲響——例如那一點點懷舊情緒的萌發，或是那一點點繁華起落的興歎。

---

❹《一盞天燈一個希望——品味平溪》，頁63。

臺灣人文采風錄

關渡人文采風錄

台師大國研所博二　**張嘉珊**

　　「關渡」位於臺北市近郊淡水河、基隆河、新店溪交會之處。關渡地區的人文遺跡，由來已久，經由關渡遺址的發掘，這個區域的人文活動，至少可以追溯到四千多年前的「圓山文化時期」。經由臺北盆地裡數次的地質變動，居民隨之遷徙，凱達格蘭族成為關渡地區的住民，而後漢人逐漸移居並與當地居民通婚。

　　早年關渡是船隻主要的渡口，是從淡水前往臺北盆地內的重要通道，因而往來的商旅川流不息，肥沃的關渡平原也滿佈著田園，孕育著農業與漁業的生產。儘管十九世紀末，關渡河川的交通功能，由於泥沙淤積的日益嚴重，與公路交通建設發展的開始，使得在地理位置上的重要性隨之減退，現今更面臨著產業轉型、人口外流的情況，逐漸走向以觀光為導向的經濟型態，卻仍然不減其人文色彩的興揚。除了有三百多年歷史的「關渡宮」，是為當地人文信仰的重要據點之外，近年也陸續增添許多新穎的人文相關建設，由於篇幅所限，本篇將以較具特色的「慈濟人文志業中心」、「關渡宮」、「關渡碼頭」與「淡水河岸自行車道」為主題對象，以窺覽關渡地區璀璨的人文風貌。

一、慈濟人文志業中心

地址：臺北市北投區立德路2號

聯絡電話：02-28989000

交通方式：捷運關渡站下車，於前站出口，步行約十分鐘即可抵達。開車則由洲美快速道路下，大度路直行至立德路口。

在廣闊的關渡平原上，座落著一幢巍峨典雅的灰白色建築，這就是慈濟關渡園區——「慈濟人文志業中心」。與其他建築物明顯不同的是，這棟建築的外觀線條顯得十分圓潤，似乎從其中找不到稜稜角角之處，在入內參訪後，才知道原來這樣的設計，是出自於名建築師姚仁祿之手，如此特別的設計理念，是因緣於慈濟證嚴法師倡導為人應「圓融」的概念，上人說，待人處世應當要圓融，因為人人能做到圓融，才能不因為有稜有角而有摩擦碰撞，使得別人因為我而受傷。除了建築外觀，建築內部的舞臺、窗門等處，也隨時可見這樣象徵著「圓融」的設計。

這棟建築是2005年落成的，是慈濟傳播系統的所在地，其中含括了平面與廣電媒體部門，如：大愛電視

慈濟人文志業中心

臺、慈濟廣播、經典雜誌、靜思文化、大愛之友等。值得一提的是，其建設經費完全來自於各地環保志工數年來奉行著資源回收的成果，未曾動用絲毫的對外募款所得，可說真的達到了「垃圾變黃金，黃金變清流」的成效。

慈濟志業創立的動機，乃因緣於1966年證嚴上人與弟子到醫院探病，見地上一灘血，旁人說那是一位原住民婦人小產，繳不起醫療費與保證金，又被抬回去。當時上人心中湧現不可遏抑的悲痛：不知婦人是生是死？難道這就是生命的無奈？原為逃避名利而出家，此時卻有了新的詮釋──錢財能夠救人，而且必須及時。因此他們秉承佛陀「無緣大慈、同體大悲」之心念，服膺印順上人「為佛教、為眾生」之志節，開始從事濟貧教富之志業。慈濟的志業由慈善、醫療、教育、人文志業，擴及到國際賑災、骨髓捐贈、社區志工、環保，成為「一步八腳印」。

面對大門，廣場柱子上方的裝飾是以大型蓮花圖騰作為點綴，象徵清靜莊嚴的佛教世界。而後映入眼簾的是左右兩旁偌大的對聯，書寫著：「福田一方邀天下善士，心蓮萬蕊造慈濟世界」。標示慈濟的宗旨：希望以理事圓融之智慧，力邀天下善士，同耕一方福田；勤植萬蕊心蓮，同造愛的社會。證嚴法師認為「行善」是眾人平等的，而不是專屬於一兩

慈濟人文志業中心大廳證嚴法師照片

位有錢人的權利，若能集合天下善士的萬蕊心蓮，將能使得世間更加美好。

　　進入大廳後，兩側懸掛著證嚴法師的照片，其中令人印象深刻的是在義診時，上人撫慰著小女孩的胸口的圖像。在早年時，上人都是親自探視貧苦的民眾，經過仔細的觀察之後，發現貧困總是來自於疾病。在醫療資源缺乏的年代，往往得花大錢才能得到治病的機會，這也堅定了上人希望建造一所大型醫院，提供貧苦人家就醫機會的心願，而多年後，在眾人五元十元積少成多的捐獻下，累積出了「花蓮慈濟醫院」，而後，更延伸到全國，至今共有花蓮醫學中心、玉里、關山、大林、臺北、臺中等院區，及慈濟骨髓幹細胞中心。

　　接著映入眼簾的是慈濟的「靜思書軒」，書軒中除了書籍之外，也有餐點飲料可供選擇，特別的是，與一般書店的營利取向有所不同，書軒想賣的不是商品，而是彼此關懷的人文精神，因此，在書軒中的書可以隨時取用至飲茶區閱覽伴讀，離開時再歸回原處即可。慈濟期許靜思書軒能夠成為社區的「客廳」，是居民們來去、探討人生問題的交流中心，期望在商業行為之外，能達到推廣志業的宗旨。至今靜思書軒在國內及海外都有分店，陳設中不變的是一定都有的裝

靜思書軒關渡店的內部陳設。

飾──竹子，是東方意象的妝點：竹子有節，象徵做人應有節制；竹子空心，代表著爲人應當虛心。

慈濟大愛電視臺自1998年開播以來，以關懷社會及尊重生命的理念，致力傳遞人性眞、善、美的訊息，秉持著「導正社會風氣、啓發良善人性、傳承優質文化給下一代」而努力，播報時特別重視環保、人文、教育、慈善、醫療等議題，以國際化的宏觀視野，提供富有人文教育意義的正向報導，與一般電視臺的收視導向實有所差異。此外，「慈濟人文志業中心」中亦有大愛電臺的播音室，以及平面報刊的編輯中心，期望能爲人間美善盡到「存史」的良能，以報導記錄當代眞實且善美的人物與事蹟。

（在此特別感謝慈濟陳珏芳師姊的導覽解說）

二、關渡宮

宗教活動在農漁業社會中扮演了極爲重要的角色，在關渡地區的「關渡宮」，是爲享譽中外、香火鼎盛的廟宇。

關渡宮爲臺灣北部最古老的媽祖廟，因位於靈山山頂，原稱「靈山廟」，創立於清順治十八年（1661），由開山石興和尚以茅草立廟；康熙五十一年，淡水通事賴科易茅以瓦

關渡宮

加以改建；五年後諸羅知縣周鐘瑄又加修建；嘉慶十七年三次修建爲現址，題匾「關渡祖宮」。又於日本大正11年（1921）重修，易名爲「關渡宮」。「關渡宮」與鹿港「天后宮」、北港「朝天宮」並稱爲臺灣三大媽祖廟。

關於媽祖的記載傳說甚多，不甚一致，約起於北宋。傳說媽祖原是都巡檢林愿之女，名默娘，生於宋太祖建隆元年（960），殁於宋太宗雍熙四年（987），享年二十八歲。初生時，紅光滿室，異氣氤氳，由於生而彌月，不聞哭聲，故名之曰默娘。林默娘八歲就塾讀書，喜燒香禮佛，十三歲得道典秘法，十六歲觀井得符，能布席渡海救人。據傳，媽祖常穿朱衣，乘雲遊於島嶼之間，有隨從千里眼、順風耳，能解救於千里之外。如果海風驟起，船舶遇難，只要口誦媽祖聖號，媽祖就會現身營救。

臺灣四面環海，先民又多渡海來臺，對於媽祖之信仰極爲重視，詩人詹義農曾寫一首〈隨大甲媽祖遶境進香〉，傳達出臺海人民對於媽祖的虔誠信仰，其中濃烈誠摯的情感令人動容。

↳正殿媽祖聖像。

由於關渡宮香火鼎盛，因此關渡宮不斷擴建，除聖母殿、觀音殿、文昌殿外並有古佛洞，廣渡寺、鼓樓、鐘樓等，在新穎璀璨的建築裝飾中，不難發現其間仍保有人文古蹟的痕跡，以下將略加

臺灣人文采風錄

介紹。

　　關渡宮「靈山古佛洞」洞口，有著一個「鎮洞寶臼」，其上刻寫著此臼發現來歷的三十二個大字：「甲辰年關渡拓寬時河底發現寶臼經爲本宮鎮洞之寶願與善信結緣共享福壽」。這個寶臼是在關渡河口拓寬時，在河底處發現的，之後關渡宮在寶臼上置放銅製的如意，供信眾觸摸祈福，共享平安如意之福。此外，在正殿中，保存了第二次遷建時之龍柱古蹟，上面刻寫著「乾隆癸卯年瓜月吉旦」九個字，雖然雕刻紋路隨著歲月的遞嬗而日漸斑駁模糊，但仍可見得當時雕刻技術之精湛，刻畫線條極富靈動之美。

　　此外，室內建築兩側及樓梯護欄的雕飾均極爲精美，爲禮聘老師傅精心雕琢而成，石面浮雕展示眾多成

第二次遷建時所保存之龍柱古蹟，上書：「乾隆癸卯年瓜月吉旦」數字。

成語故事「臨渴掘井」之浮雕。

語故事，作品細膩精工栩栩如生；關渡宮殿前的石柱蟠龍，加上石獅、石象與壁雕，形勢更為壯觀；進入關渡宮殿內，殿頂的藻井、斗拱、樑椽都有精細豐富的雕塑、彩繪，堪稱為藝術殿堂。

三、關渡碼頭、淡水河岸自行車道

早年在關渡隘口尚未拓寬前，每到漲潮時刻，海水逆流而上，在關渡流域，與江水相激盪，便形成三種不同的水色。尤其在夕陽西下，彩霞帆影相互輝映，更是美不勝收。在清代史籍中，這裡被列為臺灣八景十二勝之一，常有詩人騷客為之詠歎，如陳逢源〈關渡分潮〉一詩云：

> 重重關渡鎖溪雲，潮往潮來到此分。
> 激影東西拖燕尾，濤聲日夕助犀軍。
> 舟人放櫂中流急，估客鳴鐘隔岸聞。
> 我欲測蠡參水性，由來涇渭不同群。

孕育臺北城市文明的淡水河與基隆河，早已不復昔日帆影點點的旖旎風光，為了保護居民生命財產安全而高築的水泥堤防，更成了臺北市民對河岸景觀的印象，臺北市政府在努力構築親山廊道的同時，也沒忘記盡力尋找讓市民親近河水的機會。民國九十年，全面實施週休二日所帶來的觀光需求，促使市政府交通局更加積極規劃臺北市境內水域船舶觀光遊憩活動──「藍色公路」的航運，期望藉由臺北市的好

山好水，闢建出優質的休閒環境，發展成國際級的觀光休閒景點。

　　臺北市擁有豐富的歷史人文與自然生態景觀，沿著生命之河闢駛的藍色公路航線更能貼近這些珍貴的城市資產。民國九十三年二月，斜風細雨中浪漫開航的「藍色公路」正式成為常態性的營運航線。目前的航線有：淡水河航線（大稻埕──關渡）及基隆河航線（大佳──關渡）等固定航班，兩線的交會點便在關渡，在關渡碼頭乘船，可延駛至淡水漁人碼頭，遊客可再轉搭渡輪將航線延伸至基隆宜蘭外海一帶。

　　關渡碼頭旁屹立著紅色拱形、名聞遐邇的關渡大橋。最早的關渡橋，創設於雍正十年（1732），當時還只是簡陋的「藤橋」，吳延華的詩云：

乾竇門邊淡水隈，溪流如箭浪如雷。
魁藤一線風搖曳，飛渡何須蟒甲來。

吳延華并註解「番人架籐而渡，來去如飛」，詩中「乾竇」指的便是「關渡」，寫成乾竇是為雅馴之故。可能由於河幅太大或是峽門風強，這種原住民特有的籐線便橋或許並未使用很久，在這之前，

⚓ 關渡自行車步道旁的石碑，後方紅色拱橋即為關渡大橋。

康熙36年時，郁永河數度乘海舶和艋舺通過關渡門，都沒記錄過關渡籐橋，清初的方志史料詳盡描述關渡門，也都未記載籐橋，或許雍正年間，關渡籐橋朽壞後即未再重建使用。

臺北市近年來提倡「健康城市」的概念，在基隆河、淡水河、新店溪、景美溪、社子島、雙溪、大漢溪沿岸，設立了河濱親水自行車步道，大力推廣自行車運動。其中關渡段步道最吸引人的，莫過於步道沿途的關渡濕地自然公園生態，在騎乘單車的同時，還可以觀察水筆仔、招潮蟹、彈塗魚、雁鴨候鳥群的生態風光，為運動健身注入人文知性的豐富內涵。

關渡特殊的地理位置，自古即成為臺北盆地的人文發展中心。近年來雖然在產業結構上有所轉變，卻也使得關渡在人文休閒觀光功能上新興，而陸續有許多人文相關建設挹注其中，也為這個古老的城鎮注入了嶄新的生命力。下次來到關渡，不妨多加留心，你將會驚喜地發現關渡璀璨的人文風貌。

臺灣人文采風錄

關渡生態賞鳥腳踏車道。

淡水河岸自行車道的路面上，有隻螃蟹騎單車的特殊圖騰鑲嵌其中，十分可愛逗趣。

金門人文采風錄

台師大國研所碩一 **董家珮**

一、前言

　　金門舊名作浯洲，又有仙洲、浯江、滄浯、浯島等名稱。明朝初年，改名作金門，因地勢「固若金湯，雄振海門」而得名。金門的總面積約150餘平方公里，主要由金門本島（金城鎮、金沙鎮、金湖鎮、金寧鎮）、小金門（烈嶼鄉）以及大膽、二膽等多個小島組成。金門的面積雖然不能和臺灣本島相比，但由於處於臺灣本島和大陸之間，為大陸統治一方欲進入臺灣本島的必經之路，不論是清廷與明鄭的對抗或是民國政府剛遷臺與中共對峙的時間，金門全島無不處於槍林彈雨的情況之下。因為地小，所以處處都是軍事用地，民國政府的軍事建設，將金門建設成上堡壘，下坑道的防衛地形，所以金門全島處處都是戰爭的史蹟，對於很多人認為金門地小無可娛樂的觀點，無疑是完全錯誤的。

　　金門不僅有豐富的戰爭史蹟，也有明、清政府統治下所遺留下來的文化古蹟，從一面碑刻到一間書院，都保留的很完善，在當地古蹟與環境自然融合在一起，我們在觀賞這些

古蹟的同時不必在乎他人的眼光，而是自在的體會這個古蹟給人的感受，雖然沒有派人駐守當地，但外來的觀光客受到當地淳樸的民風感染，相信也不會忍心去破壞它，且政府仍有定期派人清掃維護，所以能保持完善。同樣是文物古蹟，臺灣著名的文物大多被隔離在玻璃窗中，或大型建築古蹟也是被隔離在一定的區塊中，這和金門當地古蹟與環境融合在一起，往往住家就是古蹟是不同的。

本文筆者將從金門的歷史古蹟、戰地文化以及經濟發展三個部分來描述，並穿插採集到的部分詩歌及對聯，從傳統走到現代來體會金門的美好。至於賞鳥，金門環境清幽，不少鳥類棲息於此，眾多的賞鳥人經常特地到此觀賞，以金門著名的鳥類鸕鷀來說，到金門的太湖中的小島觀賞，你可以看到一整片的鸕鷀站在樹上，好像站滿了所有的樹枝，非常壯觀，但等到鸕鷀一飛離，你也會看到一整片的鳥屎在樹上，畫面相當有趣，但有鑑於筆者對鳥類沒有較深的認識，在本文就不多談了。

筆者的父母親都是從金門遷移到臺北定居的，很多親戚現在仍居住在當地。

自小在臺北生活、長大的筆者，在小學時期的暑假我都固定會回金門陪伴我的奶奶，金門這塊土地是我同年的樂園，有我兒時的回憶，但到了國中以後便很少再回去金門了，這一次剛好藉著邱燮友老師想要出一本《臺灣人文采風錄》的構想，再次拜訪金門，這都要感謝老師。

在這次的行程，我邀請了我的好友李依蓉與我一同前往，依蓉是我大學時候的好友，有她的陪伴，使我這趟金

門采風行特別有意義。金
門地勢低平，除了太武山
之外沒有障避可以擋住海
風，所以風勢更顯強烈，
金門當地有名的風獅爺就
是為了阻擋強風而設立的
守護神，圖片中的風獅爺
是我們一出金門機場第一
個看見的金門標記。

🔈金門風獅爺

二、數則金門人文采風錄

(一)歷史古蹟：「古崗樓」與「邱良功母節孝坊」

由於筆者的奶奶就住在金城鎮的古崗，所以我們第一天
就先到附近的「古崗樓」參觀，古崗樓是一棟兩層樓高，三
面環湖，外觀類似廟宇的建築。當我們一進入建築，在門的

🔈金門古崗樓

兩側分別是寫著「古崗
碧水浮麗日」、「樓閣
青山迎春風」兩塊由金
門陶瓷場贈送的匾額。
走上樓，可以看到屋頂
細部的造型，瓦上排列
有由獅、馬、獅交錯的
立像。古崗樓三面環繞
著「古崗湖」，金門有

很多湖，依據久居當地的伯父說，金門的湖用來蓄水，只要下一天雨就足夠金門當地用半年。然而眼前這個湖對我的意義不在於蓄水，想起小時候經常和鄰居的小孩到湖裡抓小魚，後來鄰居嚇唬我說湖裡有水蛇，從此不敢再下水到湖裡玩。現在重回舊地，突然覺得湖水感覺特別的深，不知道是不是當年的湖水較淺，還是人年紀越長膽子反而越小了，要是叫我現在跳進湖裡，不管是否眞有水蛇，我是怎麼也不肯的。

接著我們到金城鎮最熱鬧的模範街去遊玩，模範街上賣著各式的金門紀念品，小自鑰匙圈，大至金門菜刀、高粱酒，在那都有得賣。附近是菜市場，其中佇立著有名的「邱良功母節孝坊」，這個牌坊是國家一級古蹟，清仁宗時設立用來紀念浙江提督邱良功的母親，表揚她辛苦培育邱良功成

臺灣人文采風錄

邱良功母節孝牌坊

爲當時屢建奇功的將軍。金門有三個有名的牌坊，這是其中一個，了解了牌坊的來歷，使我打破了以往對貞節牌坊的觀念，以往我天眞的以爲婦女只要守寡到一定年限，朝廷就會爲你立碑，但事實上並非如此，我觀察到金門牌坊所紀念的婦女他們的子孫都是朝廷官員，這才了解到，原來單單守寡朝廷是不會爲你立碑的，還得要

子孫有出息才行。

　　此牌坊是一座四柱三間五樓三層式的石造牌坊，四根柱子皆刻有楹聯，面對現今金城鎮東門里的四面柱子上的兩面外柱刻有「鸞鏡分輝龍駒匝月」、「麟圖著績鳳昭千秋」，兩面內柱「撫週月幼孤麟閣勳名標彤管」、「垂千秋壺範鸞書褒獎表冰心」，而面對現今金城鎮南門里的四面柱子上的兩面外柱則刻著「三十五日遺孤在昔身肩教養」、「二十八年苦節於今澤沛雲礽」，兩面內柱「華表闡幽光不負冰霜苦節」、「綸封綿世澤長留史冊芳聲」。這四個柱子上寫的楹聯都是當時朝廷官員所贈，而在牌坊的上層屋簷下刻有「聖旨」的石匾，中層則刻著「欽旌節孝」，下層刻著「誥贈振威將軍邱志仁妻欽命提督浙江全省等處地方統轄水陸軍功節制各鎮加一等記大功六次晉封三等男爵世襲邱良功之母誥贈一品夫人許氏坊」寫的是邱良功及其母的封爵，柱子的底下有四隻獅子，其中一隻獅子全身都是綠色的並帶著一隻小幼獅，代表著母親帶孩子，也正是建立這個牌坊歌誦母親辛勞的象徵意義了。

　　㈡戰地風光：地雷、坑道以及「太武山公墓」

　　金門當地可以說是處處是戰爭的痕跡，沿海地帶有大量的地雷，平地則上為堡壘下有坑

🐾金門地雷警戒區

道，有觀測大陸地區情況的觀測站，也與大陸對話的播音室，更有可歌可泣的大片公墓及紀念的廟宇，金門政府重新修復這些戰蹟供遊客觀賞緬懷，也設計了一些使人身歷其境的音效及蠟像，實爲用心。

　　金門距離大陸太近，要潛入金門很容易，因此國軍爲了防止敵軍的進入，於沿海地區佈滿了地雷，地雷都設置在沙灘和陸地的交界草叢當中，地雷也分很多種，有的用來炸潛入的人，有的設計用來炸燬敵軍潛入的戰車，現在在金門當地還可以看到露出地表的地雷，雖然年代已經很久，有的可能生鏽不會爆裂了，但是還有很多是可以爆裂的，目前金門政府近來請了很多外國的專家進行排雷的工程，可以看到「排雷進行中，請勿靠近」的標語，雖然有些地方已經在進行排雷了，但是金門沿岸的地雷太多，所以近期仍然會是觀光的一個奇景。照片中的地雷是位於翟山坑道附近的地雷，已經露出表面，筆者的叔叔久居當地，此區雖然標示著有地雷，但叔叔若是想要釣魚或是撿石頭仍然豪邁的就踏過地雷區往海灘去，叔叔也邀請筆者一同前往，但筆者膽子小始終不肯答應叔叔，叔叔這樣的表現是否就是金門的「大無畏」精神呢？不只是叔叔，附近的居民幾乎都和叔叔一樣在地雷區穿梭自如，實在是令筆者佩服不已。而爲了避免戰爭中飛彈的迫害，國軍也採用了穿山甲的戰略，穿山甲是一種滿身麟甲的動物，它穿山爲穴避免捕捉，白天潛伏等到晚上出來覓食，因爲它挖的洞穴穴穴相通，所以不易捉捕，國軍便學習穿山甲的這個特點，挖築地下坑道，坑道上方爲一堡壘，有時留有洞口以勘查、偷襲敵人，坑道下方則與海口相通，

臺灣人文采風錄

我軍的艦隊可以由海口駛
入坑道中，以躲避敵軍的飛
彈。

　　雖然國軍作戰如此用
心，設計了坑道和地雷等措
施，但死傷難免，我們到太
武山的「太武山公墓」，
那裡紀念著古寧頭戰役、
八二三炮戰等戰役中付出寶
貴生命的國軍，一進入太武
山公墓區我們首先會見到
「國民革命軍陣亡將士紀念
碑」，碑後是「太武忠烈

太武山「毋忘在莒」石刻

祠」，在忠烈祠面前你會看到斗大的兩個字「國魂」，白色
大理石的建築配上藍色的屋簷，給人以莊重、肅穆的感覺，
也由於是大理石的建材，所以建築從民國四十幾年建設陸續
完成到現在，看起來仍然像是新蓋的一般，忠烈祠的周圍圍
牆裡裡外外，新刻滿動人的詩歌和以戰史為內容的畫。

　　在寫滿了詩歌的圍牆後方就是一大片將士的墓了，那裡
沒有陰森的畫面只有壯烈的氣息。墓旁是通往山上的「玉章
路」，山中古蹟甚多，有「鄭成功觀兵奕棋處」，有香火鼎
盛的「海印寺」，寺旁有一拱門，門上刻有「海山第一」，
為名朝盧若騰在桂王永曆十五年所書，但最有名的莫過於蔣
中正提的「毋忘在莒」四個大字，這是觀光客到金門一定會
拍照留念的紀念性地標，也是金門的精神標語。

㈢經濟發展：「水產試驗所」、「畜試所」、「林務所」以及「金門酒廠」

　　金門除了注重古蹟的保存也注重生產，土地雖小，五臟俱全，當地自己發展培育動植物的場所，不論是供當地使用或外銷皆有不錯的發展。「水產試驗所」中養殖多種魚類以及金門著名的牡蠣和螃蟹，進而研發水產罐頭加工商品，促進產業發展。其中最特別的，在水產試驗所中你可以看到臺灣本島所沒有的稀有活化石「鱟」，依照展示說明，這種生物可以追溯到三頁蟲的年代，而水產試驗所特別培育這種稀有物種，你可以親眼看到「鱟」的真實面目，甚至是觸摸它，水試所並積極流放，使金門潮間帶仍可見不少「鱟」的蹤跡。「畜試所」則像是一間動物園，養殖的大多是家禽類，如果想要找兇猛的獅子、老虎，這裡是不會有的。記得上一次到金門來這裡剛好有新鮮牛乳供人享用以及讓小孩騎迷你馬的服務。而「林務所」則是金門最美麗的地方，裡面培植了多樣的觀賞性質的盆栽，像是喜氣的紅色鳳梨以及蘭花等，也有食用性質的山藥，在這裡都是大量栽培，可以體會到數大就是美的感受，裡面還有很多精心設計的戶外景觀，雖然還有部分設施仍在建設，但看著已經完工的設施就能感受到當地政府的用心。現在很少有旅遊資料對這三個處所進行介紹，所以來金門觀光的人往往不知道這幾個地方，非常可惜。

　　金門最重要的經濟來源不是這三個處所，而是有名的「金門酒廠」，金門一開始只生產甘藷不生產高粱，人民以

甘藷為主食，是民國三十八年到金門的胡璉將軍實施了高粱換白米的政策人民才開始種高粱，並於民國四十二年在舊金城興建了金門酒廠，這才改善了金門的經濟狀況，胡璉將軍是金門「現代的恩主公」，目前「莒光樓」三樓陳列著全是胡璉將軍的事蹟，可見他在金門人心中的地位。金門現在有兩間酒廠，舊的酒廠目前仍在運作，但大多的生產仍是

🍶金門高粱酒巨形廣告

以新廠為主。比較可惜的是，酒廠僅開放展示的大樓供人參觀，實際生產的酒廠是不對外開放的。

　　金門的酒廠是金門的經濟命脈，使金門政府可以有足夠的資源建設當地，也使當地民眾在食衣住行方面都享有一定的福利，例如金門當地國中小的營養午餐完全由政府供應，居民免費搭車、船，獨居老人由政府派人供餐等等福利措施，都要在當地政府有充足的經濟來源才能辦到的。

三、結語

　　金門值得遊覽的地方實在是太多了，每一塊土地都有特殊的故事在，就像徐志摩〈裴冷翠山居閒話〉說的「自然是

最偉大的一部書」，走訪金門就可以體會從明鄭時期一直到民國三、四十年的近代史，體會人民對先賢的濃烈情感與崇拜，感受當時戰爭的緊張感，而每樣古蹟上都有碑文、對聯更有豐富的人文氣息，本文只是筆者這次行程的一小部分，其中歷史古蹟的部分還有「清金門鎮總兵署」、「城隍廟」以及小金門的「國姓井」等等，戰地文化的部分還有「馬山觀測站」、「經國先生紀念館」、「翟山坑道」、「古寧頭戰場」等，經濟發展也還有當地小吃都未能介紹，誰說金門地方小無可玩，只要你體驗了金門這一部可愛的小書，你就會知道百讀不厭的滋味了。

臺灣人文采風錄

臺灣春節采風錄

文大中研所碩一　**施伊芹**

一、前言

　　春節文化是由形形色色的民俗活動所積累而成，是一套行之已久的人文風俗：祭祀、除舊佈新、祈求生活圓滿、親友間禮儀互動、體會人文生活的樂趣。春節的文化活動傳承已有數千年的歷史，主要意涵在於華夏子民的文化基礎。「過新年」的特殊文化魅力使「春節」成爲華人社會最有凝聚力的重要節慶。春節期間，離家背井的出外遊客紛紛返鄉，與親人團聚，從每年春節返鄉車潮的實況可見一斑，顯示華人心目中極其重視「春節」。

　　祖先面對自然遞嬗、社會整合、人生歷程等問題的經驗累積形成一套應對的習俗，傳

✎ 總把新桃換舊符

統文化使生活以及生存獲得最有效率的安適、形成代代相傳至今的習慣。現代人的首要之務，就是秉持尊重的態度，去除累贅、不合時制的規矩，將人文精神發揮到極致。至於帶有迷信色彩的舊習，則伴隨著科學知識水平的提升而逐漸淘汰；譬如習俗上，張貼春聯、年畫、耍龍燈、舞獅等活動，則可以賦予新的內容。

二、春節的由來與涵義

許慎《說文解字》書中記載：「年，穀熟也。從禾，千聲。」由此以證明，「年」的基礎意含與農業收成緊密相連。古代與今日的耕種技巧差異懸殊，華夏文化發源地——黃河流域，其氣候條件又年僅一種。因此在收成的季節舉辦祭典，在辛苦的耕種後大肆慶祝，「一年」就是一個耕耘收穫的週期。慰勞人們一年的農事辛勞以及感激上天的賜與是舉辦收成慶典的二項重點，並祈求來年也有同樣豐厚的收穫。「臘祭」泛指酬答神祇及祈願等性質的歲末活動。

殷商時期「新年頭舊年尾」的祭神祇、祭祖先等活動是「春節」的源頭，有宗教祭祀、慶典聚會等活動。春節傳統文化習俗有：年獸、曆法、守歲、張貼春聯門畫、倒貼「福」、「春」字、爆竹、拜年、看大戲、賞花燈、鬧元宵等；以及大年初一不掃地、不走後門、不打罵孩童、相互祝賀新年萬事如意等風俗習慣。更有特殊飲食文化如：臘八粥、年糕、餃子、元宵、春餅等。

祭灶。《禮記‧禮器篇》，已經有祭灶的資料記錄，此

臺灣人文采風錄

項習俗起源甚早；周處《風土記》亦記有：「今吳以臘月廿四日夜記。其謂神，翌日朝天日一歲事，故前期禱之。」古代人們惟恐灶神上天稟告、講述不利人民的事件，遂衍生許多特殊文化，譬如「以酒沃門，謂之醉司命。」是吳人在祭祀時，以酒祭灶神所產生的說法。另外，宗懍《荊楚歲時祭》則記錄荊楚一帶的祭灶習俗，此地主要在臘日（十二月八日）以豚酒祭拜灶神。宋朝以後，宋人民間以一種俗稱「膠牙餳」的灶糖，目的在於甜灶神的嘴。今就古人祭灶所採用的供品來分析，可發現人民對於這位類似監視器的灶神，所抱持的敬畏程度是一代不如一代了！從最早以黃羊、豚酒等豐厚的牲禮祭祀，到用酒灌醉灶神，到以糖甜嘴的方式使灶神返天稟告時，只回報有利的資料，都明白顯示恭敬之心每下愈況的情形。

「年夜飯」是過年最精華的重點，亦稱作「團圓飯」。此刻全家團聚一桌圍爐吃飯，象徵年夜飯最重要的意涵「團圓」。平日為生活奮鬥的異鄉遊客們，必定趕回家與親人團聚圍爐。在除夕這各重要的時刻，必定等候全員到齊時，一同享用團圓的盛宴。值得一提在有些地方的習俗是，即使家人未能及時返家同享年夜大餐，依舊在團圓桌上擺置離家遊子的碗筷，並添置菜餚於碗

團圓飯

內，象徵期待團圓的心意，足見華人重視春節團聚的心思。根據《風土記》記載：「蜀之風俗，晚歲相與餽問，謂之『餽歲』，酒食相邀爲『別歲』。至除夕達旦不眠，謂之守歲。」相傳「守歲」可以使父母親及自己獲得高壽，因此，除夕夜大部分的人都不睡覺，熬夜直到天亮，這也是除夕夜總是家家戶戶燈火通明的原因。午夜子時後，鞭炮聲此起彼落，新的一年也就來臨了。

三、臺灣地區春節民俗活動的實況

居住在臺灣地區的島民，主要可分類爲三大族群。首先乃由南海各島嶼遷徙來住的原住民，再者由福建沿海遷移而來的閩南人及客家人，三者政府遷臺之時的各省移民。經過族群通婚以及混居等因素，三大族群的習俗互相融合，調和出專屬於臺灣的新文化。

(一)春節

初一早、初二早、初三睏到飽，初四頓頓飽，初五隔開，初六挹肥，初七七元，初八完，初九天公生，初十有食，十一請子婿，十二查某子返來拜，十三食暗糜配芥菜，十四結燈棚，十五上元暝，十六折燈棚。

這是膾炙人口的臺灣歌謠，鋪陳、羅列春節期間的行事順序及條目。

農曆新年是臺灣民間最重要的傳統民俗節日。過年的由

來在華人社會起源於「年獸」此一神話傳說；臺灣民間則是源自於「沉地」此一民間故事。傳說起源神桌上的燈猴（燭臺）認為自己為臺灣人民照明舉燭，終歲辛勤可謂勞苦功高，但燈猴卻永遠只能在神案上，高舉蠟燭看眾神祇接受供奉，民眾祭祀時總是忽略燈猴的貢獻，燈猴心有不甘地向玉皇大帝進言，控訴臺灣人民忘恩負義、不思報答之失。玉帝聽信燈猴的指控，決定在除夕午夜時分，讓臺灣島沉入海底以茲懲戒。土地公（另有一說灶神）急忙懇求觀世音菩薩向玉皇大帝請求赦免臺灣島，並通知臺灣民眾此項噩耗。臺灣島民為免眾神同遭沉海的災難，於島沉之前，紛紛將家中所供奉的眾神明恭送回天庭，此即「廿四送神」的由來。到了除夕傍晚，臺灣人宰雞殺鴨，祭拜、告別祖先，烹煮豐盛晚餐與親人共享，這就是「除夕祭祖」、「圍爐」等習俗的由

⌁行春

⌁搏龍

來。晚餐之後，家中長輩取錢財贈與家人，此為「壓歲錢」
（壓年錢）的典故。

　　因誤以為臺灣島將沉入海底，最後這一夜，家人聚集不
睡，此乃「守歲」。結果，午夜之後，臺灣島並沒有沉入
海中，臺灣島免於毀滅，乃是觀世音菩薩向玉皇大帝求情
奏效，家家戶戶遂燃放鞭炮慶祝。天亮以後，臺灣島依然平
安無事，島民心花怒放，相繼出門探訪親友，道塗相遇則紛
紛互道「恭喜」，慶祝倖免於難。除此之外，民眾一窩蜂前
往廟宇拜拜，感謝神明庇護，此則大年初一人民前往寺廟祭
祀，習俗上「行春」的來源。

　　後來，在漫長的「守歲」時間，衍生出撲克牌等賭博遊
戲，這同時也是臺灣地區政府在春節期間默許臺灣人民的賭
錢行為。賭博遊戲中，「接龍」更是頗受歡迎的一種競技。
「接龍」在個人電腦出現之前就已經流行，以撲克紙牌操
作此遊戲。「接龍」英文名稱為「fantan」，遊戲的玩法為
「七」先出，然後依序排列，因此亦稱為「排七」，是一種
老少咸宜、腦力激盪的趣味性撲克牌遊戲。

　　初二早上，出嫁的女兒紛紛回到娘家，探視父母雙親平
安與否。中午就留在娘家與父母親敘舊聚餐，即今日所謂
「回娘家」的習俗。大年初四，人們確定解除沉海的危機，
遂將眾神明迎回民間供奉，正所謂「初四迎神」的民間風
俗。「初五隔開，初六挹肥。」乃指正月初五，所有的慶祝
活動暫時告一段落；初六，民眾開始挑水灌溉重新播耕，恢
復正常的農事作息。雖說「春節」至此已經回歸正常的工作
軌道，然而事實上，「春節」的活動一直持續到元宵節，才

算是圓滿落幕。

(二)元宵節

正月十五爲「元宵節」。乃是由於「正月」即農曆的元月，古人稱夜爲「宵」因此得名。正月十五日是一年中第一個月圓的夜晚，更是大地回春、一元復始的起點，人們在此慶賀新春的延續、舉辦隆重的文化活動。在「元宵節」節慶形成的過程中，早期只稱作「正月十五日」、「正月半」或者「正月望」，隋朝之後稱「元夕」或「元夜」。直到唐初受道教影響，方有「上元」一詞，元宵節至此又稱爲「上元節」，至唐代末年才偶爾稱爲「元宵」。自宋代後始名「燈夕」。清朝另名「燈節」。

漢朝之時，已有元宵節點燈的風俗。至唐代賞燈活動更形盛大，舉凡宮廷中、街道上舉目可見燈火懸掛，甚至特地製作高大燈輪、燈樓、燈樹等華麗景觀。到了宋朝，宋人對元宵節更加重視，賞燈活動更是壯觀，春節時舉行五天的賞燈活動，花燈的式樣比起唐代更加繽紛。明代燈會更是炫目，是華人史上最長的燈節，賞燈活動長達十天，明人唐順之有詩

⚫煙火秀

〈元夕影詠冰燈〉，字句間描繪元宵節燃燈的景觀盛況「正憐火樹千春妍，忽見清輝映月闌。出海鮫珠猶帶水，滿堂羅秀欲生寒。燭花不礙空中影，暈氣疑從月裡看。為語東風暫相借，來宵還得盡餘歡。」至於清朝時，賞燈活動僅剩三天，然而規模卻更加浩大、盛況空前，賞燈之餘，同時燃放煙花以助興，歷來元宵活動推陳出新、精彩絕倫。

張燈結綵、燃燈放焰、鬧猜燈謎、出門賞月、同吃元宵、闔家團圓、共度佳節，許多地區尚有「放天燈」的習俗。南宋時興起「猜燈謎」此項人文活動，是元宵節新增的一種人文遊戲，亦作「打燈謎」，此項活動在南宋首都臨安最受歡迎。許多人樂於製作謎題、參與猜謎語之列，尤其是愛好熱鬧的文人才子，將謎語的巧思寫在紙條之上，張貼於斗大鮮豔的彩燈表面，供人解謎。謎語可啟迪智慧又有趣吸引人，因此廣為流傳，並深受社會上各階層民眾的喜愛。臺灣地區元宵節的著名人文活動有：賞花燈的晚會、燈集、臺北平溪鄉放天燈、臺東市炸寒單爺、以及臺南鹽水鎮蜂炮等多項慶典。

舊俗的「天燈」乃指農曆正月十三日到十八日的晚間，取豎立的高竿，懸燒紅色小燈籠，專用來祭祀敬眼光菩薩。今之「天燈」泛指「孔明燈」，相傳是三國時代諸葛亮（孔

臺灣人文采風錄

放天燈

明）首創。發明天燈之初，是爲了傳遞軍情，利用熱氣上升的原理，製作燈盞，燈盞飄浮於空中，製造假的天象或傳播軍事消息，用以欺瞞司馬懿的大軍。後來，天燈的製作方法流傳於民間，天燈遂成爲人類向上天祈福許願的媒介。在上元節放天燈，祈求心中的願望能夠隨著天燈越飄越高「上達天聽」，讓天神知曉，幫助信眾圓滿實現心願。

根據平溪鄉長者所述，平溪天燈的施放傳統源自於清道光年間。平溪移民陸續到達文山地區開墾拓荒，當時有盜賊盤據山頭、侵擾平溪部落，平溪人只能避居山中，以天燈作爲通信的工具，告知鄉人可以平安返家的時間點。時局安定後，放天燈的習俗也順勢留存、深植在平溪鄉，成爲地方上的民俗特色。近年來經由電視、平面媒體的宣傳與報導，平溪地區每年放天燈的活動均吸引大量人潮，不僅天燈數量越來越多，天燈的體積也越作越大，元宵節時，總有亮晃晃的祈福天燈佈滿夜空。

天燈上更可以書寫放天燈者的願望、簽上祈願者的名字、以及彩繪各式圖案。「放天燈」更象徵「放得越高，（事業）升得越高」的吉祥意涵。

四、結語

傳統春節的人文活動，一方面具懷舊、鼓勵、激發、記取既有人文精神的效果：譬如除舊去衰、重新出發、親友聯誼、情感升溫、迎新納福、承繼有意義的習俗。至於另一方面，春節習俗亦造成些許負面影響，舉凡祭祀繁複、浪費財

力，焚燒大量金紙，造成空氣污染、浪費地球資源等。受過科學教育薰陶的現代人，必須針對傳統風俗文化去蕪存菁，保留傳統人文的精神態度，同時減少舊有規矩所形成的缺失，使春節人文活動更臻於完美，做個有智慧的新時代文化人。針對春節多項人文景致，在此特地鋪寫一首七言古詩，寄人文情景於字裡行間。

臺灣春節常景　　九屑

南北東西離情結，親友解愁在春節。
添紅結綵金絲綴，天燈升空心愉悅。
方桌一張四椅列，脫手殿七接龍絕。
曦月夜星燈不滅，煙火爆竹光豈輟。
聚散有時喉頭咽，元宵味醇人即別。

臺灣人文采風錄

臺灣寒食清明節采風錄

台師大國研所教授　**邱燮友**

一、前言

　　在華人社會中，春天的民俗節慶，除了春節過年外，尚有元宵、上巳、寒食、清明四個節慶，其中以清明節慎終追遠祭祖掃墓，尤為華人社會所重視 。此日已被國家訂為「民族掃墓節」，舉國上下，放假一天。

　　中國人對大自然節候的因應，發揮「天人合一」的思想，在春季裡，已有上述的四個節慶，這是華人利用春天的美好時光，生活與大自然融合在一起，並敦厚人倫。例如元宵的燈節，放煙火，是兒童和情人的節慶；又如三月三日上巳的曲水流觴，與友人族親飲酒賦詩；在寒食禁火思念朋友，在清明日上墳掃墓，然後回家祭祖，表達對祖先哀念追思，慎終追遠的孝恩，在這些民俗活動中，顯示了中華民族的活力和文化的特色。

二、寒食、清明節的由來與涵義

　　每年冬至後一百零五日是寒食，在南朝梁宗懍的《荊楚歲時記》記載：「去冬至一百五日，即有疾風甚雨，謂之寒食。」寒食日往往多疾風苦雨，同時《周禮·司烜氏》云：「仲春以木鐸脩火禁于國中。」可知周代已有禁火的習俗。

　　寒食禁火的由來，是出於春秋晉文公重耳與介之推的一段淵源。介之推有版本作介子推或介子綏。晉獻公的兒子重耳，其兄太子申生爲驪姬所害，重耳爲逃離父親寵妾驪姬的迫害，在國外流亡十九年，介之推隨晉公子重耳流亡，相傳在饑寒交迫時，介之推自割股肉煮湯爲重耳充饑。重耳流亡十九年後，終於返晉爲國君，是爲晉文公。晉文公爲封賞功臣，卻忘了封賞介之推，介之推不願邀功，便隱居綿山。後來有人將介之推的〈龍蛇歌〉掛在晉文公門上，晉文公讀後，想起介之推，便派人前往綿山請介之推出山，介之推不願出山受賞，晉文公便命人放火燒山，想以此逼他出山接受封賞。不料，介之推執意不出山，竟抱樹而被燒死。晉文公後悔不已，並將那棵樹砍下，製成木屐，穿在「足下」，並下令介之推被燒死的那天，禁止生火煮食物，只吃寒食，以紀念介之推。這便是「足下」和「寒食節」的由來。

　　然而〈龍蛇歌〉的故事，被記載在《呂覽》、《史記》、《說苑》、《新序》、《淮南子》注中，因此這故事流傳於漢人的典籍中，在文字的記載或有出入，但大意相同，說明寒食的出處。如今綿山，又名介山，在今山西省中部介休縣東南，便是當時介之推隱居的地方。

寒食的次日，便是清明節，今日清明節，多在陽曆四月五日或六日，民俗訂此日爲民族掃墓節，但民間習俗、掃墓祭祖，多在清明日或提前舉行，此俗由來已久，具有追思祖先，愼終追遠的深意。清明節的得名，爲二十四節氣之一，由於春天氣清景明，故名。自李唐來，已普遍在清明日全家攜祭品到郊外、山邊，有掃祭祖先墳墓的習俗。

↳花蓮鹽寮亡墓

↳花蓮鹽寮民眾掃墓

例如唐・張籍〈寒食後〉：

　　田舍清明日，家家出火遲。白衫眠古巷，紅索搭高枝。

　　紗帶生難結，銅釵重易垂。斬新衣著盡，還似去年時。

又如杜牧最膾炙人口的一首〈清明詩〉：

　　清明時節雨紛紛，路上行人欲斷魂。借問酒家何處有，牧童遙指杏花村。

臺灣寒食清明節

351

清明掃墓攜酒食、祭品、香紙祭祖，尚因寒食禁火，清明日可以生火熟食，尚有盪鞦韆的節令習俗活動，如張籍詩中所的「白衫眠古巷，紅索搭高枝」，紅索、彩索或彩繩，便是鞦韆的別稱。

唐人寒食、清明，除了寒食禁火，清明開火等民俗，主要是清明祭祖掃墓，在春天春暖花開的好季節，唐人尚有「踏青」、「蹴鞠」、「盪鞦韆」等民俗活動。這些活動，可以從唐詩中，得到引證。例如李中的〈客中寒食〉：

旅次經寒食，思鄉淚溼巾。音書天外斷，桃李雨中春。

欲飲都無緒，唯吟似有因。輸他郊郭外，多少踏青人。

其他如蹴鞠，是指用腳踢球的習俗活動，自漢代以來便有，唐人於寒食時，也有蹴毬為戲，例如王維的〈寒食城東即事〉：

清溪一道穿桃李，演漾綠蒲涵白芷。
溪上人家凡幾家，落花半落東流水。
蹴鞠屢過飛鳥上，鞦韆競出垂楊裡。
少年分日作遨遊，不用清明兼上巳。

因此，上巳、寒食、清明，都是冬寒過後，春日清和景明的時節，全民官庶，均借此節日，出外踏青，盪鞦韆，蹴

臺灣人文采風錄

毯等民俗活動，而清明日，更是備酒食、祭品，金紙等上墳掃墓，具有掉念朋友，祭拜祖先，以及念友孝思的涵義。

三、臺灣地區寒食、清明節民俗活動的實況

臺灣地區的居民，大半是由大陸地區移民來此定居的族群，只是在時間或地緣有先後的分別而已。除原住民是從南海各島嶼遷徙來此；其他都來自大陸。如閩南語系的河洛人或閩南人，他們大都來自福建沿海地區；還有閩粵地區遷徙來此的客家語系客家人；其他自1945年第二次世界大戰結束後，臺灣光復回歸祖國，又有大量大陸各省移民來此的外省人，這三大族群，構成臺灣多元化的移民文化和融和的移民族群。儘管各族群的文化背景不同，由族群通婚和混合群居一起，已經產生臺灣現代的新文化，但儘管各族群來自不同的區域，清明節掃墓、祭祖的民俗活動，卻是一致的。

如今寒食節，在工業化的現代生活中，已被淡忘，似乎沒有人在實施「禁火」、「寒食（指不生火冷食）」，但冷飲、冰品或素食，並不因寒食而改變生活方式，這些是與寒食的習俗，毫無關係。所以寒食這節日，在臺灣人的心目中，已全然不存在，也對人民的習俗毫無影響。相反地，清明節祭祖墓，都是臺灣任何族群都甚爲重視的重要節日。

㈠客家人的清明習俗

客家族群，大都分布在桃園、新竹、苗栗一帶，簡稱爲桃、竹、苗，其次在屏東，其他分散在臺灣各地。客家人的

清明節掃墓，在時間上有很大的差別，他們在農曆過年後到元宵節（正月十五），隨時可以做清明，提前掃墓，到墓前祭拜祖先。原因是農曆過年，家族團圓，但元宵後，有些子弟要到外地去謀生工作，因此清明日，無法趕回來掃墓，所以他們為了子女要在外地工作，有的家庭清明節，便在元宵節之前，提前祭祖掃墓，但也有在三月三日上日掃墓。至於祭拜的祭品或祭拜方式，與其他族群是相同的，沒有太大的差別。為此，筆者特地寫了兩則仿擬的客家山歌，來記述他們的采風錄。

擬客家山歌兩首

幾多青山幾多路，幾多子孫來掃墓。元宵權作清明日，上山祭祖割草蘆。

寒食剛過草青青，孝思祖先親上塋。羊角花開滿山野，春雨含淚過清明。

掃墓前，都要把墳上和墳邊周圍的蘆草雜樹清除，然後壓墓紙，表示這座墳是有後代子孫來祭拜過，當然也少不了備些熟食的牲禮菜肴和艾草做的草阿粿來祭拜，然後焚燒金銀紙給祖先和墓旁的土地公、龍神，這是一般臺灣其他族群也是採用這種方式上墳祭祖。山歌中的「羊角花」，就是杜鵑花的別稱。

㈡閩南人的清明習俗

臺灣是個海島，地小人稠的地區，早年的民俗，人往生後，多採用土葬，但近二十年來，土葬不易，一般的民間，

☞花蓮和南寺

☞墓右側龍神與土地公

漸漸改以火葬處理往生者，於是寺廟和靈骨塔，成了骨灰罈安置的場所。其次，先前者土葬的先人，在臺灣民俗中，有往生後七八年，重生翻墓揀骨，就在原墓地，建造四方形或長方形的小廟，也可供作放置靈骨罈或家族的骨灰罈。於是每年遇到清明節，掃墓祭拜先人的方式，也分成兩大類的方式活動舉行。

　　第一類，是將先人骨灰安置在靈骨塔的，他們的家屬做清明，是由靈骨塔的管理處，通知辦法會的日期，統一祭拜先靈，每年約三次，一是清明，二是農曆七月十五日的普渡，三是農曆九月九日重陽節的祭拜。第二類是土葬的先人，他們的家屬，在清明日前後十日，任何一日都是好日子，傳祭品前往掃墓祭拜。但在一般的禮俗中，拜神的祭品，用生的未煮熟的三牲（雞、魚、豬肉），焚燒的是金紙；而拜祖先的祭品，是煮熟的三牲，焚燒的是銀紙或刈金，因為神靈的消化力強，用生的三牲，也不必切割；祭祖的祭品是熟食的，講究的還是菜碗六碗至十二碗，加一飯

🔍花蓮鯉魚潭法華山

一碗，並備四種不同的水果，甚至加酒、香燭和筷子，如同祖先生前般事親用餐。

　　其次，由於宗教信仰的不同，尤其是天主教或基督教，他們大都備有墓園，可以安葬先人。也有的以火葬方式，骨灰也是安置在靈骨塔，而靈骨塔中特別畫分不同宗教放置的區域，他們在祭拜時是誦讀聖經，不持香，以鞠躬行禮，祭品則多用鮮花水果。

　　至於一般民間，在清明時，他們對祭品的選擇，是比較複雜，祭拜方式，多採佛、道教的儀式，備酒，三牲，水果，香紙，上墓祭拜，回家後又向歷代祖先祭拜，已是清明節的主要民間習俗。如今工業化的時代，祭品方式，也有採用鮮花水果，但焚香、焚金銀紙，都依然不變，如同《論語》中所云：「生事之以禮，死葬之以禮，祭之以禮。」事生事死，竭盡孝親之禮，是中華文化的特色，表現在各民俗節慶之中。

四、結論

　　寒食節的由來，是春秋時晉文公重耳，悼念介之推而下令天下禁火，是為寒食，是君臣有義，朋友有信，追念朋友

的節日，而寒食次日，便是清明，清明本是二十四節氣之一，由於春日氣清景明，謂之清明，民俗以此日為孝思親人的節日，成為民族掃墓節，對祖先親人往生者的追思，孝思的節日，清明節是個哀傷的日子，發揮孝友的精神。

我們經常可以在公墓的牌坊上，看到一幅很好的對聯，上聯是：「逝者如斯乎」（語出《論語》），下聯是「掩之誠是也」（語出《孟子》）。這幅對聯，說明了中華文化的特色和精神，發揮孝慈友愛的美德，儘管人生如過客，對往生者，加以關懷掩埋，就如王陽明在貶謫途中，看到病倒旅途無人收埋的旅人，幫助安葬，並撰寫一篇感人的〈瘞旅文〉：「念其暴骨無主，將其二童子，持畚鍤往瘞之。」發揮其儒者悲天憫人的懷抱。這些節日，也表現了中華文化的特質，而留下華人生活中，不少節慶民俗的活動，清明節畢竟是一個感傷的節日，但也是一個極其人性光輝的紀念日。在文章結束前，再引唐人牡牧的〈清明詩〉作結，但已是長短句，以展現中國語文的魅力：

　　清明時節雨，紛紛路上行人，欲斷魂，
　　借問酒家何處？有牧童遙指杏村。

臺灣大學人文采風錄

台師大國研所碩一　**葉淑音**

　　臺大座落於熙來攘往、人聲鼎沸的都會區，卻始終保有不染俗塵的靜謐與美麗。它是師生所屬的校園，也是市民共享的公園；是學術殿堂，也是生態瑰寶。本文擬以椰林大道、傅鐘、醉月湖三大景點為代表，窺探臺大的自然之美與人文之美。

一、臺大的知識長廊 —— 椰林大道

　　在介紹椰林大道前，必得先從椰林大道的入口——校門介紹起。每所學校都有校門，但未必每扇校門都擁有一段漫長而滄桑的歷史，足以作為時代演變的見證。從1928年的臺北帝國大學到邁入21世紀的臺灣大學，臺大校門在時間洪流的沖激下日漸蒼老，卻始終維持典雅莊嚴的一貫風貌，頗有「白髮漁翁江渚上，慣看秋月春風」之姿。

　　臺大校門建於昭和6年（1931），為臺灣高等教育開啟了第一扇大門，同時也成為青年學子夢寐以求的一道窄門。校門口在設置初期，因殖民者為強調威權，在設計上著重於象徵的空間、視覺的空間和穿越的空間，而非邀請、停留的

空間。解嚴前後，校門外的廣場是學生和社會對話的基地，也是各種社會運動集結、動員、宣傳的最佳場所，曾經喧騰一時。後來校方因不堪其擾，又惟恐出亂子，索性在廣場上建造花圃，減少校門口的活動空間，至此校門口遂告別了百家爭鳴的戰國時代。臺大校門於1998年經臺北市政府公告為三級古蹟，成為臺北市珍貴的文化資產之一。

從大門口步入校園，向左轉個折，寬闊的椰林大道立即映入眼簾。據堪輿學的說法，這種轉折有「聚氣藏風」的作用，就住家風水而言，可保住「財氣」；對校園而言，則可網羅「才氣」。

椰林大道建於昭和7年（1932），由園藝系教授中村三八夫及大沼三郎二人規劃完成。係以西方巴洛克都市計畫的建築景觀為基礎，以椰林大道為中軸，兩側有放射狀道路，每一分歧道路各有一棟建築物作為端景，構成一組魚骨狀的道路系統，秩序分明。兩排高聳挺拔的大王椰子樹流露出肅殺威武的氣氛，象徵殖民帝國高不可犯的威權，而椰林大道的盡頭指向旭日高昇的東方，象徵了殖民地對日本帝國的瞻望與臣服。

當你步上椰林大道，彷彿展開了現代版的清明

椰林大道景一

椰林大道景二

上河圖，隨處可見各種不同的風景：學子賣力踩著腳踏車趕課，而傅鐘在背後敲響；工友先生駕駛雲梯車摘除高懸椰子樹頭的枯葉，以免砸中路上來往的行人和車輛；新郎幫新娘拎著長長的裙襬尋找拍照景點，並應攝影師要求擺出各種甜蜜的姿勢，化不開的濃情蜜意隨風輕拂旁人的臉頰；有學子正細心揀拾杜鵑花叢下的落花，有雪白的、桃紅的、紫紅的，在椰樹下的草圃排出各種圖案和字型，也許正準備給壽星一個驚喜或向愛戀已久的心上人告白；松鼠趁四下無人，以迅雷不及掩耳的速度從樹上溜下來拾取落果，意外嚇飛一隻閒步的鷸鴒……椰林大道上的風景天天都是如此豐富多彩，具體而微地展現出臺大校風的自由開放。

二、臺大的精神象徵──傅鐘

兀立於椰林大道中段的傅鐘是臺灣大學的精神堡壘，傅鐘的設立是爲了紀念臺大第四任校長傅斯年。

傅斯年，字孟眞，山東省聊城縣人，畢業自北京大學，曾遠赴英國及德國留學，年輕時辦雜誌、寫文章，如同其師胡適先生一樣，是舊學邃密、新知深沉，可以承接傳統與現

代的「五四」文人。1949年1月20日，53歲的傅斯年臨危授命來臺接任臺大校長一職，當時臺大校務猶百廢待舉，傅校長對教育懷有崇高的理想與使命，上任後極力改革帝大舊制，如添置圖書儀器、增建教室宿舍、延聘教授名師、改革附屬醫院、嚴辦入學考試以控管學生素質、首創校務會議以民主治校，一番大刀闊斧，使臺大脫胎換骨、氣象一新。當年11月15日，傅校長首次主持臺大校慶，在致詞最後，他以「我們貢獻這所大學于宇宙的精神」與師生共勉，此乃取自荷蘭哲學家史賓諾沙認為「宇宙的精神」在於追求真理的概念，其格局之遠大、氣象之恢弘，遠非歷任校長所能比並。不料就任未滿兩年，他在1950年12月20日，於省議會答覆放寬臺大招生尺度問題時，高呼：「我對有才能、有智力而貧窮的學生，絕對要扶植他們。」回座後，腦溢血病發，經搶救後無效，死於任上。次日，臺大停課一天，並降半旗致哀。翌年忌日，臺大安葬先生骨灰於臺大植物園，後來稱為傅園，並在校園鑄鐘紀念。每當傅鐘響起，傅校長追求嚴謹治學、務實公正的精神，便在臺大校園內不斷迴盪。

　　傅鐘是由聯勤兵工廠所鑄造，當時兵工廠鑄了兩

傅鐘

口，除了傅鐘之外，另一口置放於成功大學校園中。一南一北，堪稱姐妹鐘。早期傅鐘是由人工方式敲響，每當下課時間將至，工友先生就騎著單車，從行政大樓方向彎過來，用鑰匙打開鐵盒子，然後用力拉索敲鐘。這位工友先生已工作了二十幾年了，數十年如一日，不論晴雨，時間一到便去敲鐘。2000年元月前，總務處事務組在順應學校人力精簡的要求下，將堅持多年的人工敲鐘傳統，改為電子控制。同時鐘聲也定為21響，21響的由來是源自傅斯年校長所說過的一句話：「一天只有二十一小時，剩下三小時是用來沉思的。」

　　臺大校徽的主要圖像即為傅鐘，此外尚有校名、校訓和大王椰樹為構件，將作育目標與立校精神，融會於校徽之中，俾全體師生知所勗勉：

　　‧校訓：「敦品勵學、愛國愛人」為立教之根本，修身之準則。

　　‧傅鐘：作息定時，生活有序，俾聞聲惕厲，精進不已。

　　‧椰樹：十年樹木，百年樹人。步康莊大道，養恢宏志氣。

　　對臺大人而言，傅鐘始終是一種令人念念不忘的精神性存在。近年來，臺大校園景觀變化的速度已快到令人不安的地步，我幾乎快忘了大一剛入學時的臺大是什麼樣子，但只要看到傅鐘仍佇守舊地、仍依隨時間的秩序規律地敲下二十一響，就令人感到心安，至少還有著些什麼不會因人為的更動而改變或缺席。

　　遠非一般呆板的電子鐘所能比配，傅鐘悠揚渾厚的響音

帶有銅鐵堅毅的質感及諄諄叮囑的柔情，如潮水一波波漫衍開來，淹沒了黃昏的椰林大道，並一點一滴滲透到莘莘學子的記憶深處。在傅鐘的聲聲催促下，六月，鐘樓旁的鳳凰花迎風喧囂，曾經是大一的新鮮人，也終不免要踏出校門，臨別前，不忘用鏡頭將青春年華永恆定格。

民國六十年，臺大學生為了釣魚臺事件向美國和日本大使館遞送抗議書，傅鐘下，便是他們集合的地點。七十六年，教育部修訂大學法，為了抗議參與修法者遴選方式的不妥，也是在這裡齊聚。隨著社會的開放，如今，政治事件的紛紛擾擾已漸平息，傅鐘下已成為學子相約見面的地標。某年暮春重返母校，在傅鐘下，不禁回想起曾經與誰相約在此，隨著記憶的倒轉，她們的形影如向晚的街燈在腦海一一亮起。自從畢業後，昔日同窗皆已各奔前程，而鐘聲依舊。余於此有感，特以詩記之：

> 春意闌珊兩袖空，
> 樓高雨冷又飛紅。
> 芳心欲寄人何在？
> 只有殘鐘逐晚風。

三、臺大的約會勝地──醉月湖

臺灣大學的文化氣息散發自校總區，校總區的美薈聚於紅樓院落，而紅樓院落的靈秀，一半映現於青春善感的學子眸中，另一半搖曳於多情的醉月湖。醉月湖是廣闊校園中最

詩情畫意的地方，也是都市叢林包圍下僅見的一彎柔情。她如含羞帶怯的閨女隱身於舊體育館後方，無論晝夜晨昏、晴雨寒暑，總蕩漾著訴說不盡的萬種風情。

醉月湖昔日稱為牛湳池，是瑠公圳的調節水塘，新生大樓建築時切斷湖水和圳溝的暗道，但將校內柳樹連起來仍可依稀尋出圳溝的流線。早年臺大徵收附近農地做校地，當時醉月湖只是一個小水塘，四周皆為稻田，僅一農戶居住於旁，並無其他人工造景。目前的醉月湖共有三個池子，分別為兩小一大，三池之間有路可通，交會處曾有一木亭矗立，後因颱風而損毀。

醉月湖的周圍有一環湖步道，以靛藍石板舖成，綿綿青草夾道而生，沿湖岸蜿蜒成一條綠毯；若是春時雨後來此遊賞湖光水色，總感覺足邊茂密的青草時欲攀上石板、時欲俯飲湖水。另外，外側也設有較為平坦的自行車步道，時有趕課的學子貪快騎捷徑橫越湖區，急忙中仍不忘回眸捕捉醉月湖動人的倩影。

醉月湖

夾岸垂柳為醉月湖增添了美麗與哀愁，風來，她們細長的髮絲迎風飄舞翻飛，偶或驚起一樹鳥鳴；風止，一簾倒影映落湖面，猶如美人垂髮攬鏡，時有參差蝶影綴為髮飾、浮水錦鯉點上腮紅，而若逢秋

氣蕭瑟、草木飄零，稀疏的垂柳許將感嘆紅顏易老、美人遲暮。

　　醉月湖上最討喜的非搖頭晃腦的鴨子莫屬，有白的、黑的、多彩相間的，有時悠游，有時嬉戲，有時將喙子藏進翅膀單腳獨立，有時雙掌一撥，畫舫似的身子箭般射出，射亂了倒影，萬象頓時驚晃起來，一切虛實真幻，都在裡頭搖曳。大白鵝是醉月湖的巡守員，挺著筆直的硬喙大搖大擺，頗有「一夫當關，萬夫莫開」之姿，傲氣凜然卻又略帶憨樣。鴛鴦總愛出雙入對，青春男女見其恩愛，不免濃情蜜意起來，於是，白天裡有著儷影雙雙，黃昏裡有著細語呢噥，當昏黃的燈沿著湖岸一盞一盞亮起，所有的愛戀猶在暗中進行。

　　除了垂柳水禽，最引人注目的，當屬孤立水中央的湖心亭。顧名思義，湖心亭的特色在於無橋與岸接通，昔時若要到湖心亭賞玩，便是划著小舟上去的；後來有女同學意外淹死，校方就把醉月湖圍上欄杆，並把船撤走，此後便無人登臨那可望而不可及的古亭。久之，杳無人跡的湖心亭遂成了水禽們的秘密基地。

　　關於有亭無橋的景象，一向為人所好奇，原因眾說紛紜，主要說法有二。一為官方說法，學校因某些緣故從

醉月湖中的白鵝

一開始就沒有做橋；二爲口耳相傳的傳說，湖心亭原有長橋與湖岸相通，後爲校方拆除，拆除的原因牽扯了一段凄涼的愛情故事。

即使這故事可能只是無中生有的謠傳，卻栩栩如生地再現於歷屆學子的記憶中。年歲既久，神秘性與傳奇性也隨之加深。余於此有感，特以詩記之：

湖邊人醉月，
亭外柳扶風。
孤影隨波逝，
幽情寄斷鴻。

馬偕醫護管理專科學校
人文采風錄

馬偕醫護管理專科學校通識教育中心教授 **譚潤生**

一、前言

　　馬偕醫護管理專科學校（以下稱本校）前身爲「馬偕紀念醫院看婦護學校」，創始於民國2年，是臺灣北部最早設立的護理人員養成教育機構之一。第二次世界大戰後更名爲「馬偕紀念醫院護士學校」，民國59年7月立案爲「臺北市私立馬偕高級護理職業學校」，民國88年改制爲「馬偕護理專科學校」，民國93年更名爲「馬偕醫護管理專科學校」。

　　本校在馬偕紀念社會事業基金會的鼎力支持下，由馬偕紀念醫院提供實習場所並長期投注大量人力、物力、財力支援。回顧本校各階段發展之歷史，實與馬偕紀念醫院息息相關，可謂院校一家，密不可分。90餘年來，培育近萬名畢業生，遍佈國內外各地，服務人群、貢獻社會。

二、薪火相傳

　　本校承襲馬偕博士「寧願燒盡，不願銹壞」的犧牲奉獻精神，在「誠、敬、愛、勤」的校訓基礎上，以身、心、靈全人教育目標，培育博雅專業馬偕人為使命。

　　馬偕博士（1844～1901）是蘇格蘭裔的加拿大人，成長於虔誠的基督教家庭，27歲受完愛丁堡大學課程後，隻身橫渡太平洋，千里迢迢來到北臺灣，定居淡水。他積極學習漢

🔖馬偕博士像

字、臺語，五個月後便能用臺語傳教，他憑著堅強的毅力，以行醫濟世的方式傳教，於1872~1880短短八年間，在淡水、五股、苗栗、臺北、基隆、新竹等地成立了20所教會，更深入原住民部落，長途跋涉遠至宜蘭、花蓮等地宣傳教義。1878年馬偕博士娶五股坑女子張聰明為妻，成為臺灣女婿，植根臺灣。

　　馬偕博士除了熱誠佈道外，對醫療工作和教育事業同樣不遺餘力。1882年他建立了有名的「滬尾偕醫館」，即馬偕紀念醫院的前身。今天馬偕紀念醫院與本校均薪火相傳，秉持「寧願燒盡，不願銹壞」的馬偕文化一脈傳承，本校奉行「無我無私，求真求實」之精神辦學。

三、關渡三芝雙校區

本校在穩健中逐年成長，除原始關渡校區外，95年8月
啓用三芝校區（佔地約12公頃）。

㈠關渡校區

校址爲：臺北市北投區關渡里聖景路92號。可搭乘捷
運淡水線，於關渡站下
車，步行約10分鐘即可
抵達。關渡校區遠眺關
渡大橋，環境清幽、文
物薈萃，鄰近關渡宮、
關渡自然公園、八里左
岸遊憩區、漁人碼頭、
十三行遺址、紅毛城等
勝地。

本校遠眺關渡大橋

關渡校區上課之
班級：護理科（日）五
專一、四、五年級學生
及餐飲管理科學生、食
品科學科學生、化妝品
應用與管理科學生、夜
間部（含假日在職專
班）所有學科之學生，
均在關渡校區上課。

關渡大橋夜景

校園步道之一景

綜合教學大樓一景

臺灣人文采風錄

綜合教學大樓大門正廳

綜合教學大樓國際會議廳

(二)三芝校區

↳ 正門入口

↳ 圖書館啟用典禮

　　校址為：臺北縣三芝鄉中正路三段42號。可搭乘捷運淡水線，於淡水站下車，改乘淡水客運（往三芝）。鄰近北海岸風景線、陽明山國家公園、金山溫泉等風景勝地，校園幽靜、校舍新穎、設備完善。

　　三芝校區上課之班級：護理科（日）五專二、三年級學生及幼兒保育科（日）二專學生、應用外語科（日）五專學生，均在三芝校區上課。此外，三芝校區亦附設托兒所。

↳ 護理大樓

↳ 幼保應外大樓

四、七學科四學制

　　本校以護理科起家，故護理科仍是本校大本營，自92學年度起，多元發展，現有七學科、四學制。學生約2,600人，校長為蘇聰賢醫師。

　　㈠七學科
　　按成立時間先後依序為：
　　1. 護理科（日五專、假日二專在職專班）。
　　2. 幼兒保育科（日二專、夜二專、假日二專在職專班）。
　　3. 食品科學科（日二專）。
　　4. 餐飲管理科（日五專、日二專、夜二專）。
　　5. 應用外語科（日五專）。
　　6. 化妝品應用與管理科（日二專、夜二專）。
　　7. 老人照顧科（假日二專在職專班）。
　　各學科於課程設計中，均安排實習課程，俾利達成「理論與實務並重」的教育目標。

校長蘇聰賢

　　㈡四學制
　　日五專
　　日二專
　　夜二專
　　假日二專在職專班

㈢古詩二首

筆者任教於馬偕醫護管理專科學校，分別以日、夜間部現有學科及上課校區，寫下古詩二首：

馬偕雙校區	關渡聖景
護理幼保及食品	護理幼保及餐飲
餐飲應外化妝品	老照更需化妝品
關渡三芝雙校區	馬偕關渡明月夜
老人照顧更要緊	傳道授業樂津津

五、結語

馬偕醫護管理專科學校位於北臺灣山川秀麗的地方，歷屆畢業生近萬人，可謂人傑地靈的聖地，也是臺灣北部最早培育護理人員的搖籃。如今這些人才，散居國內外各界，恪守「誠、敬、愛、勤」的校訓，發揮博愛、關愛人群的馬偕傳統精神。

印度詩人泰戈爾在《飛鳥集》中說：「天空沒有留下翅膀的痕跡，但我也曾經飛過。」其中哲理在說明人的一生，如鳥飛過天空，雖未留痕跡，但總有點點滴滴回憶的天空。蘇東坡在〈和子由澠池懷舊〉詩中說：「人生到處知何似？應似飛鴻踏雪泥，泥上偶然留指爪，鴻飛那復計東西。」故本文或可為筆者任職本校之「雪泥鴻爪」。

感謝秘書室李素惠老師熱心提供珍貴景觀照片，謹此敬表謝忱。

臺灣師範大學人文采風錄

台師大國文系副教授　**亓婷婷**

一、前言

　　在耀眼的陽光下，座落於臺北市大安區和平東路一段162號的國立臺灣師範大學（簡稱臺師大），巍峨聳立的城堡式校門上，「國立臺灣師範大學」閃耀著金色的光芒，像極了一塊金字招牌。目前有「和平校區」、「公館校區」及「林口校區」三處校園。

　　在校名方面，她有三次沿革記錄：

臺灣省立師範學院（民國35年至44年6月）

臺灣省立師範大學（民國44年至56年6月）

國立臺灣師範大學（民國56年7月迄今）

　　目前臺師大的組織

◎從和平東路上望見臺師大校門口（和平校區）

架構完備，在第十二任校長郭義雄先生的領導下，擁有8個學院（教育學院、文學院、理學院、藝術學院、音樂學院、科技學院、運動與休閒學院、國際與僑教學院），各學院下設有54個系、所，招收大學部、碩士班、博士班學生，另有兩個獨立的研究所，沒有大學部學生，只招收研究生，就是：管理研究所及國際事務與全球戰略研究所。目前全校教職員工有1718人，另有兼任教師603人。學生人數：大學部7123人，碩士班3394人，博士班1200人，總計11717名學生。

二、溯源

　　臺師大創校於民國35年（1946）6月5日。建校迄今已62年。

　　民國34年，臺灣光復，國民政府播遷來臺，百廢待舉，當時的行政長官公署，原打算籌設一所文書專科學校，培養行政方面的文書案牘人才，後來思考臺灣受日本五十年殖民統治，在文化教育方面的需求更急切。日據時期，臺灣雖有師範學校，但只限於培養初等教育師資。於是決定改辦師範學院，專門培育中等以上學校的師資，聘請當時教育處范壽康處長主持籌備事宜。民國35年3月，籌備委員會正式成立，共有范壽康、沈仲九、張同光、張金潤、褚應瑞、李季谷、任德庚、王志義、沈明璋等九位委員。

　　6月15日，臺灣省立師範學院正式成立，第一任院長是當時國大代表李季谷先生。8月，李季谷院長兼任臺北高中

校長，兩校教職員相互支援兼職。民國38年，臺北高中奉令停辦，41年正式結束，其間，一切設備逐漸轉移交給臺灣省立師範學院。而臺北高校在日據時代，專收臺灣子弟的菁英，共收660人（畢業生591人），著名的如中華民國第八、九任總統李登輝先生就是1943年第17屆文甲的畢業生。其他如中研院院士李鎮源、宋瑞樓，政壇名人洪壽南、劉闊才、辜振甫、辜寬敏等皆是。所以有人認為臺師大的校史應溯源至臺北高等學校創校的1922年，原因在此。

　　臺師大組織架構方面，原擬設置教育、國文、英語、史地、數學、理化、博物等七個學系，各學系的名稱完全配合中等學校的課程。但為了因應實際所需，除七個學系的本科生之外，另外招收四年制的九個專修科（公訓、國文、英語、史地、數學、理化、博物、音樂、體育等）以及一年制的四組專修科一班。民國35年6月開始招生，首先招考四年制專修科學生，8月招考本科生及一年制專修科生，同時續招四年制專修科未足額部分。9月底開學，10月正式上課。迅速展開培育師資的工作，民國36年6月，一年制專修科22名學生畢業。從校友的回憶錄可看出，當時師生歷經對日抗戰、臺灣光復、國共內戰等重大歷史事件，肩負時代使命，反而學習情緒十分高昂。事實上，民國36年2月至5月，臺灣社會發生了嚴重的政治事件——228事件。但臺師大似乎弦歌不輟。民國37年6月，李季谷院長升調為浙江省教育廳廳長，於是由當時臺灣省教育廳謝東閔副廳長接掌本校。

　　謝校長奉令於8月增設本科體育、音樂、藝術三學系，9月成立學生實習指導委員會。所以臺師大早在民國37年就已

臺灣人文采風錄

有「師培中心」的組織，一直運作迄今。

三、校訓

臺師大的校訓是「誠、正、勤、樸」。也是第三任劉真校長所訂定。

「誠正勤樸」的校訓於民國41年2月經第27次行政會議通過在案，從此塑造了臺師大的特色。

↖劉真塑像及手書「誠正勤樸」校訓

四、建築

(一)行政大樓

一走進臺師大校門，就看見一排磚紅色、三層樓高、近世哥德式的建物。原為臺北高等學校一進大樓，建於民國16～17年（1927～1928），由臺灣總督官房營繕課設計監督。臺灣總督府建築即今天的中華民國總統府所在，所以這棟大樓的建材及施工建造層級和總督府是同一級的，它一直是臺師大的行政中心。早期部分樓層曾為國文系辦公室、圖書室及教室之所在。據戴璉璋教授回憶，他就讀大三時，牟宗三教授每雙週六都在行政大樓會議室主持「人文友會」，講解中國及西方哲學，參加者除了臺師大學生還有很多外校

的學生和社會人士，如勞思光、韋政通、蔡仁厚等日後知名的學者。

　　從臺師大校門右側直行，就是「禮堂」，原為臺北高校的講堂，建於1928～1929年，是當時著名的日本設計師井手薰的作品，也是近世哥德式造型。該建築被視為經典之作，尤其舞臺設計精良，防迴音效果極佳，令人稱道。

　　臺師大建立後，這所大禮堂成為多功能的場所，留下無數校友青春年華的回憶。例如歷史系呂實強教授回憶，民國40年，國文系陳致平教授（名作家瓊瑤之父），最早被邀請在大禮堂主持「中華歷史故事」講座，每週一次（週五晚上七點開始），歷時兩小時以上，聽眾少則五、六百人，多則逾千。41年春，以研究敦煌學聞名國際的國文系潘重規教授（1908～2005）應邀主持「國學講座」，每週一次（週日上午八點開始），內容以「四書五經」為主，潘教授的儒雅淵博，令當時的學子傾倒。潘教授並編撰《民族文選》，宏揚五千年民族精神、人倫之美。他當時研究《紅樓夢》，並非純為文學之美，而是為引申民族大義，民國40年5月22日應臺灣大學中文系邀請講演，講題：「民族血淚鑄成的紅樓夢」，舉座感動。他嘗與羅家倫辯論簡體字問題，說服主政者，使

↖禮堂的正門，莊嚴氣派，兩側是宗教欽教授的墨寶

臺灣人文采風錄

臺灣今天猶傳承正體字，對民族文化貢獻可謂卓識過人矣。國文系牟宗三教授（1901-1995），也經常在大禮堂應邀發表「人文思想與儒家傳統」系列演講，啓發無數學子。

　　大禮堂的正門，兩側除鐫刻著國父孫中山先生的「養天地正氣、法古今完人」外，還有著名書法家國文系宗孝忱教授（1891～1979）手書的岳飛「滿江紅」及文天祥「正氣歌」，鐵畫銀鉤呈現凜然正氣。

㈡文學院大樓

　　穿越行政大樓、普通大樓等具歷史意義的建物，可看到一棟雄偉的新式建築：文學院大樓。該大樓爲彰顯校訓，融合新舊建築，外觀也是磚紅色。分爲誠、正、勤、樸四區，融合系所行政單位、系所圖書室、教師研究室、上課教室等，兼具教學、研究、行政多重功能。誠正大樓目前以衛教系、英語系行政單位爲主；勤樸大樓則以文學院辦公室、國文系、英語系、歷史系、地理系等單位爲主。其餘則爲上課教室。該大樓完全峻工期是民國78年3月31日，正值梁尙勇校長任內。與當時已峻工的教育學院、藝術學院、理學院並列爲國立臺灣師範大學時期的主要建築。值得一述的是，該大樓原址，有一部分是

🌸文學院大樓前的櫻花盛開

省立臺灣師範時期的女生宿舍「七星寮」。在早期畢業的校友心目中留下不少浪漫回憶。七星寮是一棟二層樓建築,完工於民國45年,建築物本身並不特別,中庭有一座蓮花池,但由於當時男女學生比例是七比三,所以蒙上一層美麗的神祕感,流傳不少浪漫的愛情故事。後來該建物一度改爲英語系、公訓系辦公室。今天已完全看不到任何七星寮的痕跡。

不過,今天該大樓前種植了幾株櫻花,春日綻放時,映照著來往年輕學子的身影,爲臺師大校園平添不少美感。國文系邱燮友教授爲此賦詩數首可爲證:

其一
　　三月花開氣象新,四方鑾駕迎春神
　　和風細雨來天籟,清脆鳥啼似銀鈴
其二
　　三月春鶯自豔紅,輕盈笑語醉春風
　　不恨花期春日短,無端春夢去匆匆
其三
　　春櫻紅豔似佳人,秀出花枝第一春
　　過往雲煙閱歷盡,庭前獨立意氣新
　　碎瓣細細慇懃織,片片殷色最堪憐
　　不信世間無人賞,嫁與東風逐紅塵

㈢圖書館

民國41年興建,歷時五年而完成的圖書館,當時是一所極受稱道的新式建築,仿文藝復興式的雙層樓房。建坪五千

餘平方公尺，樓下為辦公室，樓上為閱覽室書庫，正門有希臘式廊柱，面對兩排挺拔高聳的椰子樹，兩側碧草如茵，是省立師範大學時期的重要建築。當時的學生，認為該建築宏偉、氣勢巍峨，將其比為中華民國首都南京的鼓樓，而有「鼓樓書聲」之名，與當時校園中的「龍潭印月」、「師舍青燈」、「松林琴韻」、「誠溪泛舟」、「西湖競泳」、「科學之府」、「藝苑琳瑯」並列為「校園八景」。

　　民國56年改制為國立臺灣師範大學後，將這所圖書館拆除，只保留前門希臘廊柱部分，其餘改建為「博愛樓」，而在其旁，另建一所磚紅色、圓柱型新式圖書館，這就是今天校園中所見的臺師大總圖書館。該館設備新穎，除了具有典藏功能，還有極佳的展示空間，經常舉辦各種藝文展示活動，帶動臺師大的藝文氣息。近年更與時俱進，進行電腦化的各項更新。

㈣維也納森林

　　臺師大和平校區位於鬧市，且校地有限，所以師大學子將行政大樓和普通大樓之間的29棵蒲葵樹，暱稱為「維也納森林」，蒲葵樹的外觀和椰子樹相似，綠樹映襯著碧空，引領年輕學子無限浪漫遐思，倒也留下不少美麗的故事！

維也納森林

五、人物

　　一所大學最重要的是師資、人才及課程、設備。臺師大創校於二次世界大戰後及國共鬥爭的亂世，但幸賴主事者目光遠大，禮聘不少一流師資，如：國立安徽大學楊亮功校長、國立西北大學劉季洪校長、田培林教授、孫邦正教授、林本教授、國立中山大學陳可忠校長、國畫大師溥心畬教授、國畫大師黃君璧教授、林玉山教授、中央大學沙學浚訓導長、大夏大學孫亢曾教務長、上海音樂專科學校戴粹倫校長、知名作家梁實秋教授等等，使臺師大各科系在創校伊始，就奠定大師治校的良基。

　　以國學界而言，除了前述提及的潘重規先生、宗孝忱先生、還有高明先生、林尹先生、程發軔先生、高鴻縉先生、李漁叔先生、章微穎先生、許世瑛先生、魯實先先生、牟宗三先生、李辰冬先生、汪經昌先生、郝公玉先生……都是名重一時的碩儒，充分展現經師、人師的風範。例如魯實先教授，在臺灣終生未婚，將其居所分一間給一位聰穎勤勉的學生住宿，並免費供膳食，他說：「我只要花些伙食費，每年便能提拔一個學生。我在臺灣沒有子女，無牽無掛，我也不希望任何人報答我，只希望能替中國文化多造就幾個人才，多散佈些讀書種子。」幾乎每位早期校友，都有這種如沐春風、親炙良師的經驗。

　　早期師資中，還有任教於臺大的屈萬里先生、臺靜農先生、王叔岷先生等名師。另外，還有應邀來演講的名人濟濟，如著名史學家錢穆先生於民國39年第一次回國講學就是

應劉眞校長之邀。此外，王雲五先生、張大千先生、胡適先生、程天放先生、嚴家淦先生、張道藩先生、陶希聖先生、丘念臺先生、陳雪屏先生、倪文亞先生、谷正綱先生、羅家倫先生、于斌先生、蔣中正夫人……等及許多西方著名學者（包含哈佛大學），都曾對臺師大學生演講。

繼劉眞校長之後，臺師大的歷任校長是：杜元載校長、孫亢曾校長、張宗良校長、郭爲藩校長、梁尙勇校長、呂溪木校長、簡茂發校長、黃光彩校長，大致都以穩健方式承襲前有的規模，故予人「保守」的印象，不過，臺師大所栽培的人才濟濟，畢業後有些留任各系所，亦成爲名師，如黃錦鋐教授、陳新雄教授、邱燮友教授、賈馥茗教授、張春興教授……等等，不勝枚舉，生生不息，使臺師大走過一甲子，日益茁壯！

值得一述的是，臺師大校友的成就不限於教育界。例如中央研究院院士就有：張玉法、鄭天佐、林明璋、李文華、龔煌城、潘玉華、李壬癸等位。（其中，李文華及潘玉華校友是夫妻檔，同爲61級生物系校友）

政壇知名人物，則不同黨派色彩的均有，如曾任臺北市市長的許水德，現任立法院長的王金平、及黃昆輝、廖福本、柯文福、吳水雲、華加志、陳炯松、陳郁秀、許榮淑、賴晚鐘、任富勇、李雅樵、顏錦福、翁金珠、洪冬桂、陳哲男、陳癸淼、高惠宇、王拓、廖婉汝、林玉体、洪濬哲、洪秀柱、陳婉眞……等等。

演藝界也有知名臺師大校友，如知名導演李行、白景瑞、林清介、廖祥雄、徐進良等。

商界有成就的校友也不在少數，如金仁寶集團許勝雄（國文系系友）等。

臺師大除了培育本國人才，對外籍人士及僑胞也非常重視，例如自民國45年即設立國語中心（MTC），是國內最早從事華語教學的單位。所以臺師大很早就建立了國際知名度。依該中心的電腦檔案記錄，迄今年3月為止，已有43050名校友，分布於全球138個國家。這是臺師大的一大特色。

ㄷ館校區科教大樓

臺師大很早就重視海外僑教，例如民國42年9月，開始收錄26名僑生及50名港澳學生。民國43年僑生宿舍開工，民國45年又增設華僑新聞教育專修科，培養海外華僑新聞人才。以後校園中則有固定比例的僑生，大都來自港澳及東南亞。這些人才回僑居地後產生的影響不容小覷。

公費時代，臺師大校友畢業後均有鐵飯碗，對母校的依賴情感較淡然，但許多校友仍懷著濃烈的感恩心，因為臺師大的師生關係十分特殊，有的親密如家人，畢業後依然維繫不墜。試以今年第八屆傑出校友的訪談作例證，體育系許樹淵教授說：「我一輩子以師大為榮」，民國48年他以第一志願進入體育系，52年畢業，59年成為第一屆師大體育研究所

學生。畢業後留校擔任講師、教練，94年從體育系退休，至今仍擔任兼任教授。他非常感謝恩師周鶴鳴、吳文忠教授，這句話可謂道盡了許多校友的心聲。

再如美術系48級的版畫大師廖修平教授，他的同學包括王秀雄、李焜培、梁秀中、謝里法、傅申、陳瑞康、傅佑武、何清吟……日後都在藝術界、教育界成就卓著。他表示該班是藝文界稱道的「將官班」。他自己則積極提攜後進，曾將所獲得的吳三連獎、國家文藝獎等獎金，捐給師大美術系成立版畫獎學金，他打算未來還要以更多方式協助年輕學子，「我們都是這樣走出來的，了解學生的痛苦，只要願意主動走出去，所有藝術家都會幫忙。」

理化系43級畢業的陳鏡潭，日本東北大學理學碩士、東京大學藥學博士，曾任清華大學化學系所副教授、師大化學系所教授兼所長、理學院院長、國立臺北師範學院校長、臺灣省政府省政委員。提及師大求學期中的師生關係，他印象最深刻的是恩師陳可忠院長。他說：「我有幸修習陳師開設的有機化學課，畢業後留系服務擔任院長秘書。陳師上課雖然指定參考書，不過並不使用教科書或講稿，所有的教材都牢記腦中，四片黑板交互使用，一堂課下來，留下有系統的教材綱要。陳老師的板書，中、英文都很端正流利，他的分析、推理能力令眾生傾慕，語調柔和、清晰、聲音又富磁性，扣人心弦，還會在適當段落停下來和學生互動，談化學界的軼事，上課不僅班上同學無人缺席，甚至還擠滿老師和旁聽生，下了課，大家忙著重整筆記、討論課業。陳老師也鼓勵同學，善用圖書館資源並充實外語能力。那個年代，我

們班上70%同學出國深造，都是受到陳老師的影響。」

　　童子軍教育專修科54級畢業，現任美國維達土地開發集團董事長游勝雄，則提到另一種經驗，回想自己當年在師大的歲月，艱困的年代，「那樣的環境刺激我們奮發向上，想起來反而更珍惜。」民國44年，配合政府戡亂、大學疏散政策，當時校方將部分科系遷往苗栗頭份斗煥坪，成立第二分部，童子軍教育專修科就是其中之一，後來隨著時局逐漸穩定，各科系陸續遷回校本部。他入學期間，頭份分部只剩下童子軍教育專修科兩個年級、一百多位同學。沒有其他科系同學，附近又很偏僻荒涼，雖然有公費保障、畢業出路沒問題，「大家心裡都想，不能當一輩子的童軍老師」，於是，班上同學課後依不同興趣和人生規劃，分成高普特考組、司法官與檢察官甄考組、校長主任檢考組、轉學轉系插班組、自費出國留學組、健康食品與酵素研究組、太極拳氣功教授組、課外活動精進專修組……志趣相投的同學們聚在一起，或互相鼓勵、或邀請學長、專業師資協助指導、傳授經驗，「從在校期間就開始準備，大家一起努力，後來都很有成就。」

　　特別值得一述的是，臺師大曾培養出諾貝爾獎級的校友——54級理化系姜傳康校友，他的三篇「導電塑膠」論文是2000年諾貝爾化學獎的主要論文，可惜陰錯陽差，在一旁見習的日本人白川英樹反而成了諾貝爾化學獎三位得主之一，非常令人扼腕。他非常肯定當年在臺師大所接受的教育。

六、展望

　　臺師大過去沒有廣闊校園，在發展方面美中不足，自民國95年4月26日正式接收林口校區，前景無限。該校區綠樹成蔭、芳草如茵，廣達23.56公頃的校園，綠地面積約佔43%。目前林口校區有行政大樓、大禮堂、圖書館、科學館、體育館、活動中心、大型餐廳等，文、理科教室六棟，學生宿舍七棟，以及游泳池、運動場、籃球場、排球場等，設備完善，此外還有三座人工湖、蓮花池及中庭花園，景色優美。

　　目前正積極規劃興建「資訊與教學大樓」與「戶外童軍教育研究發展中心」。前者預計建築規模包含地上八層、地下一層，總樓地板面積近九千坪，完工後將擁有教學研究、學術研討、支援服務、行政管理、資訊平臺、網路學習等多種功能，可作為數位媒體中心、國際與僑教學院、中等學校入學考試與評量中心、學術研究中心、光電研究所等單位的使用空間。歷年師生創作藝術品、公文永久保存檔案、文史資料典藏等亦將儲存於此。除了提供教學空間外，未來的「數位媒體中心」將負責提供三個校區的資訊服務，同時發展跨校、海外僑教與華語教

　林口校區揭牌典禮

學遠距教學，並就近與林口地區民間資訊及軟體業者合作研發、促進產學合作。該大樓耗資七億元，預計民國99年底完工驗收，民國100年，師生即能享受林口校區的全新風貌。

七、結語

「教育國之本，師範尤尊崇。
勤吾學、進吾德、健吾躬。
院分系別，途轍雖異匯一宗。
學成期大用，師資責任重。
吾儕相親相勉，終不負初衷。
臺灣山川氣象雄，重歸祖國樂融融。
教育會其通，世界進大同。
教育會其通，世界進大同。」

這是臺師大第一任校長李季谷先生作詞、名音樂家蕭而化先生作曲的〈臺師大校歌〉。已傳唱了一甲子，今天看來猶有新意。歌詞中強調「勤學」、「進德」及「健身」。時空流轉，這些仍是顛撲不破的價值！

中國文化大學人文采風錄

文大中研所博一　**何永慶**

　　中國文化大學座落於臺北市士林區北端的陽明山上，素
有臺灣最「高」學府的美稱。從臺北車站出發，沿著中山北
路往北走，取徑仰德大道，大約四十分鐘左右的車程，就可
抵達。由於文大與名聞遐邇的觀光勝地——陽明山國家公園
毗連，所以只要找一處沒有遮攔的位置，隨興所至，環顧四
周，你便可以近賞優美的紗帽山、遠眺恬靜的觀音山、壯麗
的七星山和屯山群峰，俯瞰臺北盆地、淡水河和基隆河匯

從仰德大道遠眺，文化大學聳立山巔之景

↪由陽投公路回望，益見文大建築之雄偉

流等等壯闊的景象。文化大學不僅視野佳、山景美，就連華
岡的風、雨、雲、霧、花、草、蟲、蝶無不散發著她獨特的
魅力，而且春、夏、秋、冬四時寒暑的變化，也迥異於山腳
下，繁絃急管的都會區。華岡的美，可以說是「朝暉夕陰，
氣象萬千。」

　　漫步校園，在讚嘆校園的自然美景之餘，先賢篳路藍
縷，以啓山林的開創精神亦令人景仰。仰視一幢幢巍峨的鬢
宮，對於創辦人張曉峰博士的興學宏願，高瞻遠矚的眼光更
是由衷佩服。

　　中國文化大學初創於民國五十一年（1962），創校至今
已歷經46個寒暑。創校之前，這個地方本是草木茂盛，人煙
稀少的小山丘，附近農民以種植柑橘、竹筍、蔬菜為業，住
家房舍不多。當年張創辦人以其任職國防研究院主任之便，
肩負復興中華文化之使命，每當公餘之暇，輒考察附近地理

環境，以其慧眼選定了這塊北倚七星山、陽明山、紗帽山，南臨臺北市，可眺望淡水河的山仔后地區，作為興學建校的基地。取「美哉中華，鳳鳴高岡」之涵意，而將建校基地命名「華岡」。登臨其地，俯瞰平原，河海交流，後擁群峰，有如畫屏，使人胸襟灑然，心曠神怡，頗有「振衣千仞岡，濯足萬里流」的氣概。

　　張曉峰博士創辦本校之初，原擬命名為遠東大學，後因接受蔣中正總統之建議，先從辦一所學院開始，因而改名為中國文化學院。先辦一學院，實為具體而微的大學，易於著手，這是創辦人欣然接受的原因。名之為中國文化學院，實有其歷史淵源與文化責任。梁啓超先生於民國十年（1921），擬在天津辦一大學，定名為中國文化學院，並約創辦人往任助教。此校後因經費無著，而未辦成，但創辦人對任公知遇之恩，銘記心頭，以能繼任公遺志而報知遇，因而本校命名為中國文化學院。

　　民國五十一年三月一日，創辦人成立中華文化事業基金會，又經多次的籌備會議，幾度的奔走經營，結合了海內外有識之士對中國文化的向心力。八月間獲教育部准予招收中國文化研究所碩士班研究生，創辦人既想辦一知名學府，而且先從研究所辦起，因而對於師資的延聘，就特別慎重。各學門的主任，更集一時之選，三民主義學門主任為羅時實，政治學門主任為張宗良，工學門主任為盧毓駿，農學門主任為詹純鑑，史學門主任為黎東方，地學門主任為孫宕越，經濟學門主任為孟昭瓚，法律學門主任為張慶楨，家政學門主任為葉霞翟，文學門主任為高明，哲學門主任為謝幼偉，藝

術學門主任為張隆延。中國文化研究所於當年夏天即在臺北展開招生，經過嚴格考試，錄取八十名，正式入學者七十二人，分屬十二學門。中國文化研究所的第一屆研究生，在十一月二十四日正式舉行開學典禮，地點在陽明山國防研究院。他們不僅在國防研究院舉行開學典禮，以後也在院裡上課，並且住在院裡，直到第二年三月一日，他們才從國防研究院回到華岡，就在大成館上課，住宿和吃飯也都在大成館。那是文化的第一座建築物，當時也僅有此一座建築物。

文大的建築有別於其他大學的歐式風格，其建築宏偉，碧瓦飛簷，實為本校的一大特色。學校的建築為實現創辦人興建有中國風格的建築的理想，早在民國六十一年（1972）興業基金會成立之前的建物，如早期的大成館、大仁館、大義館等均由名建築師盧毓駿依中國明堂的造形而設計，外觀典雅莊重，四周對稱均衡，發揮了儒家、易經的精神，即使

站在大義館樓頂俯看，紗帽山就在大成館後方

↖前方是大仁館對稱的樓閣，背後是大屯山群峰

是稍後所建的菲華樓、大德館、大倫館、大莊館、大恩館等也都能捕捉到一點中國建築的風貌。興業基金會成立後，更是貫徹這個理念，因此民國六十二年完成的大典館，也是平面方形，而四角以半圓形收角，增加了幾何構圖的美感。六十四年的大慈館、六十六年完成的大忠館、六十七年完成的大功館等也都各具巧思，結合了實用和中國審美的精神而成。

　　研究所時期歷經一年，次年即堂堂進入學院時期，幾經多次人事規劃。七月間便獲教育部核准以中國文化學院之名設立日間部，有哲學、中國文學、東方語文、英文、法文、德文、史學、地學、新聞、美術、音樂、戲劇、體育、家政、建築等十五學系，參加大專聯合招生。九月間夜間部亦經教育部核准設立行政管理、社會工作、大眾傳播、商學等四學系，開始招生。

民國六十九年（1980），教育部以華岡興學，已屆滿十八，而成績卓著，乃核准改爲中國文化大學。本校改制，在學校立場是由學院「正名」爲大學，因此，在民國六十九年六月十三日，於興中堂舉行「中國文化大學正名改制典禮」。「改制典禮」上，張創辦人先以「大學正名感言」致詞，分析本校的特色，並對教育部「實事求是」的精神，推許是種「德政」。繼而董事會通過，由張創辦人（兼董事長）提名潘維和博士出任首任校長，並即席就職，由總統府資政吳經熊博士頒授大學印信。其後華岡教授代表錢穆先生、張昊博士，歷任院長代表張宗良博士，各學院院長代表法學院長查良鑑博士相繼致詞，堪稱學校的一大盛事。

　　秉持創辦人的辦學精神和理想，在董事會、學校各單位和師生的努力下，文大不斷在追求卓越，開創新局。從民國五十一年創校迄今，四十六年來中國文化大學已培育博、

　曉園的花木扶疏蝶影翩翩

〔從圖遠眺，可見觀音山斜倚，基隆河和淡水河匯流〕

碩、學士校友15萬3千多人。而目前有學生2萬6千多人，在全國排名第三，學院數及大學部人數均為全國之冠。張鏡湖董事長期許華岡的莘莘學子都能成為人文、科技與通識、專業兼優，德、智、體、群、美五育均衡的新世紀青年。

文化人格的型塑，社會風氣的轉變，進而形成一種生活的方式，教育可能是文化傳承中最重要的一環。回顧四十多年前本校從一片荒煙蔓草、渺無人跡的山丘中，一步一腳印的走到今日巍峨校舍聳立山巔，學生爭相取道就學的熱鬧景況，這樣的成就絕不是一、兩天造成的。這是創辦人、眾多華岡先賢，以及今日全體華岡人共同努力的結果。緬懷前人創校的艱辛，回首披荊斬棘的歲月，點點滴滴，均值得回味和感激。「哲人日已遠，典型在夙昔。」張曉峰博士的苦心孤詣，足資欽敬。

桃園農工人文采風錄

拍攝：園藝科**陳智興**老師　詩文：**蘇心一**

春到桃農校園

　　春漫桃農花盛開，千紅萬綠共徘徊，瑤池仙女留心否，錯把織仙錦緞裁。

📷桃園農工耕讀樓俯視校園

桃農美景畢生念

　　圓環左側迎賓喜，思古涼亭立樹邊，千幹萬枝農校立，莘莘學子夢魂牽。

📷桃園農工白千層老人樹

↳ 桃園農工維也納森林涼亭

藝術校園

　　藝術校園齊奮發，美景當前色斑斕，勤耕苦讀雕工壯，罷免同心克萬般。

↳ 桃園農工校園藝術雕像（一）

↳ 藝術雕像（二）

羊蹄甲

料峭春來帶曉寒，枝頭粉嫩彩蝶歡，兒童不識花形象，笑看羊蹄掛樹冠。

四季情，桃農心，淨憂池畔杜鵑明，雪白流蘇映碧波，喚起好年華。

淨憂池畔流蘇

秧苗翠，花顏紅，水田春夏各不同，氣勢壯盛樂融融。

春霖瀰漫淨憂池

向日葵之美

萬盞金燈向日葵，黃衫耀豔顯青姿，蒼茫壯闊平蕪盡，巾幗揚心震四陲。

淨憂池畔小虹橋

耕讀樓前葵花開

桃仔源

荊天棘地痛肌膚，歷盡滄桑赴遠途，勝境桃源紅遍地，昔喻今名德不孤。

耕讀樓前波斯菊

櫻花子夜開

料峭春寒萬象哀，斜風細雨共徘徊，十年樹木安然在，忽見群櫻子夜開。

寒櫻遇雨

昨夜寒櫻滿樹開，忽逢雨至化蒼苔，寧知花好無千日，幻滅歡情百世哀。

春日即景

點點青芽綴樹梢，猶寒乍暖亂群苞，風吹草徑無人至，春色無邊隱廈坳。

桃園農工美麗廣闊二十五公頃校園，已成為桃園市平地森林，每天早上不到五點，太陽還沒清醒，就有無數民眾在校門外等著進入校園，活動、晨跑、散步、健身，呼吸芬多精、陰離子，是大家的

桃園農工總水源頭地標

共同目標，但桃園農工七十年來的莘莘學子，在學期間可都為廣闊校園的「落葉處理」傷透腦筋，畢業後，這「落葉處理」辛酸卻已昇華為共同的美麗回憶。

春到名仕園

三月春光似水流，紅櫻燦爛木亭幽，嚶嚶清鳥忙來訪，珍貴時光不易留。

在呂理福校長任內，指示總務主任呂新昌（最近方自萬能科技大學退休，為臺灣文學著名教授）尋找創意形象建築師蕭啓德建成，桃園農工總水源頭並為本校地標，許多企業界人士由此來校索取相關資料。

滿池荷開

妊紫嫣紅遍地張，芙渠風動挺池塘，田田色秀清芬遠，蝶亂蜂喧採蜜忙。

七十生日感言照相、詩文：蘇心一

古人說：「人生七十古來稀。」今人云：「人生七十才開始。」對於古稀之齡的我──國立桃園農工職業學校──來說，雖然老戰友、老夥伴日漸凋零，但是「老兵不死，只有凋謝。」細數並肩夥伴是老當益壯的我歡欣鼓舞歡慶七十足歲生日的最珍貴禮物。

黑松大道齊農經館前花圃

民國二十七年，也就是七十年前的四月二十五日，我呱呱墜地，當時我身材修長，已經粗具今日規模，北起成功路〈當時稱神社路〉，南至萬壽路，西到春日路，東達三民路，地跨龜山、桃園兩個行政區，佔地三十三公頃，由今日之樂群堂以東包含巨蛋及體育場，都在我的範圍之內，有一片綠油油的農場、稻田、牛舍、曬穀場和宿舍，學校年年舉行割稻比賽，每個老夥伴無不全力以赴，年底還舉辦秋收康樂大競賽，壓軸必為山地舞，歌聲洋溢滿校園，這些往事還為老校友們津津樂道。三十五年前，為配合地方體育園區建設，我只好忍痛割愛瘦身，捨掉八公頃多校地，僅存25公頃多土地，今日的巨蛋、體育場在民國八十二年，「區運在桃園」舉辦時正式誕生，附帶也將本校三百公尺田徑場擴建為四百公尺標準跑道，當年跑道周遭種了三圈黑板樹，所謂「十年樹木」，如今早已亭亭如蓋矣。

創校初期，真是「篳路藍縷，以啓山林。」從小看著我成長的退休老師張文貫校友對我最清楚，當時在日籍清水老師挖空心思指導下，全校師生同心協力，為打造我的美貌付出全副精力，部分雜木像臺灣海棗、流蘇、楊柳、赤楠等由樹木蔥蘢的虎頭山麓或野外直接挖掘搬運至校園栽種，再以大王椰子、亞歷山大椰子、白樺、紫檀、楓樹、白千層、黑松點綴其間，構成闊葉與針葉混生林帶，算來他們比我降世的年齡絕對還要資深，說不定早已破百了呢！

校門前成功路和進入校門的「仰德大道」，七十年前都還是碎石路，每天早上學生陸陸續續進入校門，個個穿著制服，戴著草綠色帽子，踢正步進門，「卡！卡！卡！」踩在

碎石上面，發出聲調沉穩儼然像一首交響樂章動聽樂聲，特別顯得朝氣蓬勃，精神抖擻，這些光頭校友，畢業多年之後，果真都成為社會中堅，曾經寫下桃園縣十三鄉鎮市長、農會理事長、總幹事幾乎均為本校校友的輝煌紀錄，立法委員、國大代表、省議員、縣議員、大學教授、將軍、中小學校長人數，更是族繁不及備載，今日護髮有成的學弟妹們不知要做何感想。

　　民國七十七年，在我的羽翼下出人頭地當校長的呂理福校友回校掌政，將校門左側以楓樹為主的森林命名為浪漫的「維也納森林」，這裡曾經是政府遷臺為防止中共敵機轟炸廣為開挖的防空壕群集區，日據時期還挖了一個臺灣形的美麗池塘，波光瀲灩，中間像日月潭光華島一樣有島，如今在維也納森林領袖群樹的那兩棵姿態優美落羽松，當時就已聳立在島中央了，由於工業廢水污染難以消除，民國六十八年，臺灣島和防空壕一併忍痛填平，流水、游魚環繞的美景，從此徒留老一輩的回憶當中，令人心痛，實在可惜。

　　清水老師還帶領同學們一鏟一鏟挖成同心園內的清澈池塘，並且從南崁溪、大檜溪千里迢迢運來一些巨大鵝卵石鋪底，配上造型優美的假山、潺潺的瀑布流水，環繞池畔曾經滿是繽紛艷麗的杜鵑花叢，後來加蓋兩座型式不同，「有亭翼然」的美麗涼亭，當晨霧迷濛的仲春時分，坐在涼亭裡面，觀魚、賞花、品樹、聽水，微風拂面、霧氣繞身，說不盡的詩情畫意，每逢假日，多少人在此花前月下，卿卿我我，訴說著心中數不盡的思念，池上樸實小橋橫跨，是呂校長爭取經費修建成的，如此可以橫塘微步、方便觀魚，倒也

造福不少人群。

　　呂校長二月一日以校長身份重新回到當年孕育他中學教育的母校，到校以後還有多方面的建樹，三月十二日植樹節那天，發起種樹運動，種了許多樹木，對我容顏改變最有貢獻，他規劃了黑松大道、樟樹大道，還種了校門口附近幾十棵龍柏，「前人種樹，後人乘涼。」退休後回到桃園農工校園，呂校長可以很驕傲說：「我當年的眼光真的沒錯啊！桃園農工真的成為處處森林了！」他成就了園藝科旁的樟樹大道、平地森林、夜間花園、桃農十景，蓋成園藝科的藝廬（可惜後來不知何人惡夜縱火，如今已空無遺痕）、維也納森林內的退休人員靜廬，改建好幾座科館大樓和技教中心、樂群堂、校史館，外人對我觀感耳目一新。

　　每到春來，總務處後面、維也納森林、中庭水池、名仕園各有一棵雪白的流蘇花海在深深淺淺的鵝黃淡綠當中，格外醒目動人，樹型優美、花色素雅、花瓣細小向四方散射有股淡淡清香的流蘇是桃園原生樹種，從前處處可見，如今校內碩果僅存四棵，春天三月，校園裡櫻花落英繽紛，就是花朵密生在樹型優美的枝頭，遠觀有如白雪覆蓋的流蘇正式登場好時光，十分搶眼亮麗，樹下品花，詩意十足。

流蘇花似海

　　想當年——當然是六十多年前——呂校長還是本校學生時，他們就常在中庭的流蘇樹上跳上跳下，對於這棵匐伏水面向水性特別強烈的流蘇有著特異長相的貢獻著實不小，春天校園在艷麗櫻花之後還有這幾棵高齡比我有過之無不及的

流蘇雪白點綴，加上樂群堂、同心園裡山茶花道隱然成形，栽種的萬紫千紅花朵，更令人流連忘返。

☙ 流蘇花似海

很多校友住過木造學生宿舍，一把無情火之後，改建為鋼骨水泥，如今閒置，部分作畜牧科館，只剩宿舍前那兩棵夫妻連理榕樹越長越壯觀，枝葉相連，綠蔭如蓋。

老師不光把自己的一生貢獻給了我，連他們的子女也克紹箕裘，淑娥、惠麗、春玉、增潭、翠華、

☙ 夫妻連理樹

仲華、念仁、振松、淑惠、孟釧都從小在我羽翼範圍內快樂成長，甚至好多位還是退休的老護士吳呂惠的雙手將他們迎接到人間來的，生於斯，長於斯，如今他們還為我成長茁壯服務於斯，怎不叫人深受感動呢？可惜的是年紀輕輕的仲華，剛剛退休，正準備開始人生第二春，誰知就發現罹患不治重症，瞬即芳魂縹緲，讓我不勝痛惜。

走過七十年歲月，「城市綠州」桃園農工已經七十歲

臺灣人文采風錄

了。最令人傷感的是成功路兩旁以前有松濤陣陣的壯碩黑松，因為線蟲病肆虐，如今僅剩農經科館前松樹大道歷劫猶存，這些最能見證歷史的老樹，盼望大家都能夠更加倍珍惜。

園藝科圍牆外頭兩側的樟樹大道，如今已經亭亭如蓋。每次人們走過樹下，樹蔭清涼，充滿芬多精、陰離子，每天來學校運動的人幾乎無不喜歡來此樹下走走，充分吸收天地精華。蝴蝶館外面的平地森林，也是二十年前種樹成果，如今真是成果豐碩，校門進來幾十棵龍柏，也是當年全校師生努力種樹的對象，如今棵棵都已成龐然大物，有時甚至還需要修枝「減肥」，否則有礙車輛轉彎視線，這些當年小樹，如今都是二十歲「壯年人」了。耕讀樓前面「雙石園」裡，和穿堂前面圓環裡頭的十二棵長過四樓教室頂的肯氏南洋杉，也同樣是當時的植樹傑作，時光匆匆，這些小樹如今也都棵棵「不同凡響」啦！桃園附近幼稚園年年來我的管區郊遊、旅行、參觀教學，小朋友們看到我幅員廣闊驚豔不已。

田畔

千頃田間盡是花，蝶飛燕舞是何家，頑童無畏東風惡，泥足猶深圃外沙。

春雷

乍起春雷響震天，驟來狂雨赴畦前，蓬瀛春夏違時令，四野何求真聖賢。

油菜花田

校園新換油菜花，滿田開花燦若霞，寒凍正月剛過，綠肥有益地力。

田圃新栽何種花，繽紛燦爛若雲霞，寒凍數旬剛自在，連雲油菜日爲加。

分隔島中樹葉落盡

瘦骨嶙峋道路中，衣衫褪盡受寒風，衷區寄望春風至，唯忌荒郊暖化攻。

元宵燈

本校學生參加「2008桃園燈會花燈競賽」榮獲高中組冠軍。

七彩繽紛元夜燈，萬千變化瑞雲騰，莫非織女終宵逸，繡手巧心散彩綾。

樟樹大道

造園二同學日日忙澆花，幫忙維持校園美麗花卉生命。

國家圖書館出版品預行編目資料

臺灣人文采風錄 ／邱燮友編著, -- 初版 -- 臺北
市：萬卷樓, 2008.08
面；　　公分
ISBN 978－957－739－634－1 (平裝)
1.人文地理　2.臺灣

733.4　　　　　　　　　　97014129

臺灣人文采風錄

主　　　編：邱燮友
發 行 人：陳滿銘
出 版 者：萬卷樓圖書股份有限公司
臺北市羅斯福路二段 41 號 6 樓之 3
電話(02)23216565．23952992
傳真(02)23944113
劃撥帳號 15624015
出版登記證：新聞局局版臺業字第 5655 號
網　　　址：http://www.wanjuan.com.tw
E－mail　：wanjuan@tpts5.seed.net.tw
承 印 廠 商：中茂分色製版印刷事業股份有限公司
定　　　價：600 元
出 版 日 期：2008 年 8 月初版

（如有缺頁或破損，請寄回本公司更換，謝謝）
◎版權所有　翻印必究◎

ISBN：978－957－739－634－1